LES RACINES PHILOSOPHIQUES
DE LA SCIENCE MODERNE

AUTRES OUVRAGES D'ANGELE KREMER-MARIETTI

Les formes du mouvement chez Bergson. Diplôme d'études supérieures, Cahiers du nouvel humanisme, diffusion Vrin, 1953, 127 p.

Hegel. Collection «Pour connaître la pensée de», suivi d'une étude du Professeur Jean Wahl, éd. Bordas, 1957, 202 p.

Nietzsche. Collection «Thèmes et Structures». Ed. des Lettres Modernes, 1957, 339 p.

Jaspers et la scission de l'être. Collection «Philosophes de tous les temps», Seghers, 1967, 192 p., 2e éd. 1974.

Nietzsche: Le livre du philosophe. Traduction. Ed. bilingue, avec introduction et notes, Aubier Flammarion, 1969, 155 p., 2e éd. 1978.

Auguste Comte et la théorie sociale du positivisme. Coll. «Philosophes de tous les temps», Seghers, 1970, 192 p.

Comte: Plan des travaux scientifiques nécessaires pour réorganiser la société. Introduction: *Auguste Comte et la science politique*, notes, Aubier, 1970, 170 p.

Comte: Sommaire appréciation de l'ensemble du passé moderne. Introduction: *Auguste Comte et l'histoire générale*, notes, Aubier, 1971, 125 p.

Dilthey et l'anthropologie historique. Coll. «Philosophes de tous les temps», Seghers, 1971, 192 p.

Comte: La science sociale, choix de textes. Présentation: Auguste Comte et la science sociale, Gallimard, collection «Idées», 1972, 308 p.

L'homme et ses labyrinthes. Essai sur Friedrich Nietzsche, collection 10/18, U.G.E., 1972, 314 p.

Rousseau: Discours sur l'origine et les fondements de l'inégalité parmi les hommes, suivi de: *La Reine Fantasque.* Introduction: *Jean-Jacques Rousseau ou l'irréductible inégalité*, notes, Aubier Montaigne, 1973, 191 p.

Rousseau: Essai sur l'origine des langues. Introduction: *Jean-Jacques Rousseau ou la double origine et son rapport au système Langue-Musique-Politique*, notes, Aubier, 1974, 1981^2, 192 p.

Michel Foucault et l'archéologie du savoir. Collection «Philosophies», Seghers, 1974, 248 p.

Nietzsche: La Généalogie de la morale. Traduction, notes, introduction: *De la philosophie à la généalogie*, collection 10/18, 1974, 1982^2, 310 p.

Nietzsche: Par-delà le bien et le mal. Traduction, notes, introduction: Marabout Université, 1975, 287 p.

Nietzsche: Le nihilisme européen. Traduction, notes, introduction: *Que signifie le nihilisme?*, notes, collection 10/18, 1976, 320 p.

A.A. Cournot: Des Institutions d'instruction publique en France. Introduction, apparat critique, notes, index, Librairie Vrin, 1977, 402 p.

Lacan ou la rhétorique de l'inconscient, Aubier Montaigne, 1978, 251 p.

L'Anthropologie positiviste d'Auguste Comte. Atelier de reproduction des thèses de Lille III, diffusion Librairie Honoré Champion, 1980, 565 p.

Le projet anthropologique d'Auguste Comte. S.E.D.E.S., 1980, 105 p.

Entre le signe et l'histoire. L'Anthropologie positiviste d'Auguste Comte. Ed. Klincksieck, 1982, 264 p.

La Morale. Collection Que Sais-je?, P.U.F., 1982, 128 p.

Le Positivisme. Collection Que Sais-je?, P.U.F., 1982, 128 p.

La Symbolicité ou le problème de la symbolisation. Collection «Croisées», P.U.F, 1982, 240 p.

Le Concept de science positive. Ses tenants et ses aboutissants dans les structures anthropologiques du positivisme. Collection d'Epistémologie, Klincksieck, Paris, 1983, 202 p.

Michel Foucault: Archéologie et généalogie. Collection «Biblio essais», Le Livre de Poche, Paris, 1985, 286 p.

L'Ethique. Collection Que Sais-je?, P.U.F., 1987, 128 p.

 *PHILOSOPHIE ET LANGAGE*

Angèle Kremer-Marietti

les racines philosophiques de la science moderne

PIERRE MARDAGA, EDITEUR
2, GALERIE DES PRINCES, 1000 BRUXELLES

© Pierre Mardaga, éditeur
37, rue de la Province, 4020 Liège
2, Galerie des Princes, 1000 Bruxelles
D. 1987-0024-8

Avant-propos

La philosophie n'est-elle qu'un éternel recommencement? On a pu voir dans le premier Russell, dans G.E. Moore et dans Husserl, un néo-cartésianisme à la recherche des essences, ou dans le dernier Wittgenstein et de nouveau dans Husserl un néo-hégélianisme à la recherche de l'historicité[1]. Mais ces réitérations sont-elles pour autant des répétitions?

La philosophie ne peut pas se passer de la philosophie — de la reconstruire, de la transformer dans son histoire[2]. Contre ceux qui la voudraient figée une fois pour toutes, dépassée, surannée et même caduque, le philosophe se doit de lui donner vie, de la rendre présente et actuelle.

Aussi notre propos est-il de viser droit à ce qui devient préoccupant dans le noyau de notre civilisation. En effet, dans la question «quelle est notre origine épistémologique?» se tient un problème majeur auquel toutes les recherches de Husserl se trouvent subordonnées, et auquel surtout aboutit sa dernière œuvre, la *Krisis*, comme au problème véritablement essentiel de la philosophie de la modernité, et que nous avons désigné comme étant le problème de la symbolisation.

Or, cette importante interrogation se trouve également posée dans une autre sphère de la philosophie contemporaine, au sujet des données sensibles considérées comme prémisses épistémologiques. Mais les *sensibilia* et les *data* y sont traités sans égard à la question du temps.

Le terrain sur lequel nous proposons d'élaborer cette recherche de l'origine épistémologique a été présenté dans *la Symbolicité*[3]. Husserl, Hume et Kant ont le privilège d'annoncer cette origine dont la connaissance est tablée sur le triangle transcendantal du réel, de l'imaginaire et du symbolique. Sans être «originaire», l'imaginaire du temps s'impose comme la condition originaire de l'*épistémé*.

L'homme questionnant de cette fin de millénaire, vieilli à l'épreuve de l'existence avant d'avoir saisi ce qu'est l'existence même, sort d'un imaginaire avorté pour entrer dans la transition postmoderne de la civilisation occidentale. Aussi a-t-il la tâche de penser ses origines.

NOTES

[1] Cf. H.D. Aiken, «The Fate of Philosophy in the twentieth Century», in *Philosophy in the twentieth Century*, by W. Berrett and H.D. Aiken, Random House, New York, 1962.
[2] Cf. K.O. Apel, *Transformation der Philosophie*, 2 vol., Frankfurt-am-Main, 1976.
[3] Collection Croisées, P.U.F., Paris, 1982.

I. Préambule sur la méthode

La difficulté de montrer que la loi du raisonnement déductif est vraie vient de notre incapacité à concevoir qu'elle ne soit pas vraie.
Charles S. Peirce

Qu'il s'agisse d'un procédé ou d'une opération, voire d'un calcul théorique ou d'un dispositif pratique, la méthode est la voie par laquelle passent à la fois notre penser et notre faire. Que cette voie soit consciente et préconçue ou inconsciente et même totalement subie, dans les deux cas il y a formation de symboles reconnus, qu'ils soient explicites et formulés ou implicites et non-dits. Alors même que nous sommes convaincus par le premier effet de leur dialectique affective, les formations symboliques n'en sont pas moins bel et bien organisées, agencées, constituées, cohérentes. Et lorsque nous les maîtrisons, ces formations symboliques sont par nous voulues et régulièrement suivies: rigoureuses et solides comme les chaînes de raison avancées par Descartes. Que nous soyons par elles possédés ou les possesseurs de ces formations symboliques, notre compréhension consistera à expliciter la méthode adoptée par ces formations, mais surtout à découvrir la méthode qui nous permettra en l'appliquant d'atteindre ces processus symboliques. En fait, il n'y aura « méthode » que lorsque nous aurons le chiffre propre à déchiffrer ces mouvements qui se sont formés à notre insu et dont nous voulons connaître la loi afin de les maîtriser.

La « méthode » est notre lecture et notre insertion tout à la fois : qu'il s'agisse du monde extérieur ou de notre monde intérieur, qu'il s'agisse des phénomènes naturels ou des sociétés, qu'il s'agisse du monde ou de l'homme. En somme, constamment la « méthode » est la médiation entre nous et l'autre que nous : que l'autre soit le réel, l'humain ou nous-mêmes en tant que nous nous échappons à nous-mêmes. Ainsi, chaque fois que nous cherchons ou que nous trouvons une méthode, c'est en référence à des formations étrangères à nous : la méthode nous permet de les traduire à nous, elle est leur double symbolique pour nous. Or, *qui dit méthode dit toujours symbolisation.* Et qui dit symbolisation, dit à nouveau méthode, mais une méthode implicite que nous devons parvenir à dégager, serait-ce pour l'imposer à d'ultérieures symbolisations ou pour la mettre en question. Il s'agit là du même rapport que celui qui enchaîne concept et jugement : le jugement est constitué de concepts ; quant au concept, c'est un jugement condensé ; et, d'une manière générale, comme l'affirme Kant, *penser c'est juger.*

Nos premiers systèmes de signes — Auguste Comte en eut conscience — furent la « logique des sentiments » et la « logique des images ». Enfin nous eûmes la « logique des signes »[1]. Nous admettons que nos processus de symbolisation dépendent de nos processus de socialisation. C'est dire que « la » méthode n'a d'a-priorique que la loi du symbole qui sévit dans toute société et dans toute activité humaine, certes sous des formes différentes et dans les diverses conditions données par l'histoire. Si la méthode est symbolisation et si toute symbolisation renvoie à une méthode, c'est parce que de considérer la symbolisation comme problème, c'est déjà un effet de méthode. Du moins est-ce l'effet d'une rupture quant à la méthode : et cette rupture peut être dite kantienne ou comtienne, elle nous renvoie inéluctablement à rendre compte de la finitude de l'homme et de son entendement. Le cas fréquent de l'homme qui s'applique à sa recherche ne produit pas nécessairement « la vérité », mais peut certainement aboutir à un savoir symbolique explicitant une méthode et se régularisant dans une méthode. De même, Kant affirme que la chose en soi nous reste inconnue, et que nous n'appréhendons que la chose pour nous, c'est-à-dire le phénomène tel qu'il nous apparaît dans le double jeu de l'imagination transcendantale aidée par l'entendement, la raison elle-même s'arrogeant le symbole et leur laissant le schème. Qu'il s'agisse de schème ou de symbole, ces intermédiaires ne sont que des symbolisations, soit de la chose telle qu'elle peut être en elle-même, soit du « noumène » ou de l'objet transcendantal. Aussi, lorsque Jacques Lacan projetait la grille de la topique tripartite divisant notre milieu existentiel tout entier entre trois régions telles que le Réel, l'Imaginaire et le Symbolique, il faut bien reconnaître qu'il avait posé l'armature théorique du problème par excellence. Sol et mouvement originaires des méthodes, la symbolisation, qui double toute socialisation, a partie liée au temps et à la logique de l'histoire. Tout «l'exercice humain», où s'inclut tout pouvoir, est touché par le problème de la symbolisation, dont le problème de la méthode est la face manifeste. Par là est visée la vérité même, dans sa forme et dans son fond, en tant qu'est mis en question son lieu transcendantal, condition de possibilité de l'art et de la science.

Une tentative pour décrypter sinon toute symbolisation, du moins celle de la recherche scientifique, a été faite par Karl R. Popper, avec l'ouvrage fondamental, *Logik der Forschung* (Logique de la recherche), paru en 1935 dans la collection du Cercle de Vienne, et traduit en français en 1973 sous le titre *La Logique de la découverte scientifique* (éd. Payot, Paris). Son propos est d'analyser les méthodes des sciences empiriques, non du point de vue des questions de fait, mais du point de vue des questions de droit. Prétendant faire œuvre stricte d'épistémologie, Popper refuse le principe d'induction, alors que, selon Reichenbach, «le corps scientifique tout entier accepte sans réserves» ce principe[2]. A propos du problème de l'induction, rappelons que Lachelier avait publié en 1871 sa célèbre thèse, *Le Fondement de l'induction*, qui tentait de résoudre le problème classique: «Par quoi la pensée est-elle autorisée à passer d'une expérience limitée à une loi universelle?» Après avoir critiqué positivisme et éclectisme, Lachelier résolvait le problème, non d'après Kant par le recours à la causalité comme fonction *a priori,* mais par le recours à la cause finale ou liberté, le finalisme ne s'opposant pas ici au mécanisme mais en constituant une forme supérieure. Popper n'accepte pas non plus ce que Kant fait du principe d'induction: «le principe de causalité universelle», c'est-à-dire un énoncé synthétique valide *a priori*. Popper considère comme insurmontables les attaques de la logique inductive qui ne peut, d'après lui, atteindre un certain degré ni de véridicité ni de probabilité. Cette dernière thèse oppose Popper à Reichenbach (voir *Erkenntnis*, I, 1930, p. 186), à O. Külpe (*Vorlesungen über Logik*, 1923), ainsi qu'à René Poirier (*Remarques sur la probabilité des inductions*, Vrin, Paris, 1931) qui se propose «de délimiter rationnellement et de mesurer d'une manière précise l'incertitude qui subsiste dans l'élément conjectural de notre connaissance» (*op. cit.,* p. 9), ainsi que de mettre au jour «une méthode au moins théorique pour accroître indéfiniment la probabilité de nos inductions et nous approcher progressivement de la certitude parfaite» (*ibid.*) Toutefois, René Poirier prévient du caractère négatif de ses résultats: «la probabilité d'une induction n'est définie en général que dans des circonstances très restreintes et par artifice» (p. 9-10). Le traitement négatif du problème a été définitivement renouvelé par Maurice Boudot dans *Logique inductive et probabilité* (A. Colin, Paris, 1972).

Revenant aux décisions de Hume, Popper élimine donc la notion d'induction en épistémologie pour, au contraire, apporter une méthode, dite *méthode déductive de contrôle*, constituant une logique de la connaissance et non pas une psychologie de la connaissance comme c'est le cas lorsqu'on traite des faits empiriques. Avec l'induction, selon Popper c'est aussi le psychologisme qui se trouve donc éliminé. Innovant sur le «problème de la démarcation» qu'il fait cependant remonter à Kant, Popper définit le critère de la démarcation d'une science empirique par rapport à une non-science comme «*une invite à un accord ou à une convention*» (*op. cit.*, p. 34). Toutefois, et tout en poursuivant une œuvre qu'il veut strictement épistémologique, Popper reconnaît (comme le fait aujourd'hui Putnam) qu'à la base de la science des jugements de valeur peuvent se tenir: par exemple, quant à la valeur de la rigueur logique ou à la valeur de la ruine du dogmatisme. Comment discerner parmi les nombreux systèmes théoriques semblables ou pourvus d'une structure logique semblable «le système reconnu de la science empirique»? (*op. cit.*, p. 35). Le système de la «science empirique» représente en fait «le monde de notre expérience». Et telles sont les exigences de ce système empirique, définies par Popper:
1. être synthétique et représenter un monde possible;
2. satisfaire au critère de démarcation (la falsifiabilité);
3. être le seul système constitué de telle sorte à représenter notre monde de l'expérience.

Ce sont les principaux tests qui le font distinguer. Mais pour Popper ce système n'est pas une fois pour toutes choisi dans une acception *positive*, il faut qu'il soit d'une telle forme logique «qu'il puisse être distingué au moyen de tests empiriques, dans une acception négative: *un système faisant partie de la science empirique doit pouvoir être réfuté par l'expérience*» (*op. cit.*, p. 37). Aussi le critère de démarcation consiste-t-il dans l'application d'une méthode déductive selon laquelle «'l'expérience' apparaît comme une méthode caractéristique» (*op. cit.*, p. 36). L'expérience devient par elle-même processus formalisé, séquence contrôlée, langage inscrit dans le réel. Nous affirmons que cette «expérience» — en tant qu'elle est nécessairement historico-sociale, informée par les cadres de la mémoire sociale, par les catégories de la pensée et du langage et par les jeux de langage — est «symbolisation », c'est-à-dire déjà en elle-même une méthode caractéristique implicite que nous cherchons à atteindre par une méthode explicite, l'assimilant à un système théorique.

Le problème de la validité des lois naturelles, qui a été soulevé par Hume — mais également par Nietzsche — à partir de la critique de l'induction, ainsi trouve sa solution dans la prise en considération d'un critère de démarcation. Avec ce critère, selon Popper il ne doit plus être décidé de la *vérité* ou de la *fausseté* des énoncés de la science empirique; au contraire, les énoncés doivent «être contrôlés par des essais systématiques visant à les falsifier» (*op. cit.*, p. 39). Qu'implique donc cette falsifiabilité?

Né du problème de la démarcation, le critère de la falsifiabilité proposé par Popper répond, en fait, à la situation épistémologique apportée par la « science positive », par opposition à la science formelle pure mathématique ou logique : en effet, la « science positive » étant empirico-formelle — nous prenons à Jean Ladrière la distinction entre le type formel pur et le type empirico-formel qu'il propose dans son article de l'*Encyclopaedia Universalis*, éd. 1977 : « Science et discours rationnel » —, elle a apporté des problèmes à la fois empiriques et théoriques et surtout l'important problème de l'articulation des deux domaines; or, comme le remarque justement Ladrière dans ce même article, « le développement de la physique a fait voir de façon très évidente qu'on ne peut rendre compte du statut de la théorie physique dans les termes d'une doctrine de l'induction » (*op. cit.*, vol. 14, p. 756, 1re col.). Si pour les premiers positivistes il n'y avait de science qui ne fût «observationnelle», même avec la notion moderne d'«observable» les derniers développements de la physique quantique aux théories mathématiques manifestent un hiatus entre la théorie et l'expérience, doublé d'une asymétrie entre confirmation et réfutation : à savoir que la théorie peut être *confirmée*, alors que sa vérification demeure impossible car une conséquence vraie peut découler d'une proposition fausse; au contraire, si de prémisses vraies découle une conséquence fausse, alors la théorie est bien *réfutée*. C'est pour cette raison décisive que Popper ne cherchait pas à vérifier mais à réfuter. L'argument fondamental de Popper — en partie justifié par le grand débat physique des années 30 — est que « les théories ne sont (...) *jamais* vérifiables empiriquement» (*La Logique de la découverte scientifique*, p. 37). Puisque la *confirmation* que peut apporter une proposition expérimentale à une proposition théorique n'est nullement inductive de vérité — étant donné qu'une conséquence vraie peut découler toujours de prémisses fausses —, Popper abandonne la voie affirmative de la confirmation pour prendre la voie négative de la réfutation. Alors, *l'information positive* de la science n'en a que plus de validité du fait qu'elle résiste à ce qui tend à la nier. Ce que Popper appelle réfutabilité ou, plus souvent, falsifiabilité, n'est qu'une mise en œuvre du principe même de la *négation* à seule fin de permettre les affirmations d'ordre scientifique et même d'établir la scientificité elle-même de ces affirmations.

Le problème de la méthode rejoint donc fondamentalement surtout un problème de stratégie à fin de crédibilité. S. Watanabe, dans *Knowing and Guessing A Quantitative Study of Inference and Information*, en 1969 (New York, Londres, Sydney, Toronto), a permis de tenir compte de la double exigence de la confirmation et de la réfutation. Une double série d'éléments décident de la vérité ou plutôt du «degré de crédibilité» d'une théorie: d'une part, des éléments étrangers à l'expérience (cohérence, accord avec d'autres théories) et donc *a priori*; d'autre part, des éléments relevant de l'expérience, et donc *a posteriori*: la construction d'un concept est, de ce fait, dépendante du degré de crédibilité d'une hypothèse, lui-même en relation avec les degrés de crédibilité d'hypothèses rivales. Ce qui montre bien la solidarité des hypothèses et des concepts et confirme en un sens l'unité de méthode: on ne peut créer de rupture dans le système virtuel de la totalité scientifique sans mettre en péril la vérité scientifique ou, du moins ce qui est son fondement, la crédibilité scientifique. Le savoir empirico-formel qui prend la relève des «sciences positives» tend toujours à l'infini vers la théorie mathématique parfaite, mais toutefois se contente de ce que les disciplines proches de la physique, mais moins abstraites, peuvent atteindre d'abstraction: Auguste Comte ne disait pas autre chose. Chaque fois qu'on s'éloigne de cette perfection à laquelle atteint la physique moderne dans l'ordre de la théorie, on fait droit à l'expérience et à la validation qu'elle peut conférer. Le critère de validation apporté par l'expérience même mérite d'être considéré à sa valeur pour les sciences qui n'ont pas atteint le même statut d'abstraction et d'efficacité que la physique. De plus, théorie et expérience jouent un rôle d'interaction, rôle qu'avait compris Auguste Comte qui donnait à la théorie le double privilège d'anticipation et de prospection: science, d'où prévoyance; prévoyance, d'où action. Stephen Toulmin, dans *L'Explication scientifique* (A. Colin, 1973), ouvrage qui est la traduction française de l'étude intitulée en américain *Foresight and Understanding* (1961, Indiana University Press), montre l'importance particulière de la prévision en matière de théorie scientifique explicative: il fait le pas de la prévision à l'explication: «Le pas que nous franchissons de la prévision à l'explication est une simple extrapolation d'événements à court terme et à petite échelle, que nous pouvons prévoir» (*op. cit.*, p. 27). Expliquer, prévoir et, de nouveau, expliquer: tel semble être le résultat de la démarche cognitive, telle serait la «méthode»...

Or, c'est précisément en deçà de la symbolisation et du travail de la méthode, c'est-à-dire à l'origine épistémologique même, que se situent les présentes recherches concernant le *problème de la symbolisation*, pris à son pur fondement sur ce qui permet la création scientifique.

NOTES

[1] Voir nos ouvrages: *Le projet anthropologique d'Auguste Comte*, SEDES-CDU, Paris, 1980 et *Entre le signe et l'histoire*, Klincksieck, Paris, 1982. Pour la symbolisation: *La symbolicité ou le problème de la symbolisation*, coll. Croisées, Presses Universitaires de France, Paris, 1982. Quant à la naissance épistémologique: *Le Concept de science positive*, coll. Epistémologie, Klincksieck, 1983.
[2] Cité par Popper, *La Logique de la Découverte*, Payot, Paris, 1973, p. 25.

PREMIERE PARTIE
II. L'ORIGINE EPISTEMOLOGIQUE DANS LA DERNIERE ŒUVRE DE HUSSERL: LA *KRISIS*

1. Signification de l'œuvre dans la pensée de Husserl

La *Krisis* est bien sa dernière œuvre, et pourtant Husserl ne confesse-t-il pas à Sœur Jägerschmidt, au moment où il sent qu'il doit interrompre sa tâche, qu'il s'est, dans les conférences de Vienne et de Prague en 1935 et dans l'article de *Philosophia* en 1936, «pour la première fois extériorisé avec une spontanéité si complète»[1], et même qu'il y a «réalisé un faible début»[1]? C'est qu'alors Husserl a l'impression qu'il faut tout reprendre au commencement»[1]. La *Krisis*, élaborée jusqu'en 1937, est le testament philosophique de Husserl et pourtant, comme les *Ideen I*, comme les *Méditations cartésiennes*, elle se présente encore à titre d'introduction à la phénoménologie. Le dernier état de la phénoménologie devait donner son sens aux recherches antérieures. Sans doute la fin ici s'avère-t-elle un «bon commencement». Sans doute cette fin est-elle plus proche du «définitif» tellement recherché au cours des années, en même temps qu'elle met en doute l'idée même de «définitif». Elle est la clôture qui indique «l'outre-clôture»[2], «l'impensé de Husserl»[3]. Or, l'«au-delà» toujours demeure quand l'intention se veut sans limitation et que le philosophe se donne pour tâche de «reconnaître le pur regard auquel se réfèrent toutes les significations et de comprendre comment il constitue le monde, tel que *celui-ci nous est donné et n'a pas cessé de nous être donné*»[4].

Au cœur de la pensée de Husserl, il faut voir la lutte contre la science psychologique empirique se fondant sur la simple observation des faits de conscience, comme elle a été pratiquée même par les phénoménologues dans le contresens, ainsi que Jean Wahl le remarquait très justement dans ses cours[5]. Au contraire, l'ambition de Husserl est d'atteindre à une science éidétique, c'est-à-dire portant sur les *essences*; à partir de là, il vise la subjectivité pure. C'est pourquoi, par la *mise entre parenthèses*, il tente de penser séparément la connaissance et la chose connue par le sujet connaissant. La phénoménologie, comme «science de la conscience», était, pour Hegel, «le rapport défini du moi et d'un objet»; réciproquement l'objet se détermine par le rapport médiateur avec la conscience. Dès lors la conscience est-elle, dans la perspective phénoménologique, appelée à devenir *conscience de*, et l'objet *objet pour*. Aussi, Husserl soulignera l'intentionnalité, c'est-à-dire l'orientation de la conscience vers des objets intentionnels. L'objet est formé de la sédimentation des significations et non seulement par les conditions *a priori* de l'expérience, ainsi que l'affirmait Kant. Les différences essentielles entre Hegel et Husserl, en ce qui touche à la «phénoménologie», résident, d'une part chez Hegel, dans l'absence de l'en-deçà et de l'au-delà du savoir, et, d'autre part, chez Husserl, dans la conquête progressive du sens, jamais définitif.

En effet, dès l'écrit de 1891, Husserl manifeste l'intérêt qui demeurera le sien et qui est double: à la fois tourné vers une connaissance présentant le caractère de nécessité idéale et vers une théorie justifiant et fondant cette connaissance. Telle est l'ambition de la *Philosophie de l'arithmétique*, même si, à ce moment-là, Husserl lui-même se situe encore au niveau «psychologique» qu'il veut dépasser. Avec le premier volume des *Recherches logiques*, dix ans plus tard la réflexion husserlienne est encore centrée sur le problème logico-mathématique, bien que les intérêts se soient élargis et que les moyens de la solution soient changés; ce que recherche Husserl, c'est encore «une élucidation philosophique de la mathématique pure» et en fait c'est une «mathématique effectivement sans quantité» que Husserl reconnaît dans la logique mathématique et qui permet de poser le problème de «l'essence universelle des mathématiques». Toutefois, du point de vue de la logique générale et de la théorie de la connaissance, Husserl n'en est plus à attendre l'élucidation philosophique du côté de la psychologie: car aucune continuité ne se prononce entre la psychologie et la logique, c'est-à-dire entre les «enchaînements psychologiques et l'unité logique du contenu de la pensée».

Husserl est passé, comme l'a justement établi Renzo Raggiunti[6], de la logique à la phénoménologie. Ce point de départ fondamental a peu à peu été perdu de vue tandis que les phénoménologues se sont multipliés (surtout aux Etats-Unis) : on oublie qu'il existe une correspondance échangée entre Husserl et Frege qui, en 1884, avait publié *Les Fondements de l'arithmétique*; et Frege a donné un compte rendu de la *Philosophie de l'arithmétique* de Husserl[7] : selon Frege, il s'agit d'une tentative pour éclairer le passage entre la conception naïve du nombre et «le droit chemin de la science»[8]. Dans la «bassine» psychologique où se trouve immergé le logique, une lessive décidera d'abord de la «représentation» comprise comme un acte : tout est représentation, aussi bien les dénotations des mots, que les objets; les concepts s'obtiennent à partir de ces représentations d'où les caractères se sont évanouis. Ainsi les concepts sont aussi des représentations après réduction : sous le terme de «représentation», subjectif et objectif sont réunis et le subjectif prend l'apparence de l'objectif. Husserl présente la «définition» comme inutile si elle correspond à une identité de représentation et comme fausse si elle correspond à des représentations différentes. D'ailleurs, dans cet écrit, Husserl répondait au livre de Frege, et, à tort, prêtait à Frege, «l'idée que, lorsqu'on attribue un nombre, il s'agit d'apporter une détermination, une précision au concept»[9]; car, telle n'était pas l'idée de Frege. Celui-ci souligne les trois écueils psychologiques de la conception naïve des nombres : 1° celui «de savoir comment l'identité des unités est compatible avec leur discernabilité»[9]; 2° celui des nombres *un* et *zéro*; 3° celui des grands nombres. Frege critique la «conception nébuleuse de l'identité[10] qui est celle de Husserl; il montre que Husserl confond la négation de la pluralité avec le nombre *un* et, enfin, débouche sur le fondement de l'infinité des nombres, à savoir l'infinité des représentations : «Or, écrit Frege, il ne peut y avoir une infinité de nombres si les nombres sont des représentations qui doivent avoir leur origine en moi ou en tel homme, et aucun symbolisme ne peut lever cette limitation qui est nôtre»[11]. Frege note, au passage, la filiation de Husserl à la théorie des signes de Helmholz et Kronecker, mais, pour sa part, n'admet pas la «confusion entre représentations et concepts»[12]. Toutefois Husserl n'affirme-t-il pas qu'il n'a pas donné les concepts de manière propre mais de manière «symbolique»? Pour Frege, enfin, il n'y a dans cet ouvrage que «l'extension des ravages due à l'intrusion de la psychologie dans la logique». En est-il réellement ainsi que le dit Frege?

On doit, en effet, reconsidérer le point de départ de Husserl autrement que ne le fit Frege. L'enquête sur l'arithmétique bute sur une énigme qui concerne les rapports de la subjectivité de la connaissance et de l'objectivité du contenu de la connaissance. Husserl se donne pour tâche de repenser les fondements théoriques. Le champ d'enquête distingue nettement les représentations propres et les «impropres» ou symboliques: les premières étant effectives et directes, et donnant la chose elle-même dans l'intuition ou la représentation. Ce sont les signes qui permettent de passer de la chose à la représentation générale et de celle-ci au concept abstrait. Si la *Philosophie de l'arithmétique* n'a été qu'une étape infructueuse que les *Recherches logiques* vont essayer de recommencer en tablant sur une critique du «psychologisme» et des «interprétations psychologiques», il n'en demeure pas moins que Husserl a continué dans la première voie, comme l'attestent de nombreux inédits du tome XII des *Husserliana*[13]: voie qui est celle de la sémiotique. L'un de ces inédits sur la logique des signes s'intitule: «*Semiotik Zur Logik der Zeichen*». Signalons qu'Auguste Comte[14] avait lui-même répertorié ce qu'il appelait trois logiques: la logique des sentiments, la logique des images et la logique des signes, qu'il avait identifiées doublement, à la fois dans le cours de l'histoire humaine et dans le cours de l'histoire individuelle, mais encore qu'il affirmait coexiter à la fois dans la civilisation (à l'échelle collective) et dans l'acte linguistique de la pensée (à l'échelle individuelle). Leur ensemble constituait la logique positive. On sait que la «logique des sentiments» fut assimilée et largement développée par Théodule Ribot (1839-1916) qui intitula l'un de ses ouvrages, *La logique des sentiments* (4ᵉ éd., Paris, 1912). Quant à la «logique des signes», Comte lui-même l'avait étudiée dès sa jeunesse avec ses premiers essais de philosophie des mathématiques, et continuée à travers son *Cours de philosophie positive*. A l'époque où Husserl évoque la «logique des signes», il n'apporte pas encore les élucidations phénoménologiques ultérieures, bien qu'il s'attache déjà à une description d'actes vécus de la conscience. Husserl recherche l'essence du signe: ce qui lui appartient *en propre*. Il se situe donc à un niveau que l'on peut qualifier de «positif» ou d'empirique, cherchant à découvrir l'intrication du signe dans les processus logiques de la pensée. Mais il ne s'agit pas davantage pour lui, à ce moment-là, d'édifier un discours théorique, prisonnier d'une vision «objective» du signe. Et, sans doute, Frege, de son côté, lorsqu'il répond à Husserl, semble «parler» — comme le fera aussi Comte dans le *Cours de philosophie positive* — du lieu propre au mathématicien; le niveau d'un tel discours, encore qu'il s'agisse d'idéalités mathématiques, est celui d'une réflexion «naturelle», même si elle est au-dessus de la réflexion «naïve» de l'ignorant. Le point de départ de Husserl est que la théorie de la connaissance n'est pas une théorie déductive, elle n'a rien à «expliquer» (*erklären*), mais elle doit plutôt «élucider» (*aufklären*). Aussi Husserl critique-t-il Helmholtz qui affirme que les *signes signifient*, et surtout dans le cas des nombres. Comment le signe est-il pensé? Comment l'objet est-il visé à travers le symbole? Quand l'élément «logique» intervient-il?

Telles sont les questions que se pose Husserl. La pensée symbolique contient l'énigme de l'agencement logique des signes. Concept relationnel, le signe est exploité par la pensée: c'est ce «savoir-faire» de la pensée qui est mis ici en questionnement par Husserl. L'analyse de Husserl distingue le signe sensible et le signe comme marque conceptuelle et divise le signe lui-même en séparant les éléments qui le constituent tout en repérant leur entrecroisement: une série de clivages se révèlent, et qui articulent l'acte même de la pensée. Les clivages dépendent de la nature de la relation effective fonctionnant entre la représentation et l'objet. Le signe peut être: extrinsèque/conceptuel, unique/multivoque, direct/indirect, équivalent/non équivalent, signe de contenu/signe d'actes psychiques, formel/matériel. Ainsi «les signes réalisent des variétés de représentations symboliques où les signes assument la fonction de 'représentant' (*Stellvertreter*) de la chose désignée»[15]. A partir des représentations impropres symboliques accompagnant des concepts effectifs se produisent des représentations de suppléance (*Ersatzvorstellungen*), soit que les premières tiennent lieu des concepts, soit que des représentations surrogatoires interviennent à partir desquelles aucune représentation de contenu n'est possible immédiatement ou définitivement. Les concepts de type supérieur ne peuvent se produire qu'à l'aide de ces représentations surrogatoires. Le jugement se forme symboliquement et de manière impropre, portant sur une matière de représentations symboliques, ou portant sur des signes extrinsèques remplaçant des actes de jugement. Des chaînes de signes extrinsèques constituent jugements et raisonnements dont le processus est une opération «mécanique». La langue use de signes artificiels, mais le système de signes articulés par la grammaire n'est alors que le résultat inconscient d'une évolution historique («naturelle»). En arithmétique, on assiste à un développement qui n'a été possible qu'en utilisant des opérations «antélogiques» (*vor-logische Zeichenoperationen*). La procédure logique, en effet, n'a pas donné lieu à une compréhension logique. Ainsi Husserl situe ses analyses à un tout autre niveau que celui d'un mathématicien mettant en œuvre les mathématiques, il décrit le processus phénoménologique général relevant cependant d'une théorie des algorithmes, en essayant d'analyser les réseaux conceptuels sous-tendant les opérations algorithmiques.

Les autres inédits du même tome XII des *Husserliana*, en particulier les inédits n°s 3 et 5, développent toutes ces analyses et toutes ces opérations. Ce sont les lois logiques de connexion au sein des opérations algorithmiques des signes, que Husserl veut atteindre. Signe et concept s'échangent l'un l'autre. «Le signe naît de la détermination conceptuelle des choses, puis les signes sont organisés dans des systèmes algorithmiques qui suppléent les concepts, ce qui entraîne par contrecoup l'éclatement des concepts primitifs au profit des concepts purement formels»[16]. L'auteur de l'article, René Verdenal, confirme la difficulté «psychologique» dans laquelle les analyses de Husserl entraînent le lecteur, et met en cause le difficile parti pris — que nous reconnaissons venir de Helmholz — d'aligner le signe linguistique sur le signe arithmétique. Sans pousser aussi loin dans l'analyse, tel était aussi le parti pris d'Auguste Comte travaillant à la philosophie des mathématiques dès les années 1819 et 20. Sans doute le problème reste-t-il ouvert encore aujourd'hui en tant que problème de symbolisation. Les *Recherches logiques* situent la recherche dans le domaine du langage qui joue le rôle de système fondamental de signes pour la pensée logique. C'est donc la «langue naturelle» qui supportera toutes les fonctions du signe doué de sens dans l'articulation grammaticale. Un renversement s'est donc produit: dans la *Philosophie de l'arithmétique*, la langue ne sert que de métaphore pour l'arithmétique, dans les *Recherches logiques*, elle occupe le centre, et l'algorithme mathématique l'horizon. Ainsi en est-il dans *Ausdruck und Bedeutung* à l'intérieur des *Recherches logiques*, mais déjà dans les *Prolégomènes* se présente le «principe d'économie de la pensée» que Husserl critique et réinterprète dans la perspective des inédits précédents quand il traite des opérations de substitution: «Ces concepts d'opération de substitution, par l'effet desquels les signes deviennent des espèces de jetons d'un jeu, nous servent exclusivement de normes dans de très vastes sphères de la pensée et même de la recherche arithmétique. Ils facilitent très considérablement celles-ci, les font passer des sommets arides de l'abstraction dans les chemins faciles de l'intuition, où notre fantaisie dirigée par notre esprit de finesse peut, dans les limites de la règle, s'exercer librement et avec relativement peu d'efforts; un peu comme dans les jeux soumis à une règle»[17]. Ici proche de Wittgenstein[18], Husserl conçoit une activité signitive de remplacement tenant lieu de pensée et donnant lieu, à notre insu, à certaines généralisations formelles des raisonnements même scientifiques. Dans la même voie, Auguste Comte revenant sur la «logique des signes», au chapitre sur le langage dans le *Système de Politique positive* (t. II), traitait de «l'art de combiner les idées d'après les signes correspondants» et montrait qu'il facilite la déduction: quand la liaison des signes à nos pensées est bien établie, alors «la facilité de les reproduire et de les multiplier permet à leur usage de rendre à la fois plus rapide et plus précise notre élaboration spéculative» (*Syst. de Pol. pos.*, II, p. 240). Mais cette «troisième» logique ne viendrait que fortifier les deux logiques antécédentes et permanentes, la logique des sentiments et la logique des images, car notre logique humaine complète fonctionne, en fait, sur ces trois plans tout à la fois: «on voit combien les prétendus logiciens se font des idées fausses et étroites de notre mécanisme intellectuel, quand ils concentrent toute leur attention sur le plus volontaire mais le moins puissant des trois modes essentiels que comporte la combinaison mentale» (*op. cit.*, p. 242). Husserl ne tombe pas sous le coup des critiques d'Auguste Comte, puisqu'il met en lumière par les concepts d'opération de substitution les réelles procédures du mécanisme logique. Cependant, il doit abandonner sa théorie des multiplicités formelles, théorie des théories de laquelle les géométries et les systèmes algébriques auraient pu être tirés... Toutefois, sa théorie des transformations logiques des signes en vue de déterminer les divers systèmes de signes est fort intéressante, car elle montre comment la pensée proprement dite procède par différenciation à partir du jeu des signes, marquant progressivement des écarts conceptuels décisifs. Il en résulte la découverte de la notion de *sens* dans l'entrecroisement des connexions entre les signes hétérogènes: «Le signe est une sorte de condensé sur-déterminé de sens, cumulant plusieurs fonctions logiques et entrecroisant les oppositions superposées»[19]. A cette époque, donc, le sens peut être un effet de signe pour Husserl, parce qu'il se place alors au niveau d'une micro-analyse de la mécanique des signes et de ses effets de sens.

Ce qui sera de nouveau remis à l'ouvrage à un autre niveau, c'est la généalogie de la logique, comme l'indique le sous-titre de l'œuvre *Expérience et jugement* que Landgrebe édita en 1948. Les textes réunis proviennent des travaux élaborés autour de *Logique formelle et logique transcendantale*, œuvre que Husserl avait publiée en 1929. Les analyses partent de la perception extérieure, pour saisir et expliquer l'objet, et visent la saisie de la relation, les structures générales de la prédication (jugement de «est» et de «a»), l'objectivation de l'entendement et ses formes temporelles, les modalités du jugement, la constitution de la généralité empirique et de la généralité pure du concept; enfin, l'intuition des essences par la libre variation de l'imagination et de la conquête de la nécessité *a priorique* dans les possibilités. L'introduction à l'ouvrage est de Landgrebe, qui rappelle les principales affirmations de *Logique formelle et logique transcendantale*, œuvre qui, d'après lui, devrait être pensée comme l'introduction développée d'*Expérience et jugement*. L'introduction de Landgrebe (des pages 1 à 72) reprend également l'essentiel de la *Krisis*: Husserl l'aurait lue et aurait même approuvé l'ensemble du recueil, toutefois sans le publier. Tandis que *Logique formelle et logique transcendantale* trace le chemin de la logique traditionnelle à la logique transcendantale due à la méthode phénoménologique, cette dernière est une logique radicale et concrète. L'ouvrage aboutit à une «phénoménologie de la raison» sur la base d'une notion de l'évidence: «en tant que donation des choses elles-mêmes (l'évidence) a ses variantes, ses degrés dans la perfection de la donation des choses elles-mêmes»[20]; c'est une «forme structurelle a priorique de la conscience»[21]. *Expérience et jugement* part de l'évidence et de son discours propre, mais pris dans le sens de «la manière dont un objet dans son caractère donné peut être désigné comme *lui-même*, comme *corporellement là*» (p. 11). Derrière l'évidence prédicative, ou au-dessous d'elle plutôt, il y aurait donc une évidence anté-prédicative. Ici se tient peut-être l'origine d'une idée de Heidegger, à savoir que les vérités logiques ont leur fondement dans une vérité plus fondamentale et que l'ontique repose sur l'ontologique[22]. La saisie intellectuelle est toujours précédée de l'affection, elle-même se détachant sur un environnement prédonné passif, déjà là avant tout regard et tout intérêt. Le «monde» est le sol sur lequel se développe l'activité de connaissance, c'est un prédonné à la fois passif et universel. L'intelligence humaine «est» sur fond de monde. Ici, le monde n'est pas mis entre parenthèses comme dans les *Ideen* et les *Méditations cartésiennes*. Il donne lieu, au contraire, à une saisie primitive, qui est originelle. Et le domaine de la *doxa* n'est pas de moindre dignité que celui de l'*épistémé*. La connaissance exacte, en regard de ce monde, n'est alors plus qu'une affaire de *méthode*. Toute perception quelconque présuppose un prédonné. L'attention est tendance vers un horizon intentionnel, allant vers un *plus ultra*. La perception se dirige aussi vers un objet identique se présentant dans toutes ses apparitions. Une durée en repos donne l'objet identique. Dans la zone anté-prédicative il faut découvrir l'origine de la *négation* et des diverses modalités du jugement. La négation est d'abord *déception*, c'est en quoi elle est première conscience d'une nature partielle sur un fondement implicite de croyance dans un monde: la *position* de croyance est donc première pour Husserl, mais implicite, non explicite. Quant à la possibilité en elle-même, à son origine elle n'est qu'*hésitation*. Cependant, le monde originaire est certitude, la plus pure et la plus simple des certitudes: c'est par modification de cette forme primitive de la certitude implicite que se produisent les modalités du jugement. Husserl étudie donc les structures générales de la réceptivité. Il passe ensuite à la saisie des relations: au fondement même de cette saisie se tient la passivité; seul, l'intérêt déterminera la relation. Les déterminations de relations ont un fondement à leur tour, l'unité prédonnée qui nous affecte d'objets prédonnés simultanément. Le champ passif s'avère déjà structuré temporellement : les objets ont un «être-ensemble dans le temps» qui est l'unité de la durée temporelle. L'espace du sens commun ne va se constituer qu'à partir de cette forme d'ordre qui est le produit de la forme temporelle de l'en-même-temps, dans les moments individualisants que sont l'*ici* et le *là-bas*. L'espace scientifique, sur cette base, procédera essentiellement de l'idéalisation et de la nominalisation. La réalité n'est ici que le résultat d'un processus d'idéalisation à la fois dans le langage naturel et dans le langage de la science; le monde de notre expérience est compris dans le sens de ce vêtement d'idées que nous jetons aveuglément sur lui. Si ces objets s'individualisent ensuite, c'est sous l'effet de la nominalisation. Alors que Hegel, au début de la *Phénoménologie de l'Esprit* ne gardait du *ceci* que son universalité abstraite et négative, Husserl, au contraire, met au premier plan les points particuliers et individuels des objets comme constitutifs de la «signification pleinement concrète» et positive. En fait, le *même* de la chose même est une idée de la raison. Avant le monde de la science et même avant le monde du sens commun existe donc un pré-monde que nous avons oublié. La théorie des objets dans *Expérience et jugement* est telle que les choses perçues, qui apparaissent en perspective dans les données des sensations, deviennent des objets, «objets thématiques», seulement dans la réflexion et par un «démontage abstractif» (p. 306). Landgrebe a confirmé la profonde divergence qui semble apparaître chez Husserl entre l'orientation d'un programme idéaliste et l'orientation des résultats des analyses de détail, que l'on peut qualifier de réalistes[23]. Mais cette divergence ne trahit pas le projet transcendantal que s'est donné Husserl.

Un problème a surgi cependant pour les logiciens, à savoir celui de «l'intuition originaire». En effet, Husserl distingue l'intuition catégoriale de l'intuition sensible, et il considère la première comme autonome et originaire; mais, d'autre part, il a la conviction de fonder l'objectivité logique sur la base de la perception sensible; la question se pose alors: «si une intuition catégoriale est fondée sur l'intuition sensible, elle est, en quelque sorte, dérivée de celle-ci, et ce qui est dérivé n'est pas originaire. Et alors: l'intuition catégoriale est-elle ou non originaire?»[24] C'était le problème que laissait irrésolu la sixième recherche logique, et c'est le même problème qui réapparaît avec *Expérience et jugement*, puisque l'expérience anté-prédicative et l'expérience prédicative sont inséparables: du moins, la seconde semble dépendre de la première. Il y a pour Husserl «deux niveaux d'expérience, vus dans un rapport génétique, celui de la simple perception sensible et celui de la pensée prédicative ou logique »[25]. Dès le niveau perceptif, il s'opère une structuration ou une organisation et un degré de connaissance se réalise. Pourtant, Husserl n'évoque nullement l'influence linguistique dans cette première expérience. Avec Ernst Cassirer, au contraire, on voit les degrés s'échelonner à partir de l'expérience mythique-artistique, puis avec l'expression proprement linguistique, pour aboutir à l'expression logico-scientifique, comme l'indique la *Philosophie des formes symboliques*; et le niveau du sens commun s'identifie à celui du langage naturel. Or, la phénoménologie husserlienne est, de ce point de vue, « alinguistique »; pourtant, ce qui détermine la figure de la pensée prédicative, c'est « la volonté de maintenir le contenu comme identique et comme soustrait à ses déterminants connus ». Et telle est l'œuvre du langage.

On sait que les *Recherches logiques* font intervenir le langage. Mais aussi dans *Expérience et jugement* le langage est *impliqué*. C'est ce que montre Husserl quand il désigne ce qui conserve l'identité de l'*objet cognitif*, c'est-à-dire des formations usant d'*indications* qui ne sont autres que les *signes* ou les expressions linguistiques. Et l'on voit où et comment prennent racine les formations de la pensée prédicative : dans les expressions linguistiques. Donc, ce qui caractérise la pensée prédicative, ce n'est autre que l'expression linguistique, permettant de fixer et de conserver dans leur identité l'objectivité intentionnée dans les actes de la connaissance. Dans la première recherche logique, l'ambition de Husserl n'était-elle pas, au contraire, d'analyser le langage dans le champ de la problématique de la logique pure ? En fait, dans *Expérience et jugement*, il n'est pas question du *langage des linguistes*, mais du langage dans son *essence* : le signifié idéal. Le jugement prédicatif est considéré, dans *Expérience et jugement*, comme une objectivité qui s'articule en termes catégoriaux (sujet et prédicat) qui ne peuvent être identifiés à aucun terme linguistique. Ce ne sont pas les paroles d'une langue déterminée qui constituent l'élément essentiel des objectivités catégoriales. De même, chez Kant, la théorie transcendantale de la connaissance n'a aucun lien avec les configurations historiques d'une langue quelconque, mais Kant affirme que « nous ne pouvons comprendre que ce qui implique quelque chose qui corresponde à nos mots »[26]. Pour Husserl, le résultat définitif de la connaissance est la complète connaissance prédicative de l'objet : celle-ci met en évidence la présence de la spontanéité productive et de la volonté du moi, celui-là même qui distingue les formes supérieures et les formes inférieures de la connaissance. Toutefois, dans les acquisitions de la volonté qui se *modifie*, comment peut-on distinguer et mettre en connexion les formes supérieures et les formes inférieures de la connaissance ? C'est le problème de la sixième recherche logique, qui ne peut se résoudre qu'en indiquant que la pensée prédicative ou catégoriale se définit par la qualité essentielle de la *stabilisation de l'objet*, avec le retour au sujet (ce qui ne se produit pas dans la réceptivité primitive). Finalement le problème de la sixième recherche peut se résoudre dans la mesure où se rend possible une intuition nouvelle qui est l'*intuition catégoriale* : c'est ce qu'*Expérience et jugement* montre mieux que les *Recherches logiques*, car l'analyse génétique y est plus poussée; mais encore, cette nouvelle intuition ne résulte-t-elle pas de l'intuition sensible ? Ou, du moins, cette dernière n'est-elle pas son fondement ? Admettre l'intuition catégoriale comme originaire implique possible la *genèse* (ce qui rend possible cette intuition) et, en même temps, l'*indépendance* de cette intuition; sinon nous retomberions dans le «psychologisme». De même que les deux premiers degrés que sont la réceptivité de la perception et l'activité prédicative ne peuvent être séparés que par abstraction, le troisième degré de la connaissance n'est pas plus séparé que les deux premiers : il s'agit de la *formation d'universalité* quand la référence à l'universel devient *thématique*.

C'est au sein de ces mêmes difficultés qu'il faut situer la *Krisis*. L'expérience sensible y apparaît, de même, comme le fondement ultime à la fois de l'expérience prédicative et de l'expérience scientifique. L'introduction de Landgrebe au recueil intitulé *Expérience et jugement*, souligne le rapport direct de cette œuvre avec la *Krisis*, au point même de donner une nouvelle vision du développement général de la pensée husserlienne, allant de l'ouvrage *Expérience et jugement*, œuvre qui serait centrale, à la *Krisis*, son véritable aboutissement. D'ailleurs, avec la *Krisis*, le relais avec l'origine épistémologique est pris, et même avec des proportions bien plus considérables, dans la mesure où il fait référence à la science de la *Lebenswelt* et dans la mesure où est critiqué l'idéalisme abstrait des sciences mondaines. La notion même de *science* impliquée dans la *Krisis* n'est plus la même que celle de la première ou de la seconde Méditation cartésienne, Husserl est passé de l'idée de science idéale, à l'idée de science telle qu'elle se *fait* historiquement et concrètement dans le progrès du savoir. Les *Ideen* elles-mêmes sont dépassées : qu'on se rappelle la stricte définition de la phénoménologie comme science portant sur les essences, ces dernières étant atteintes à travers une méthode de réduction éidétique; le premier livre donne la théorie générale des réductions phénoménologiques; et le troisième livre, consacré à l'Idée de la philosophie, la montre prenant racine dans la phénoménologie pure, ce qui établit la philosophie comme une science «rigoureuse», du moins rigoureusement fondée et systématiquement exposée, présupposant par elle-même toute métaphysique future pouvant se donner comme science. Notons cependant que le livre II, en traitant du problème de la constitution de la chose physique, préfigure déjà les analyses d'*Expérience et jugement*, et, en traitant du moi psychophysiologique et surtout de la personne du point de vue des sciences de l'esprit, préfigure le contenu même de la *Krisis*. Mais les perspectives ont changé comme la signification de la pensée tout entière de Husserl, et la dernière œuvre permet de reprojeter, avec l'aide d'*Expérience et jugement*, une nouvelle lumière sur sa philosophie.

2. L'œuvre en elle-même : la *Krisis*

Si l'on considère la conférence[27] qui précéda l'œuvre, sa lecture donne une première impression provenant du langage même. Husserl fait une allocution, est-ce la raison qui rend directe sa communication? Sans doute, mais une autre raison, plus théorique, se tient dans le domaine, ou lieu commun sur lequel se déroule le discours, le lieu d'où parle son orateur: la philosophie de l'histoire, à laquelle se trouve ramenée «l'idée d'humanité européenne»; et cette philosophie de l'histoire est solidarisée avec le *telos* de cette histoire. La seconde idée fondamentale est «l'idée de vie», prise dans le sens créatif de l'engendrement des œuvres et de la poursuite des fins. Le thème fondamental est le statut des sciences humaines, appelées ici «sciences de l'esprit» comme chez Dilthey. — On pourrait se demander quel rapport existe entre le statut des sciences humaines et la crise de l'humanité européenne. Tout simplement, cette «crise» est un problème spécifique, relevant d'une science pure de l'esprit, d'une science éidétique (*Wesenlehre*) telle que Husserl n'a cessé de la proposer. — Certes, la contemplation des essences (*Wesenschau*) promise par les *Ideen* ne semblait pas devoir déboucher sur la solution d'un problème purement historique. Comme «idéalisme transcendantal», la phénoménologie des *Ideen* caractérisait la démarche du sujet hors du monde empirique et orienté vers le fondement ultime de toute connaissance. Et précisément, la différence avec Kant éloignait tout «naturalisme» (au sens husserlien) ainsi que la conférence le fait, d'ailleurs : le problème kantien est ou *a été vu* comme un problème de validité, celui de Husserl sort de l'attitude positive naturelle et ne concerne pas la possibilité de la conscience objective, mais la question de l'origine du monde en faisant de la conscience un sujet d'intuition et non seulement de construction, l'intuition étant « donatrice originaire » : ce qu'elle n'est pas chez Kant, bien qu'il fasse du temps une intuition *a priori*. Sur cet originaire husserlien nous avons déjà trébuché : il a été critiqué, non seulement du point de vue épistémologique comme nous l'avons vu, mais encore du point de vue phénoménologique [28] jusqu'à être compris comme un « mythe » : « partir à la recherche de l'intuition du donné originaire, c'était partir à la recherche du donné non-donné, c'est-à-dire d'un mythe » [29]. — Donc, dans ces conditions, comment sur la base d'une telle position éidétique peut-on examiner une crise historique ? Dans les *Ideen*, livre I, deuxième section, après la mise hors circuit, s'aperçoit la conscience pure, « résidu phénoménologique », alors le *cogito* est *acte* de conscience : mais si la nature est mise hors circuit, toutes les réalités de la civilisation sont aussi exclues, y compris les sciences de la nature et de l'esprit. Les « parenthèses » de la mise hors circuit ont une fonction méthodologique expresse « de nous rappeler constamment que les sphères d'Etre et de connaissance considérées se situent *par principe* en dehors de celles que doit étudier une phénoménologie transcendantale et que toute immixtion de prémisses qui relèvent des domaines entre parenthèses est le signe d'une confusion marquée d'absurdité » [30]. Toutefois, comme le montre la section III, il y a une rétro-référence qui peut opérer. Et le point de vue de la fonction est néanmoins le point de vue central de la phénoménologie. Quant à la 4e section, elle aborde le problème fondamental de la « phénoménologie de la raison ». — Dans *Expérience et jugement*, il n'est plus question de séparer la *thèse du monde* mais de pénétrer une description génétique qui devrait y conduire si elle réussissait. Les mouvements de pensée qu'impliquent les attitudes différentes ne s'excluent pas nécessairement, mais ne se situent pas toujours sur le même plan de base; et même, pourrait-on dire, jamais !

Aussi, le renouvellement d'attitude et de mouvement qui se manifeste avec *Expérience et jugement* (*Erfahrung und Urteil*) et la *Krisis* contribue à redistribuer le monde dans une autre ordonnance tout en nous maintenant dans le projet éidétique. Et c'est même ce projet sous-jacent qui permet sans doute d'examiner ce que Husserl appelle *Urphänomen* à propos de l'Europe : le phénomène originel, qui caractérise non seulement l'essence européenne des nations considérées, mais aussi leurs productions, sous la forme de leur activité scientifique dont il demeure les méthodes, quand les contenus sont dépassés. Ainsi, le *théorétique* caractérise la civilisation européenne et touche l'environnement vital (*Lebensumwelt*). Cet environnement dont il est fait état dans la conférence de 1935 concerne la culture dans toutes ses formes: y compris celle de la philosophie; celle-ci ne laisse pas intacte la culture qu'elle a trouvée et elle bouleverse même l'histoire concrète, car «les idées sont plus fortes que toutes les puissances empiriques». Mais la fonction de la philosophie est la plus haute, étant la fonction «rectrice» (die *Archontische*) à l'égard de l'humanité entière. D'où vient la «crise de l'Europe», sinon des «déviations du rationalisme»? Qu'est-ce que la raison? «Terme vaste», c'est «ce qui donne son caractère humain à l'humanité supérieure», c'est ce qui exige «une philosophie authentique». Il faut distinguer entre la philosophie comme «fait historique» d'une époque et la philosophie «comme idée d'une tâche infinie». L'histoire de la philosophie nous indique les phases du développement historique comme étant une seule attitude dynamique en évolution, un regard révélant la totalité homogène de la nature. Une nouvelle phase commence, celle qui donne la perspective nécessaire pour appréhender l'esprit, la connaissance de l'esprit. Car le «monde objectif» ne constitue pas le «système total de l'être»; et la vérité objective ne peut être dégagée sur le plan psychique. Au contraire, c'est la «compréhension de l'esprit» (notons les termes de Dilthey: compréhension et non explication) qu'il nous faut parce que nous en avons besoin pour fixer l'origine épistémologique. D'ailleurs Husserl a cité le nom de Dilthey dans cette conférence: «Dilthey, un des plus grands savants qui se soit consacré à l'esprit, a mis toute son énergie à élucider les relations entre la nature et l'esprit, à élucider la contribution de la psychologie de type psycho-physique, qui, selon lui, appellerait le complément d'une psychologie nouvelle de caractère descriptif, analytique»[31]. Et Husserl affirme que l'esprit «existe» en soi et pour soi, et qu'il peut être traité de manière «rationnelle, véritablement et radicalement scientifique». Or, les sciences actuelles sont «dépourvues de l'ultime et véritable rationalité, celle qui rendrait possible la conception du monde fondée sur l'esprit» (*die geistige Weltanschauung*)[32]. Donc, c'est au nom d'une conception authentique de la *rationalité* que parle ici Husserl, pour le bénéfice des sciences de l'esprit que nous appelons aujourd'hui sciences humaines et sociales. Husserl cite l'impulsion que Brentano donna vers l'étude des vécus. Aussi bien, «l'objectivisme naturaliste» doit-il être surmonté (même idée chez Auguste Comte, à partir du *Système de Politique positive*). Contre le «vieux rationalisme», osons un rationalisme nouveau: celui de la *ratio*, c'est-à-dire «l'opération de l'esprit qui se comprend lui-même»[33]. Ce qui doit être visé : *une science universelle répondant aux questions d'être, de norme, et d'existence.* Nous assistons à l'«aliénation» de la raison, enlisée dans le naturalisme et l'objectivisme. Telle est la teneur des conférences de Vienne et de Prague. La philosophie y apparaît comme devant être essentielle réflexion : là-dessus l'accord des philosophes est total.

De la conférence à la *Krisis*, ce qui s'est produit c'est la théorisation épistémologique de ce qui dans la conférence était déjà comme indiqué. Il s'agit maintenant de la «crise des sciences européennes»; mais l'idée n'est pas nouvelle chez Husserl qui, dans l'Introduction de *Logique formelle et logique transcendantale*, évoque «la situation présente des sciences européennes», situation qui «engage à des prises de conscience radicales»[34]. On peut voir que le thème de la *Krisis* est alors loin d'être étranger à Husserl et qu'en 1929 déjà il est présent dans le cœur de sa recherche. De plus, les problèmes épistémologiques, contrairement à ce qu'on a pu croire en suivant les premiers commentateurs, sont, pour Husserl, les véritables problèmes philosophiques. Déjà en 1929, deux notions de la science sont valables pour lui : celle d'une «science authentique issue d'une activité fondatrice absolue» et celle des «sciences positives».

Les trois parties de la *Krisis* comprennent successivement les trois thèmes suivants : I. La crise des sciences comme expression de la crise radicale de vie de l'humanité européenne; II. L'élucidation de l'origine de l'opposition moderne entre l'objectivisme physicaliste et le subjectivisme transcendantal; III. L'élucidation du problème transcendantal et la fonction de la psychologie qui s'y relie. Par ces trois parties, dont la dernière, rappelons-le, est restée incomplète, se reconnaît le fruit de l'entreprise husserlienne, et qui n'est pas que d'intuition, mais bien aussi de constitution et de fondation (et pas seulement de «fondement»). Le statut des sciences humaines peut espérer trouver là quelques éléments de solution, même pour la philosophie des sciences de l'époque actuelle. En effet, le problème ne date pas de Husserl et il ne s'arrête pas à lui, on peut dire que Husserl se relie encore une fois à l'entreprise de Comte, mais sa recherche de fondation ne se contente pas d'une simple «position» donnée par l'histoire des sciences et de la philosophie; elle l'apparente à Kant, bien qu'il fasse référence cependant très ouvertement à l'histoire occidentale dans sa totalité. De plus, la radicalité de la position occidentale nous met dans les voies ouvertes par Nietzsche, sensible au «nihilisme européen»[35] menaçant sous les formes les plus diverses et dont le dépassement ne pourra se faire que par une prise de conscience du «manque» humain, dont seule la connaissance généalogique avec le courage qu'elle implique peut nous rendre maîtres.

La première partie de la *Krisis* part de la constatation du «succès» constant des sciences et pourtant de la crise de ces mêmes sciences; le second pas de cette première partie éclaire la raison de la crise: la réduction positiviste de l'idée de science à une simple science des faits. Aussi, remontant à la racine, Husserl étudie-t-il le moment «crucial» de la science, celui de la Renaissance, encore rattachée à la source philosophique de l'Antiquité. Mais la nouvelle philosophie a pour elle d'avoir découvert la «méthode universelle» valable aussi bien pour les sciences naissantes que pour la «philosophia perennis». La science naissante a-t-elle tenu promesse? Un malentendu commença, et qui dure encore. Kant en est le témoin et la philosophie même devint problème: l'idéal de la philosophie universelle, d'une part, et le processus de sa dissolution intime, d'autre part, contredisent l'universalité philosophique qui tend à s'exprimer au moins dans les rameaux que sont les sciences positives par rapport à l'arbre général qu'est cette universalité même. La perte de la croyance (le «nihilisme») a touché l'homme comme une maladie contagieuse lorsqu'il a perdu la notion de l'intrication de la raison et de l'étant: tel est notre propre risque. Il faut donc voir l'histoire de la philosophie moderne comme le combat *pour* le sens de l'homme, l'enjeu étant: découvrir le véritable rationalisme à opposer au rationalisme naïf du XVIIIe siècle. Aussi, dès le paragraphe 7, Husserl montre-t-il que la philosophie peut changer ou vouloir changer le monde, car la sienne énonce un projet nécessaire et spécifique dans la mesure où les philosophes sont les fonctionnaires de l'humanité et, dès lors, portent la responsabilité de ses décisions.

Nous évoquions l'action de théorisation accomplie dans la *Krisis*. Mais c'est aussi une action tournée vers la pratique éthique et politique qu'il faut éminemment lui reconnaître. Nous avons perdu ce que la Renaissance possédait encore, c'est-à-dire le lien entre la théorie et la pratique, la notion complète de la philosophie, comprise comme la science de la totalité de l'étant. Et Husserl, en effet, accomplit un début de reconquête de cette totalité par l'entreprise de la *Krisis*. En reconnaissant la crise comme crise du sens de la vérité des sciences par rapport à l'humanité européenne, Husserl s'attaque au problème le plus radical qui n'est autre que le problème de la *raison*. L'idée de la raison est mise en question, c'est-à-dire historiquement, non pas le *logos*, mais l'*épistémé* opposée à la *doxa*. L'*épistémé* est l'être idéal de la raison, tandis que la *doxa* n'en est que le prétendu être. Il s'agit donc, ni plus ni moins, de la crise de la raison mettant en interrogation par là même tous les «*étants*» et toutes les valeurs de ces étants. La survie de la philosophie pour être possible doit vaincre le scepticisme «empiristement» dévaluateur. Et le mystère du monde que la raison ainsi traitée met «au monde» est un mystère vide. Pour résoudre ce problème vital dans tous les sens du mot, nous devons redécouvrir ce que nous avons perdu, l'unité de la science, la reconstruire, et par là, sauver la vérité de l'homme. Mais pour remonter aux sources, il faut, comme dans *Expérience et jugement*, replonger l'*épistémé* dans la *doxa*, c'est-à-dire la formation d'universalité et l'activité prédicative dans l'anté-prédicatif qu'est la *doxa*: l'origine de la raison, la racine et le radical qui sont en elle doivent nous être reconnus et être revalorisés à nos propres yeux. Il s'agit donc de développer le rationalisme profond que nous devons apprendre à connaître, tout d'abord.

Nous avons rencontré la notion de «phénomène originel» (*Urphänomen*) de l'européanisme, apparue dans la conférence et reprise ici encore, notion que Husserl partage, d'ailleurs, avec Heidegger. Mais il s'agit pour les deux philosophes, non seulement d'européanisme, mais encore d'européanisation du monde : la pensée occidentale prédomine pour ceux qui ne reconnaissent pas, de la sorte, une pensée autre qui soit indépendante (chinoise ou indienne). La première partie de la *Krisis* est donc «occidentale», géographiquement et historiquement, et la raison (*épistémé*) qu'elle critique est un phénomène historique et géographique (même hors de l'Europe, puisque, comme l'expliquait la conférence, l'Europe n'est pas seulement ce qui correspond à la carte géographique, mais est une entité prise par Husserl «au sens spirituel»). Cette première partie n'est qu'une introduction préparant à la deuxième partie, car elle indique déjà le noyau de la contradiction entre les deux voies opposées qu'il faut réunir, à savoir l'objectivisme physicaliste et le subjectivisme transcendantal, coexistant historiquement et se développant anarchiquement sans se concilier. Rappelons — ce qui rapproche Husserl de Comte, une fois encore — que cette opposition a été aperçue par Auguste Comte non seulement dans le *Système de Politique positive* qui tente une solution, mais déjà au cœur de l'œuvre «matérialiste» et «objective» — selon les termes mêmes de Comte — qu'est son propre *Cours de philosophie positive*: à la 40e leçon, l'opposition est évoquée et sa solution annoncée, reprise qu'elle sera dans les dernières leçons du *Cours* proposant les développements ultérieurs consécutifs à la science humaine nouvellement instaurée, la sociologie, développements «subjectifs» de la morale, de l'esthétique et même celui de la religion politique qu'est la politique comtienne. Husserl pense, comme Comte, qu'avec les mathématiques quelque chose d'important s'est passé: elles ont apporté, à travers Galilée et

Descartes — cités par Comte et par Husserl —, une idée nouvelle de la saisie totale du monde.

Nous ne sommes encore qu'au seuil de cette œuvre importante. Elle a pour enjeu d'exprimer la véritable rationalité et donc le devoir de s'expliquer avec la rationalité telle qu'elle s'est donnée à voir dans l'histoire, à partir de la transformation des mathématiques, et particulièrement du premier effet à multiples retombées, nous voulons dire la mathématisation du monde commencée par Galilée. Husserl retrace l'histoire du devenir-scientifique de la raison occidentale, devenir qui est surtout un devenir-mathématique au sens aigu du « formel » qui se matérialisera dans les sciences de la nature. L'interprétation géométrique du « rationnel » accuse la faille qui déterminera la conception dualiste du monde: « schisme » de la raison. Le problème de la raison étant insaisissable authentiquement, il entraîne la scission dualiste et la double évolution dans l'histoire de la philosophie scindée, d'une part, entre les sciences positives et la phénoménologie transcendantale, d'autre part. La crise des sciences européennes (qui est aussi, par ailleurs, une crise de civilisation qui a pour l'heure — dans les années 30 — le nom de « nazisme »[36]) est un symptôme de la scission de la raison entre les sciences positives et la phénoménologie transcendantale, scission qui s'est progressivement accentuée depuis la Renaissance et « réalisée » dans les problématiques propres à Descartes, Locke-Berkeley-Hume, Kant. Aussi devrons-nous aborder ces trois foyers de pensée que représentent ces noms dans la relation à Husserl. Auparavant Husserl a reconstitué ce qui a bien pu motiver l'entreprise de mathématisation de la nature: l'expérience elle-même porte en effet, pour nous, en nous, et préscientifiquement, les premières motivations de nos ultérieures quantifications; le monde ambiant nous indique les premiers rapports des événements à volumes qualitatifs sous une forme mathématique. Pour que se déclenchât effectivement la mathématisation, il a fallu que l'induction puisse atteindre une certaine précision: la précision grandissante des mesures et corrélativement l'idée d'une infinité spatio-temporelle ainsi que l'idée de la divisibilité à l'infini des parties de l'espace ont donné les circonstances culturelles propices à l'extension de la mathématisation, rendue enfin possible. L'ensemble du monde concret des corps est donc devenu la possibilité d'infinités de structures et même d'infinités de « plénitudes qualitatives ». Il allait de soi pour Galilée et les premiers physiciens que le monde était dominé par une inductivité universelle. Physique et mathématique relevaient de la même certitude. Et cette inductivité permet de passer à l'idée totale d'une physique vraie en droit *in infinitum* pour la totalité et l'ensemble du monde. Husserl montre ainsi que « les idéalités mathématiques» ont rendu possible cette mathématisation, en tant qu'elles en sont les instruments: on oubliera désormais le monde ambiant empirique de départ pour ne plus penser que le monde mis en formules. Car cette mise en formules permet de prévoir et de constituer une praxis nouvelle, distincte de la praxis quotidienne.

Il est vrai que la tendance des sciences modernes actuelle est d'aller vers une formalisation universelle de ce qui était, au commencement, simplement «science positive»[37] fondée principalement sur l'observation; et c'est cette tendance irréversible qui donne à penser la «crise». Les procédés d'arithématisation en sont la cause, comme Husserl le montre: les formes géométriques sont abandonnées au bénéfice de ce qui est de plus en plus abstrait. Au contraire, Husserl irait plutôt dans le sens de l'empirisme qui cherche dans le monde sensible l'origine des idées mathématiques. Aussi, dans une certaine mesure, est-il permis de rapprocher la science telle que la voit Husserl de la science telle que la voit Comte, qui expliquait la science à partie des mesures du sens commun: voie insuffisante pour la science moderne; mais l'analyse de Husserl est ici plus poussée. Il faut donc découvrir le vêtememt d'idées (*Ideenkleid*) que nous avons confectionné et jeté sur le donné et le pré-donné, et voir ce qu'est véritablement la *ratio* (du côté de l'intelligence) et la *cause* (du côté de la nature physique). L'*idéalisation* doit être reconnue comme un moyen (une méthode); nous pensons que tels sont aussi chez Kant autant l'*idéalisme* du temps que l'*idéalisme transcendantal*, une méthode. Aussi, selon Husserl, il faut revenir au sol fondamental (*Urboden*) perdu de vue par Galilée. Le fondement oublié est le monde vital (*Lebenswelt*) dans lequel, certes, se tient une mathématique chosale (*sachlich*), origine de la logification formelle. L'existentiel est ce dont nous sommes partis et ce qui nous était pourtant primitivement donné. A travers l'existentiel retrouvé nous pourrons critiquer la science telle qu'elle est devenue. Tel est notre véritable «cercle». Le changement de sens du monde n'est que la conséquence de la *méthode*. Le chapitre 11 explicite que le dualisme métaphysique va fonder trois phénomènes «modernes»: 1º notre incompréhension en ce qui concerne les problèmes de la raison, 2º la spécialisation poussée des différentes sciences, 3º le fait nouveau d'une psychologie naturelle. Tout cela se résume dans le terme de «physicalisme», un mot qui, pour Husserl, ne désigne pas un courant de l'Ecole de Vienne, mais cette sorte d'erreur métaphysique qui nous a fait perdre le sens de la physique moderne. Car, contrairement à ce que l'on pourrait croire, il ne faut pas laisser la physique aux physiciens ni, d'ailleurs, la psychologie aux psychologues, etc... Ce qu'il faut, c'est un système total rationnel, certes pas dans le sens des Anciens qui ne pouvaient atteindre l'idée de rationalité dans sa perfection, ni même l'idée d'une science universelle. Les philosophes (scientistes) ont idéalisé mathématiquement le monde, et eux-mêmes y compris: ils ont oublié la sensibilité sans laquelle est impossible cette vaste opération. Si toute cette évolution « physicaliste » ne peut plus être rejetée; elle peut, du moins, être assimilée et appréciée à sa valeur dans une ambition nouvelle, à partir du soupçon que les sciences humaines, et en particulier la psychologie, ont provoqué : en fait, la mathématisation du monde impliquait des concepts qui n'étaient pas tous «clairs». L'opposition de Berkeley et de Hume prouve bien que le modèle de rationalité des Cartésiens présentait le flanc à la critique.

Husserl va donc examiner «les premières difficultés du naturalisme physicaliste dans la psychologie» au chapitre 13 de la *Krisis*: à partir de la conception rationnelle du monde issue du cartésianisme, il s'est produit une psychologie naturaliste à laquelle Descartes menait, à son insu. La recherche sceptique, ce que Husserl nomme la *Skepsis*, se développant comme une sorte d'absurdité, se tourne donc contre la rationalité, contre la mathématique et la physique, contre la scientificité même. Mais cette critique veut également atteindre l'idéal universel de la philosophie. On peut donc dire qu'avec Descartes l'objectivisme scientifique s'est prononcé en même temps que son opposé, le subjectivisme transcendantal. Ces deux tendances antithétiques vont mener une lutte qui sera la caractéristique du monde moderne (ch. 14). Il est clair dans la représentation de Husserl que la philosophie transcendantale est le maintien de l'*idée d'un élément prédonné*, la mise en avant de la subjectivité. Le monde prédonné a ses racines dans la subjectivité, comme *Expérience et jugement* le montrait également. Toutefois, si la subjectivité «c'est l'homme», il n'en est pas moins vrai qu'il ne s'agit pas de «subjectivité psychologique»: le transcendantalisme prétend fonder une *scientificité* totalement nouvelle. Bien qu'il n'ait pu naître que dans le passage par Descartes, Berkeley et Hume, le transcendantalisme est quelque chose d'autre, qui, dans sa genèse, a, cependant, suscité des «tensions» (*Spannungen*) puissantes entre les deux courants des deux philosophies fondamentales, objectiviste et transcendantaliste. En fait, dans les remarques d'histoire de la philosophie, il faut parfois reconnaître chez Husserl moins un corps d'affirmations pleinement justifiées, que le fil conducteur qu'il reconnaît et qu'il suit pour définir son propre dessein.

La ligne qui va de Descartes à Kant s'oriente, pour Husserl, vers sa propre pensée du transcendantalisme. Aussi reconnaît-il une fondation originaire (*Urstiftung*) chez Descartes, et une série de transformations de cette fondation. De plus, cette fondation originaire cartésienne n'est qu'une post-fondation en relation à une fondation encore plus originaire et qui est la fondation originaire hellénique. *La répétition sera approfondissement*. Car l'ensemble de la démarche relève d'un questionnement rétrospectif (*Rückfrage*) dirigé sur la fondation originaire des différents buts de la chaîne des générations philosophiques. Il y a, rappelons-le, deux fondations originaires : la cartésienne et l'hellénique, qui se confirment dans l'idée husserlienne naissant d'une volonté profonde « de faire revivre dans son sens profondément historique la rationalité sédimentée qui est l'évidence même du sol de sa recherche privée et anhistorique ». Tout maillon historique ignore ainsi qu'il est historique. La socialité pensante des penseurs devient ainsi une communauté de pensée vivante et présente.

L'unité d'ensemble (*Gesamteinheit*) s'impose à Husserl conscient de la responsabilité de la critique nécessaire qui lui incombe; le penseur autonome (*Selbstdenker*) se délivre ainsi des préjugés. Chaque fondation originaire implique une fondation finale (*Endstiftung*) s'accomplissant et seulement accomplie quand la tâche apparaît à la lumière. Alors, par cette clarté, la méthode s'avère dans son *apodicticité*, c'est-à-dire dans sa *démonstrativité*, selon l'étymologie *apodeichnumi*, c'est-à-dire dans sa *certitude*[38]. La tâche infinie de la philosophie revient à son commencement et à sa continuation : l'évidence et la certitude. Ainsi le *telos* s'accomplissant et accompli rejaillit sur le cheminement : la fin éclaire le commencement, infiniment, comme la dernière œuvre éclaire les premières. Nouveau « cercle », mais infini. La téléologie de l'histoire ne peut donc être exprimée par l'auteur même d'un acte de pensée : cette pensée « achevée » doit être reprise par un autre acte de pensée : ici encore, la répétition n'en est pas une véritablement, elle n'est que recommencement, infini. Il y a donc une unité intentionnelle et une unité cachée d'intériorité intentionnelle, qui constitue l'unité de l'histoire, et même aussi la fin de l'histoire. Car, ainsi que l'indique une conférence de juin ou juillet 1936, « La philosophie comme prise de conscience de l'humanité »[39], il y a deux façons de considérer l'histoire de la philosophie, soit comme une érudition historique — et ajoutons que c'est à une telle forme d'érudition que nous devons les *Husserliana* —, soit comme une saisie « de l'intérieur » en y voyant la « lutte que mènent les générations de philosophes, porteurs de ce développement spirituel, vivant et se survivant dans une communauté spirituelle »[40]. Il va sans dire que, dans la *Krisis* en particulier, c'est bien de la seconde manière qu'est traitée l'histoire de la philosophie. Aussi nous voyons que les examens qui y sont faits concernant les différents philosophes doivent être pris et compris dans la référence à l'*intention* de Husserl.

Descartes est le fondateur originaire (*Urstifter*) des deux produits modernes que sont 1° le rationalisme objectiviste, 2° le motif transcendantal (c'est le thème du chapitre 16): le second sera la cause de l'éclatement du premier. La notion de *commencement* se fait jour grâce à Descartes selon le texte annexe[41]: «*Descartes 'fängt neu an'*», Descartes commence «à neuf». Tout comme Thalès. Descartes a le mérite visible d'avoir critiqué la science de la nature galiléenne et le tort de ne l'avoir pas assez critiquée: il emprunte à la science le postulat d'une «vérité absolue» — naturellement: à la science *de son temps* (voir annexe pp. 396 et suiv.) — et, en fait, l'idée de *définitivité* était une idée impliquée dans la science moderne, donc liée à l'historique de cette science qu'il aurait fallu résinsérer dans le présent historique de l'homme, tâche qui est celle d'une épistémologie véritable qui a échappé à Descartes et aux épistémologues. Toutes nos connaissances, selon Husserl, doivent nous être relativisées et non abolutisées comme les savants ont tendance à le faire: la nécessité est une idée qui entraîne sa propre perspective mais il en est d'autres: l'attitude husserlienne est proche de celle de Nietzsche. Admettre l'historique c'est l'embrasser dans sa totalité, non absolutiser une phase, — et généralement c'est la dernière, naturellement! — au détriment des autres. Si, comme le pense Husserl, la science est la logification d'une connaissance pré-scientifique, à partir de laquelle Galilée et ceux qui le suivirent produisirent la spatio-temporalité mathématico-idéale de la science moderne, il ne faut pas, pour autant, oublier les autres perspectives: pré-scientifiques. Or, Kant a vu dans la sensibilité (*Sinnlichkeit*) ce que Husserl entend par pré-scientifique (annexe, p. 402). Certes, le problème que nous avons déjà rencontré, celui de l'intuition originaire, réapparaît maintenant car c'est d'un *autre* regard (spéculatif, historique, averti) que nous regardons ou voulons regarder ce que regarde un autre regard «naïf», neuf, encore sans intérêt ni projection. De plus, l'intuition catégoriale et originaire comment n'originerait-elle pas (si elle «origine» quoi que ce soit) ce monde prédonné dans lequel elle n'a pas le droit d'intervenir? La *Lebenswelt* doit nous demeurer ce qu'elle était avant que nous ne la regardions. Mais encore, elle doit nous apparaître renouvelée et, pour ainsi dire, transcendantalisée. C'est sur le sol de la *Lebenswelt* qu'a poussé la science moderne, sol que Descartes n'a pas reconnu en tant que tel, bien que son doute, son «époché» (selon le terme grec que répète Husserl) ait été dirigé aussi bien vers les données scientifiques que vers cette *Lebenswelt* prédonnée. Le monde de l'expérience sensible avait donc été touché par le doute cartésien, et par là, aussi le monde même (*die Welt selbst*). Une idée implicite sur la possibilité de la mise en doute du monde intervient, du moins l'interrogation sur cette possibilité se cache. Le scepticisme ancien n'a pas été au-delà de la négation de l'épistémé : c'est, du moins, l'opinion de Husserl.

Peut-on faire abstraction du monde ? Même rattacher le monde au *cogito* présuppose, du fait du *cogito* lui-même, le monde prédonné. Au contraire, la suppression de tout ne me supprime pas quand je l'accomplis, en tant qu'une opération mentale elle me révèle, au contraire, comme activité mentale. Husserl analyse l'évidence cartésienne : le *cogito* doit se compléter doublement : *cogito cogitata*, d'une part, *ego cogito*, d'autre part, le sujet pensant et les choses pensées. *Ego cogito cogitata qua cogitata* : «Je pense des pensées en tant que pensées». *Ego* implique une sphère d'être évidente : il n'y a pas seulement un *ego cogito* ou un *sum cogitans*. Ce doute cartésien est-il si radical ? Pout Husserl, la *cogitatio* n'y a pas été atteinte, ni même l'idée de *cogitatio*, ni encore moins l'idée d'une égalité de réalité entre l'effet et la cause, ni, non plus, l'idée de la substance, sans compter les vérités mathématiques ! Toutefois, Husserl analyse le *cogito* atteint à travers l'époché, pour y reconnaître l'*idée d'une évidence unique* qui est le mode d'évidence du *cogito*. Alors que Descartes fait du *cogito* l'âme, et qu'il utilise la catégorie de substance (ce que lui reprochera Brunschvicg), Husserl va plus loin quand il affirme que le *cogito* cartésien en effet, est la *mens sive animus sive intellectus* : l'époché doit s'appliquer à l'homme total et pas seulement à l'esprit. Autre reproche de Husserl à Descartes : il n'a pas suffisamment mis l'accent sur les *cogitata*. Descartes a séparé l'âme du corps ! c'est le même reproche que Nietzsche dirige contre Parménide et contre le christianisme. Et, pour que Descartes puisse dire : «je suis une âme», il doit déjà impliquer la physique mécaniste excluant le corps de l'âme. Aussi Husserl doute que Descartes ait bien compris la valeur du «doute cartésien». L'*ego* est le plus grand paradoxe qui soit, telle est aussi la position de Nietzsche ; ce n'est pas certain, dit Nietzsche, que je sois l'être qui représente ce que je *me* représente. Pour Husserl, Descartes a tort de partir de l'*ego* pour parler du monde extérieur avec «naïveté». Il y a, au contraire, une sphère d'être purement égologique, inaperçue par Descartes. La sphère égologique ne comprend pas que l'ego, mais aussi le monde, tel est le sujet transcendantal.

Or, ce qui *précipite* Descartes hors de la sphère égologique qu'il ne reconnaît même pas, pas plus qu'il ne reconnaît le monde ambiant, c'est l'intérêt «empressé» (*vordingliches Interesse*) pour l'objectivisme.

Il se *précipite* pour fonder l'objectivisme et les sciences exactes comme garantissant une connaissance méthaphysique absolue (métaphysique : c'est-à-dire pour Husserl, tout ce qui conclut au-delà de moi). Ensuite, il s'*attarde* dans l'objectivisme et fonde la psychologie moderne de l'âme comme *mens*. Descartes a cru que le *Je* transcendantal pouvait être un objet d'étude *objective* (annexe p. 395). Au contraire, Husserl, dans *Erfahrung und Urteil*, a analysé le *Je* du monde vital et montré sa constitution; le *Je* de la sphère vitale permet d'insister sur le prédonné, tandis que le *Je* transcendantal ouvre la sphère de l'idéalisme transcendantal, dans lequel se forment les différences du *Je* et du *toi*, car le *Je* transcendantal est lui-même l'unique *ego* absolu, celui que Descartes a, pour ainsi dire, «bradé» pour un *ego* au sens restreint d'être spirituel individuel. Chez Descartes, on peut dire également que la théorie de la connaissance est dépendante de la théorie du réel fondée sur l'existence de Dieu. Il reste toutefois que, pour Husserl, le *cogito* est le sol fondamental (*Urboden*), original, dont il faut partir (annexe, p. 414) — et, à partir de Kant, il faut même savoir revenir à Descartes (annexe, p. 437).

A propos de Descartes, Husserl va préciser sa propre pensée. Tout d'abord : l'*époché*, le doute husserlien est abordé dans l'annexe, p. 396. C'est pour Husserl le moyen de se tenir *au-dessus* de toutes les valeurs humaines, et de juger «comme *ego* sur l'*ego*». L'*ego* me permet de juger sur le monde et non de me trouver dans le monde. L'époché husserlienne est radicalement universelle, radicalisme du doute qui aurait échappé à Descartes (annexe, p. 414). L'époché atteint autant la *Lebenswelt* que le monde scientifique, et que les savants eux-mêmes dans leur globalité. Aussi Husserl recommande-t-il une nouvelle attitude «scientifique» devant la *Lebenswelt*, une attitude de plongée dans un torrent d'où est née la science mais en oubliant la science. Le philosophe doit appliquer l'époché au sol d'où les sciences sont sorties (p. 397). Le problème de la *Lebenswelt*, celui qu'elle pose, est le problème des *buts* de connaissance possibles dans la *Lebenswelt*; et il demeure vrai que l'homme reste encore lié à la *Lebenswelt* lorsqu'il a adopté l'un de ces buts. Celle-ci est donc une pré-supposition fondamentale à laquelle il faut savoir que l'on tient encore. Seul est philosophe au sens husserlien, celui qui pose l'époché dans le sens transcendantal. Le problème subsiste de la relation entre la *Lebenswelt* et le *Je* transcendantal : même problème que pose *Expérience et jugement* entre la sphère du prédonné et la sphère catégoriale. Or, le lien indissoluble entre le monde et le sujet transcendantal apparaîtra dans la IIIe partie de la *Krisis* comme un *chemin* partant du monde présent tel qu'il est vécu naïvement et normalement : alors, seulement, on s'aperçoit qu'il existe des phénomènes dont il n'est jamais question car on ne les aperçoit pas d'abord. La difficulté demeure cependant du fait que le *je* transcendantal voie le monde transcendantal.

Descartes est encore le point de départ de l'empirisme dont l'estimation va être faite ensuite: d'abord, à travers Locke, jugé et condamné. Descartes a mis d'un côté la science de la nature et de l'autre la psychologie: d'où la tentative de Locke qui veut, comme Descartes, fonder dans une théorie de la connaissance l'objectivité des sciences objectives, mais en partant du point de vue sceptique. Locke ignore à son tour la profondeur du doute cartésien, et il accepte l'ego comme «âme». Il ne pose même pas la problème de la conception du moi comme séparé, alors que pourtant il admet les données sensibles qui viennent au moi. Enfin, il ne voit pas ce que Husserl appelle l'intentionnalité, c'est-à-dire le rapport de l'ego à son cogitatum. Husserl critique aussi la fameuse *tabula rasa* sur laquelle les sensations s'inscrivent les unes après les autres. Locke débouche sur un agnosticisme puisque pour lui, notre science humaine ne nous fait connaître que des représentations et des constructions conceptuelles. La perception d'objet extérieur se fait en perspective. Seule est adéquate la perception d'objet intérieur. Dans la *Première philosophie*, datant de 1923, déjà on peut retrouver ce que Husserl écrit dans la *Krisis*, non seulement à propos de Descartes, mais aussi à propos de Locke à qui Husserl reproche fondamentalement de prendre comme acquis les résultats des sciences telles qu'elles venaient de se constituer sous la forme physico-mathématique. Alors qu'il aurait dû mettre en question le monde ordinaire et le monde de la science, il n'a mis ni l'un ni l'autre en question. Toujours en 1923, Husserl reproche à Locke de s'installer sur le plan psychologique, de ne pas tenir compte du transcendantal, et de n'avoir même pas décrit exactement la vie psychologique. Mais l'avantage indéniable de Locke consiste dans la pratique d'une recherche génétique des idées, car il s'appuyait sur une conception biologique et non mathématique.

Quant à Berkeley et à Hume, c'est avec eux la *banqueroute* de la philosophie rationnelle: même idée dans la *Krisis* et dans la *Première philosophie*, qui montrent comment avec Hume l'imagination, par l'intermédiaire des lois psychologiques et poussée par ces lois, *produit* la nature telle que nous l'éprouvons, nature qui est sa «*création fictive*»: l'idée de *fiction* est à souligner (elle sera reprise par Nietzsche) car Husserl y insiste. Toutefois, l'importance des positions humaines est telle que non seulement l'univers scientifique est mis en question mais encore l'univers pré-scientifique, et même pré-prédicatif; aussi

Hume a-t-il mis en relief l'existence du monde prédonné sous les termes des *matters of facts* (p. 434 de la *Krisis*, annexe), et *experientia vaga* (p. 92). Dans la Première philosophie, Husserl explicite le problème de Hume: *le problème de la rationalité des vérités de fait* (non celui des vérités purement rationnelles que Hume ne met pas en doute). Le motif caché de Hume est l'ébranlement et la destruction de tout objectivisme.

Ce que Husserl privilégie c'est, comme l'empirisme, une méthode immanente, tel n'est pas le cas du rationalisme classique qu'il étudie ensuite dans la ligne qui va aussi de Descartes à Kant. Le problème de Kant est formulé dans la *Krisis*: c'est le problème posé par le fait de la constitution des sciences, qui avait apporté une nouvelle conception de la nature comme ensemble des corps et comme fermé sur soi. Dans la *Première philosophie*, Husserl reconnaît ce que Kant a «vu»: 1) les structures d'essence, 2) le rôle du jugement. Dans la *Krisis* est surtout étudiée ce que Husserl appelle «la mission historique de Kant». Husserl reconnaît en Kant l'apport d'un subjectivisme transcendantal: un sujet jugeant va constituer la vérité et le problème est alors: comment se fait-il que le sujet affecté par des choses extérieures puisse les soumettre à des systèmes de normes qui viennent de la raison? Aussi Husserl se met-il dans la voie de chercher dans le monde prédonné par la sensibilité pure et simple, antérieurement aux formes kantiennes de l'intuition, s'il n'y a pas quelque chose qui explique précisément les formes kantiennes de l'intuition. Or, le sensualisme néglige le mode d'apparition des choses qui apparaissent. Ne faut-il pas soupçonner que les sensations sont comme des abstractions de quelque chose qui serait antérieur? Le livre III de la *Krisis* étudie ce terrain que Kant aurait simplifié en passant trop rapidement des intuitions *a priori* de l'espace et du temps à l'expérience elle-même: la critique adressée au kantisme vise donc le sol préliminaire sur lequel les opérations se déroulent comme Kant les décrit. D'ailleurs, les affirmations de Heidegger sur Kant, en ce qui concerne l'imagination et le schématisme, montrent bien que Husserl détecte quelque chose qui n'est pas impossible chez Kant. Il faut, d'ailleurs, noter, avec Aron Gurwitsch[42], que les mêmes termes chez Kant et chez Husserl n'ont pas la même signification: ce qui rend plus difficile leur rapprochement. Mais, c'est globalement qu'il faut les comparer et les rapprocher. Ainsi en est-il de la théorie de la sensibilité pure qui apparaît chez Husserl dans *Expérience et jugement* et dans la *Krisis*. Chez Kant, la sensibilité pure vise surtout la géométrie; mais si elle ne contient pas la théorie des mathématiques de Kant, il n'en demeure pas moins que la sensibilité est fondamentale. Chez Husserl, la sensibilité pure vise explicitement notre perception faisant partie de l'expérience anté-prédicative précédant toutes les idéalisations. On voit bien que la différence des deux penseurs ici tient à l'assise du niveau de leurs recherches qui peuvent cependant être mises en parallèle. Kant a senti l'existence d'un *prélogos*, c'est ce que Husserl a compris aussi dans *Expérience et jugement*. Il est nécessaire, et c'est l'œuvre de Husserl, de décrire les essences de l'infinité des données immédiates. Husserl trouve ici encore les justifications de ses recherches propres. La vie de la connaissance doit être étudiée dans ses accomplissements d'essences (*Wesenleistungen*). D'une part, Locke a entrepris des recherches sur l'origine (*Ursprungforschungen*) et il était plus proche de l'intuition phénoménologique que Kant; d'autre part, ce dernier a trouvé l'intentionnalité qui se construit peu à peu par étages, comme Hume l'avait pressenti, mais ni l'un ni l'autre n'ont vu, du moins n'ont pas développé ce qui se présentait dans la multiplicité infinie des apparitions. Kant n'a fait que présignifier d'une certaine manière le subjectivisme transcendant radical que Husserl veut fonder.

Le livre III de la *Krisis* va mettre en évidence le corps, avec l'être-avec (*Miteinander*). Nous partons du corps (*Leib*) pour aller vers les corps (*Körper*). Hume dans son *Traité* insiste sur les «actions» de la perception et Heidegger pose l'être dans le monde. Dans un même ordre de relations, Husserl montre que les «thèmes», dont nous avons une conscience claire et explicite, nous apparaissent dans des modes originaires. Le passage du non-thématique au thématique implique le temps, en outre un reste irréductible. Le monde est un horizon de valeurs: la science objective ne fait que poser des questions sur ce sol de monde inconnu. Le besoin de vérité théorique est un mode de la praxis. La science ne se définit que par rapport à quelque chose qui est la pré-science. Aussi la tâche husserlienne est-elle double: mise en lumière du sol de la perception et mise en lumière des essences. L'une des obscurités kantiennes demeure la non-distinction kantienne selon Husserl, entre sensibilité et entendement. Le discours kantien serait donc «mythique». Husserl fait un reproche injuste à l'endroit de Kant: à savoir qu'il étudie l'âme «naturalisée». En fait, on peut dire avec Husserl que l'homme que Kant considère est avant tout un «euclidien» ou un «newtonien», encore que la *Critique de la raison pratique* le donne tel qu'il est véritablement en lui-même. Dans les compléments de la *Krisis*, Husserl revient à Kant (p. 437) pour reconnaître que ce philosophe a accompli un pas vers la phénoménologie transcendantale. La tâche de la philosophie demeure la recherche d'une connaissance universelle du monde.

Les évidences de sol (*Bodenevidenzen*) concernent la *Lebenswelt*, le monde de la vie. A côté, il y a les évidences rationnelles: comment les maintenir? Le monde objectif vrai est conçu comme une superstructure. Celle-ci n'est pas perceptible ni même éprouvable. Toutefois cette superstructure est construite à partir de la *Lebenswelt*, domaine d'évidences originaires: l'évidemment donné est en tant que cela même (*es selbst*). Le mot de Husserl est donc: Retour à l'évidence originaire (*zurück zur Urevidenz*). Il y a construction de l'expérience scientifique à partir de quelque chose d'autre qu'elle; de plus, l'objectif n'est jamais éprouvable! Le savant véritable sait très bien, lorsqu'il théorise, qu'il affirme des transcendances. Il existe donc une tension propre à Husserl entre la définition de la science comme constitution de vérités en soi et l'idée de la genèse de la science à partir du monde vécu, où à partir des évidences originaires (*Ursprungevidenzen*). De plus, tous les résultats théorétiques ont une certaine valeur pour le monde de la vie, la *Lebenswelt*. Aussi la question ultime se pose-t-elle: comment pouvons-nous faire une science de ce qui n'est pas objet de science?

La nécessité de créer une «logique», comme dans *Expérience et jugement*, se découvre à nouveau. On a substitué à la sphère de relativités subjectives la logique traditionnelle objective en tant que norme *a priori*. En fait, il faut aller directement vers cette sphère de relativités subjectives. Une multiplicité de *pas* doit donc s'articuler à la mise entre parenthèses, à commencer par la mise entre parenthèses de toutes les sciences objectives. Ainsi, on voit le devenir philosophique de Husserl partir à juste raison de questions d'ordre purement mathématique. Il y a, d'une part, des totalités logiques qui doivent être dérivées des derniers éléments, et ce même problème se transformera pour Husserl en recherche des essences. Mais Husserl a aussi, d'autre part, l'idée que la science est une construction à partir du monde du vécu, *Lebenswelt*: une praxis théorétique. Les évidences logiques doivent avoir lieu dans le monde du vécu, donc ce dernier doit être soigneusement étudié. D'où, le problème difficile d'éclaircir le rapport entre la psychologie et la philosophie transcendantale. En fait, il n'y a pas nette séparation entre le moi psychologique et le moi transcendantal. Mais il doit y avoir toutefois un chemin à découvrir entre le psychologique et le transcendantal. L'alternative posée par Husserl est difficile à accepter: entre la subjectivité scientifique fondée sur la *Lebenswelt* et la subjectivité transcendantale, puisque la *Lebenswelt* est elle-même fondée sur la subjectivité transcendantale; sans doute l'alternative doit-elle être autrement posée, à savoir au cœur de la *Lebenswelt*, elle-même entre la science objectiviste et son fondement, c'est-à-dire la *Lebenswelt*. La théorie de Husserl est que dans la *Le-*

benswelt nous trouvons les êtres : des choses, des animaux, des hommes, mais aussi l'idée d'une nature, idée de nature qui, se précisant, donne les sciences des seizième, dix-septième et dix-huitième siècles.

En fait, le véritable fondement de la parallélisation du corps et de l'âme est une naturalisation de l'âme opérée par Descartes. D'où les difficultés insurmontables de la psychologie naturaliste. Les obstacles vers le monde vécu qui se donne dans l'intuition viennent de la doctrine dualiste cartésienne impliquant la naturalisation du spirituel. La psychologie empiriste s'enferme dans des paradoxes que nous ne pourrons déjouer qu'en remontant au sol originaire. Et il peut paraître plus difficile de passer de la psychologie empiriste au sol originaire que de passer des sciences physiques à ce même sol. Donc, retour à la *Lebenswelt, sous* la psychologie naturaliste ! La séparation de l'âme et du corps a séparé la psychologie de son sol originaire, la *Lebenswelt*. D'où l'opposition entre l'expérience interne et l'expérience externe. Le spirituel n'a pas de «nature», n'a pas d'en soi pensable au sens naturel. Dans une certaine mesure, il peut y avoir une psychologie *explicative* et une psychologie *descriptive* comme le souhaitait Dilthey. Mais ce qu'il faut c'est retrouver des caractères universels dans la *Lebenswelt*. De plus, les âmes ne forment pas véritablement un univers parallèle à celui des corps. Est-ce que la réflexion de ce dualisme, qui est fondée sur le sol de l'empirie du monde vécu, source ultime d'évidence, est une expression exacte de ce que nous apprend l'expérience ? N'y a-t-il pas outre le dualisme un reste métaphysique ? Nous sommes, en fait, devant des *abstracta*, et non des substances du corps et de l'âme. L'attitude recommandée est l'*abstention universelle*, selon l'expression de Jean Wahl[43], si l'on veut le résultat de la constitution qui s'est faite à partir de l'expérience pré-objective de l'idée d'âme; en outre, nous aurons un second résultat, la constitution d'une *sphère fermée en soi*; d'où le problème phénoménologique tout entier, car cette sphère fermée est une sphère d'*intentionnalité*. Il y aura des médiations de connexion intentionnelle faisant des sujets les sujets d'une perception du monde commune : et chacun aura, en même temps, sa propre perception de soi-même.

3. Une co-subjectivité transcendantale

On voit que le problème général, plus «phénoménologique», de «l'origine du monde», contient un problème plus fondamental car il concerne la conscience européenne, et qui est le problème de l'origine épistémologique. Ce dernier est proprement le problème de la conscience constituante que l'empirisme a obscurci tout en le pressentant. La *Krisis* a pour finalité de montrer l'unité de la motivation philosophique sous les «précipitations» de Descartes et de Kant, ou même sous les tentatives concrètes de l'empirisme. Il y a un état de chose (*Sachverhalt*) qui est intuitionnable (*anschaulich*) sur le domaine d'élaboration (*Arbeitsboden*) du *cogito* mieux compris que ne l'a compris Descartes. D'où essentiellement des problèmes de méthode qui sous-tendent les successives démarches de Husserl. Car l'enjeu est de fonder une science fondamentale qui aurait légitimé toutes les connaissances possibles et toutes les sciences possibles. La vraie objectivité relève de l'accomplissement de l'intentionnalité: d'où le passage de l'idée d'une méthode pour les analyses d'origine à l'idée d'une science générale, la phénoménologie, plus totalisante que la simple description intuitive. La question se ramène à celle de savoir comment une vie subjective pure peut faire venir à la conscience le monde qui est là (*die daseinende Welt*): quelles structures et quelles synthèses de conscience, quelles lois d'essence sont nécessaires à cette venue du monde là. La science est un accomplissement de l'âme humaine qui doit tenir compte de la *Lebenswelt*, donnée de façon intuitionnée et même prédonnée. Et s'il y a ce monde c'est en outre dans une communauté des hommes — *Mitmenschenheit*. Le premier réel n'est autre que l'intuition simplement subjective relative de la vie mondaine préscientifique; cette simple doxa est le point de départ de la science, même au cours de l'expérience scientifique. Dans les deux cas, connaissance antérieure à la science et connaissance scientifique, à la fois contraste et union, l'expérience est totalement présente, *selbst da* (p. 463), elle montre l'objectif (*gegenständlich*). De plus, l'expérience est aussi co-signification (*Mitmeinung*): l'induction n'est qu'un cas parmi d'autres d'expériences comme co-signification. L'œuvre de la science — sur fond de monde quotidien — est une œuvre essentiellement *collective*. L'ensemble suppose la totalité qui l'enveloppe et qui est l'objet d'étude de la philosophie: son unique problème! La philosophie se présente comme «structure imaginée de but» (*Zweckgebilde*)[44]. En vue d'une science de l'être plein universel, Husserl indique la voie de la *Lebenswelt*, le monde du vécu dont la philosophie voudrait faire la science difficile, qui n'est autre que la *Seinslehre,* ontologie réelle et universelle, mais dans la perspective d'une scientificité nouvelle mettant en question la portée, la signification et la possibilité de la science objective, celle-ci, dès lors, devient un problème partiel (*Partialproblem*, p. 138).

Enfin, dans l'*alter ago* de la co-subjectivité, ce qui se montre, c'est l'historicité, la *Geschichtlichkeit*. Celle-ci s'est produite à travers la *réduction* comparable à l'*Aufhebung* hégélienne qui conserve ce qu'elle tient éloigné du regard. La *mondanéité* également s'impose: car l'hypothèse du monde est l'hypothèse absolue de toutes les hypothèses. Enfin, a été démontrée la subjectivité fonctionnante (*fungierende Subjectivität*) véritable subjectivité objectivante et productrice. L'homme dans sa communauté est subjectivité *pour* le monde et *dans* cette subjectivité objectivement mondaine. Il y a une subjectivité constituant le monde qui entre en corrélation transcendantale avec le monde lui-même. Le pôle qui est le monde est enfermé dans la concrétion de l'intersubjectivité transcendantale de telle sorte qu'il puisse être inséparablement lié au pôle qui est le sujet. Et cette fermeture est éminemment intentionnelle. Dans la constitution de la phénoménologie transcendantale se constitue le monde en moi, et tout ce qui est mondain a donc son corrélat transcendantal. Toute découverte entraîne de nouvelles déterminations de l'homme dans le monde. La science de la subjectivité transcendantale est une science *a priori*, différente de la science mathématique *a priori*; car l'*a priori* de la nature précède l'être du monde imprévisible. Aussi aucune ontologie du monde, aucune science universelle objective du monde n'est légitime: là Husserl rejoint encore Auguste Comte. La phénoménologie husserlienne nous délivre de l'ancien idéal objectiviste du système scientifique, en même temps qu'elle nous délivre d'une pure ontologie de l'âme qui serait un analogue de la physique.

NOTES

[1] Cf. W. Biemel, *Deucalion*, III, p. 113.
[2] Cf. J. Derrida, *De la grammatologie*, Paris, 1967, p. 25.
[3] Cf. Merleau-Ponty, *Le Philosophe et son ombre*, *Signes*. Paris, 1950, p. 202.
[4] Cf. G. Berger, *Les études philosophiques*, n° 3, 1954, p. 256.
[5] Cf. Jean Wahl, *Husserl*, CDU, 2 t, Paris, 1958. Voir tome II, p. 55.
[6] Cf. Husserl, *Dalla logica alla fenomenologia*, Florence, 1967.
[7] Cf. *Ecrits logiques et philosophiques*, Paris, 1971; et *Les Fondements de l'arithmétique*, Paris, 1969; tous les textes de Frege que nous citons ont été traduits et publiés par Claude Imbert.
[8] *Ecrits logiques et Phil.*, p. 144.
[9] *Op. cit.*, p. 151.
[10] *Op. cit.*, p. 152.
[11] *Op. cit.*, p. 156.
[12] *Op. cit.*, p. 158.
[13] Cf. René Verdenal, «La Sémiotique de Husserl: la logique des signes», in *Les Etudes philosophiques*, n° 4, 1973, pp. 552-564.
[14] Cf. *Entre le signe et l'histoire*, 1982, et *Le projet anthropologique d'Auguste Comte*, 1980.
[15] Cf. R. Verdenal, *op. cit.*, p. 557.
[16] Cf. R. Verdenal, *op. cit.*, p. 561.
[17] Cf. *Recherches logiques*, P.U.F., Paris, 1959, t. 1, p. 216-217.
[18] Cf. *Grammaire philosophique*, trad. par M.A. Lescourret, éd. Gallimard, Paris, 1980, p. 98: «on pouvait déjà parler avant que le fait n'intervienne».
[19] Cf. R. Verdenal, *op. cit.*, p. 564.
[20] Cf. *Logique formelle et logique transcendantale*, P.U.F., Paris, 1965, p. 380.
[21] *Op. cit.*, p. 383.
[22] Cf. *Kant et le problème de la métaphysique*, trad. par A. de Waelhens et W. Biemel, éd. Gallimard, Paris, 1953.
[23] Lettre de Ludwig Landgrebe sur un article de Jean Wahl, in *Phénoménologie, Existence*, lib. A. Colin, Paris, 1943, p. 205-206.
[24] Renzo Raggiunti, *op. cit.*, p. 264-265. De même, voir Franco Bosio, «La genesi della logica formale dall'esperienza in 'Erfahrung und urteil' di E. Husserl», in *Il Pensiero*, 3, 1961, p. 241.

[25] R. Raggiunti, *op. cit.*, p. 270.
[26] Kant, *Critique de la raison pure*, trad. par Barni, lib. Gibert, Paris, 1943, tome I, p. 272.
[27] Cf. *Revue de Métaphysique et de Morale*, n° 3, 1950, pp. 229-258; trad. de Paul Ricœur: «La crise de l'humanité européenne et la philosophie». Voir l'éd. Aubier.
[28] Cf. X.O. Monasterio, «Paradoxes et mythes de la phénoménologie», in *Revue de Métaphysique et de Morale*, n° 3, 1969.
[29] *Op. cit.*, p. 280.
[30] *Idées directrices*, Gallimard, Paris, 1950, p. 199.
[31] *Revue de Métaphysique*, «*La Crise de l'humanité européenne et la philosophie*», n° 3, 1950, p. 254.
[32] *Op. cit.*, p. 255.
[33] *Op. cit.*, p. 256.
[34] Cf. *Logique formelle et logique transcendantale*, p. 8.
[35] Cf. Nietzsche, *Le Nihilisme européen*, coll. 10/18, Paris, 1976; notre trad. et notre introduction: «Que signifie le nihilisme?», pp. 9-149.
[36] Depuis 1934, «proscrit de race», Husserl se voit interdite toute activité publique dans l'Etat allemand. Notons qu'il est à la retraite depuis 1928, comme professeur émérite.
[37] Cf. notre ouvrage: *Le Concept de science positive*, 1983.
[38] Sur l'évidence apodictique, voir la IIIe Méditation cartésienne de Husserl.
[39] Traduction française de Paul Ricœur, dans *Deucalion*, III, Neuchâtel, la Baconnière, 1950, coll. «Etre et Penser», n° 30.
[40] *Op. cit.*, p. 124-125.
[41] *Husserliana*, t. VI, Martinus Nijhoff, La Haye, 1954, p. 392. Voir la traduction de Gérard Granel aux éd. Gallimard, Bibliothèque de Philosophie, Paris, 1976.
[42] *Bulletin de la société française de philosophie*, n° 2, 1960.
[43] Cf. *Husserl*, C.D.U., Paris, 1958, t. II, p. 150.
[44] Traduction de Jean Wahl, *Husserl*, t. II, p. 91.

DEUXIEME PARTIE
III. LA FICTION DE L'ETRE

1. Le Fondement de l'Autorité et sa duplicité

Au seuil de cette présentation de la Fiction de l'être, une question de Wittgenstein s'impose à notre attention : « Est-ce donc qu'il me faut reconnaître certaines autorités pour avoir la possibilité même de juger ? » Ce doute propre à Wittgenstein met en avant le problème de l'autorité d'un jugement du point de vue de sa possibilité en référence à « certaines autorités »[1]. Car au moment d'exposer et de proposer la pensée de l'Etre comme Altérité, ce qui est en fait la pensée du non-Etre, mais pas du Néant, trois points paraissent essentiels et intriguent sans que leur solution, du moins pour les deux premiers, se fasse claire :

1. Existe-t-il un courant de pensée légitime qui circule dans le lit de l'histoire de la philosophie ?

2. Si ce courant existe, y a-t-il une possibilité de transcendance par rapport à ce courant ?

Tels sont les deux premiers problèmes, que soulève d'ailleurs la question des hypothèses de l'Etre dans la mesure où le courant de l'histoire de la philosophie charrie les réponses relatives à l'Etre; sans doute est-il prématuré de résoudre ces données problématiques, et même d'un certain point de vue de les présenter; mais si elles figurent dans les prémisses de cette pensée c'est parce qu'elles vont tacitement jeter une inquiétude, qui s'ajoute donc à l'incertitude, à propos de la question de l'Etre. En principe, on pourrait interpréter ces deux questions de la façon suivante :

1. Y a-t-il une Autorité dans la tradition philosophique ?
2. Y a-t-il une issue entrevue possible hors de cette tradition ?

Enfin le troisième des points liminaires qui s'imposent dans la recherche de l'origine épistémologique est la question de savoir :

3. Si, non pas l'existence, mais la légitimité d'une pensée sur l'existence a été une fois mise en doute.

Car c'est la possibilité de cette pensée sur l'existence qui fonderait la possibilité d'une pensée sur l'Etre même compris sous les espèces de ses attributs. Encore que l'Etre sur lequel pèsent incertitude et inquiétude ne soit pas pure visée en soi. Par ces trois questions insolites s'ouvrirait une «ontologie» dont le caractère serait d'être essentiellement une étude de l'Altérité et du Devenir; en fait, c'est proprement la dernière de ces questions, la question d'une *légitimité* d'une pensée sur l'existence, qui conditionne clairememt les deux thèmes proposés à cette méditation. Qui dit légitimité avance une notion d'*autorité*; et une telle notion exige l'examen de son fondement.

S'il est vrai que l'Autorité bénéficie de la qualité de principe qui fait force de loi, en ce cas définir son fondement équivaudrait à définir le fondement d'un principe. Mais un tel principe se suffit à soi-même, étant déjà, comme raison de la raison, au cœur du principe de raison[2], l'instance suprême d'une assise logique de laquelle s'ensuit telle vérité rationnellement établie. C'est pourquoi il apparaît que le problème de l'Autorité ne dépend que d'un malentendu qui gît aux cœurs des interprétations et des fins assignées à l'Autorité elle-même; or, ce malentendu se dénoue pourtant fort simplement dans la distinction entre la conquête de l'autorité comme possession, et sa reconnaissance comme droit. Ainsi, en tant que possession, elle nécessite non un fondement à proprement parler mais une constitution de fondement, une fondation; ce qui est différent par l'activité volontaire au moyen de laquelle s'effectue l'instauration de cette autorité. En tant que *droit pur et simple* formellement en vigueur, elle est une propriété, elle a son fondement en soi-même. Dans cette seule mesure, elle est ce qu'elle est : la Loi. C'est ainsi que des autorités nombreuses et diverses peuvent avoir eu dans le passé, avoir dans le moment, ou devoir acquérir plus tard l'autorité; cependant, elles ne sont pas l'Autorité. Encore cette non-identité n'apparaît-elle pas clairement à l'esprit, car l'ascendant ou le prestige de ce qui fait autorité, ou de ce qui devient telle, ne suffit pas pour éclairer la légitimité de son fondement. C'est pourquoi, la difficulté de la notion d'Autorité ne réside nulle part ailleurs que dans la compréhension de son fondement, car il est faux que le parti pris du Bien et du Vrai ne soit pas la reconnaissance nominale de deux termes qui s'imposent à des titres parfois contradictoires et le plus souvent divers. Mais, il est facile d'admettre que, pour changer de camp, l'Autorité ne change pas d'Etre. Aussi, de toute façon, quelle que soit sa forme symbolique, en tant que symbolicité l'Autorité appelle une réaction; et, les deux comportements rencontrés en face d'elle sont soit la soumission, positive ou passive, parce que l'autorité ne se combat pas bien qu'il soit entendu que l'on puisse s'opposer à des autorités possédées, soit l'adhésion totale et entière par laquelle l'être-individu se présente comme Etre-Autorité, qu'il s'imagine l'incarner par suite d'une sorte de transfert, ou qu'il la possède effectivement et agisse « de sponte », comme tenu par l'absence de sujet en lui et même par l'inobjet; or, précisément, la solution de la dualité sujet-objet en une unité inobjective, si elle ne constitue peut-être pas le fondement de l'Autorité, doit former un support fertile à ce fondement.

Le double mouvement qui va de l'Autorité comme droit pur et simple à l'autorité comme possession, et vice-versa, comporte des transmutations nécessaires qui dénaturent notre représentation de la propriété d'Autorité, en même temps qu'elles contribuent nécessairement à la représenter et à en permettre une identification provisoire. Ce circuit de l'Idée à sa réalisation et vice-versa, a pour pôle constant le droit d'Autorité, qui est une propriété qu'elle soit attribuée ou non. C'est ainsi qu'est possible l'exercice de l'autorité par une référence à l'Autorité comme propriété et droit. Parce que ce droit est tantôt reconnu, tantôt usurpé, tantôt les deux tout à la fois, il reste que l'Autorité en tant que telle s'appuie sur un système péremptoire qui lui vaudrait l'ascendant effectif. Encore ce droit se maintient-il dans le théorique et demeure-t-il une propriété idéelle, recours transcendant de la raison qui l'interprète pour des fins multiples; dans tous les domaines la raison applique le droit d'Autorité puisqu'elle règle, légifère, régularise. Cette propriété idéelle, pour être, commande la seule reconnaissance. Tandis que, devenant possession, l'autorité reconnue nécessite la conviction en un système plus ou moins logique ou mythologique, en concurrence avec d'autres systèmes. C'est la foi qui fera de cette conviction du savoir l'assise du fondement de l'autorité ainsi traitée temporellement. Le fondement de l'autorité est alors une constitution valable par élimination de toute autre autorité temporelle sujette à un mouvement sociologique et/ou scientifique. En soi, la propriété idéelle d'Autorité a pour fondement sa propre qualité d'être, et c'est l'Idée qui est ici en dernier ressort le fondement réel de l'autorité-possession. C'est justement dans le passage de la propriété à la possession que se situe le système articulaire, logique ou démocratique, pour tel mode de possession, système qui étaie sa vraisemblance précisément sur ce dépliage «logique» par lequel l'humain s'insère dans un milieu idéologique idéal. L'Autorité, de la sorte, se transforme en l'ultime rouage d'une construction temporelle qui peut ne pas trouver sa perfection dans cette existence. Le mouvement alors s'arrête et meurt avant d'atteindre le but assigné, ou bien dégénère s'il n'est pas renouvelé.

Tandis que l'Autorité s'affirme sans interruption ni médiation. Elle est l'Etre qui exercerait une idéelle efficience. Son lieu n'est pas extérieur mais intérieur à la conscience qui se réfère sans cesse à elle, étant Idée, principe et loi, droit et propriété, sans être possession ou avant de tomber en possession. De là, le succès de l'Autorité en matière de lois mathématiques, physiques, et biologiques. Leur ensemble particulier est une série solidaire, et se rapporter à un élément de la série c'est recevoir les vraisemblance et reconnaissance du principe de valeur de la série complète. La raison adhère à telle loi déterminée sans en exiger chaque fois le démontage logique par rapport à la série : elle peut et doit l'utiliser séparée des autres. Néanmoins, selon certains critères, il a fallu que ces lois satisfassent à la raison avant que de se fondre dans la qualité d'Autorité. Là, se butent les conceptions qui mettent l'Autorité à l'extérieur et la raison à l'intérieur de la conscience. Notre opinion contrarie absolument ces conceptions et donne à la raison la place qu'elle occccupe, dans l'objet, intermédiaire entre «l'intérieur» et l'«extérieur».

La médiation de la connaissance nous fait en effet pénétrer dans l'objet. Autrement dit, sans l'ambivalence sujet-objet la connaissance n'a pas lieu. Cette ambivalence a pu apparaître comme opposition, elle n'en reste pas moins une ambivalence, et la nécessité de l'un des termes pour l'autre. Le sujet et l'objet s'opposent dans la mesure où ils sont indispensables l'un à l'autre; en réalité, on n'a pas l'un sans l'autre, et ce couple logique est la principale condition de possibilité de la connaissance, nous disons qu'il suppose la raison même. L'autisme pur nie la raison, et celle-ci se fait jour grâce aux fenêtres multiples des monades qui gravitent dans l'objet. Personne ne peut démontrer l'antériorité du sujet par rapport à l'objet, tandis qu'il apparaît à l'évidence que l'objet voit fleurir la raison. Au contraire, pour l'Autorité, le problème est tout autre. Elle ne se manifeste en tant que telle que du moment où s'exerce la raison dans cette relation sujet-objet. Elle ne naît pas de l'existence du sujet et de l'objet, elle se détermine en niant sujet et objet; c'est pourquoi on ne peut la confondre avec la raison; car la raison reconnaît et structure la nécessité de l'objet et affirme cet apport essentiel et nécessaire sur lequel elle prend forme. L'Autorité, siégeant à l'intérieur de la conscience individuelle ou collective en tant qu'elle est l'Autre, exerce dans le théorique même cette emprise que seul le *temporel* peut révéler, pour la raison bien simple que le temporel ne peut prendre valeur de sujet autorisé que par l'Idée ou l'Etre de l'Autorité comme propriété et intériorité. Ce chassé-croisé n'a rien de magique sinon qu'il se déroule à l'insu de la raison elle-même, appliquée selon qu'elle doit l'être à l'objet dont elle régente et accapare le modèle. Ainsi, contre toute apparence, l'Autorité, l'Autorité en-soi en tant que reconnue telle a son fondement sur cet objet-nié-par le sujet-nié, l'inobjet, c'est-à-dire une unité inobjective, puisque ainsi disparaît par solution la dualité sujet-objet. Cette mise au point phénoménologique n'entraîne pas cependant la nullité du fondement de l'autorité comme possession. Celle-ci, en effet, n'est pas davantage un objet. Mais, déléguée à tel objet, l'autorité ne voit pas sortir de lui ses racines; elle puise, au contraire, en lui une raison systématique qui agit en tant que la raison elle-même, et ne dément pas ce que nous avons dit précédemment.

Si nous affirmons, d'une part, que l'Autorité en tant que principe et loi, droit et propriété, a son fondement en soi-même, et si, d'autre part, nous démontrons que, comme intériorité, l'Autorité a pour fondement une unité inobjective, nous n'avons pas, dans ces deux démarches, égaré la véritable notion du fondement de l'Autorité, principe de soi; nous avons établi, au contraire, l'inessentialité de l'objet pour cette Autorité. Cependant, il n'en est pas de même en ce qui concerne l'autorité vue comme possession. Celle-ci s'appuie sur une théorie ne valant que pour une circonstance déterminée sociologiquement et/ou scientifiquement et c'est cette théorie qui constitue son fondement apparent; nous allons voir qu'il n'y a là qu'une apparence, en effet, puisque cette théorie, née elle-même de la raison ou du mythe, n'a d'explication que dans un rapport défini avec le réel qui est ici l'objet de la raison; accepter cette apparence, ce serait donner à la raison la qualité de fondement de l'autorité comme possession, ce qui est impossible, étant donné que l'autorité comme possession est le seul aspect tangible de l'Autorité comme propriété, à l'Etre de laquelle elle doit se référer pour acquérir son efficience. Or, l'Autorité idéelle, siégeant dans l'inobjet, n'a pas pour fondement la raison, topique de l'existence transcendantale de l'objet. Au contraire, l'Autorité en soi se fonde après coup à l'intérieur de la conscience, à l'abri des actions du sujet et de l'objet empiriques qui font généralement appel à elle pour garantir une priorité née de l'usage de la raison, même si l'expérience doit montrer par la suite que cette priorité était intermédiaire entre deux «autres» inconciliables. Quant à l'autorité comme possession, elle ne peut pas prouver l'inessentialité de l'objet, bien que, pour autant, elle ne se fonde pas sur la raison; l'objet lui apporte néanmoins son concours grâce auquel elle s'exprime dans toute son extension, et parfois dans toute sa splendeur.

Ce qui est apparu initialement, à savoir que toute la difficulté de la notion d'Autorité ne réside nulle part ailleurs que dans la compréhension de son fondement, s'accorde maintenant au fait que, diamétralement, toute l'ambiguïté contenue dans la notion d'autorité comme possession se réserve principalement dans l'extension qu'elle prend comme possession; nous sommes là, non pas aux sources, mais aux infinies ramifications tentaculaires jusqu'au bout desquelles l'autorité possédée accomplit sa possessivité dans toute son efficience. L'exemple le plus spectaculaire de toutes les pratiques est donné par celui de la politique, où l'on assiste effectivement à ce développement, qui se montre plus lent dans les sciences et dans la vie morale. Cependant, l'Autorité, en tant qu'Etre, ne se modifie pas dans l'un ou l'autre cas, c'est d'ailleurs l'une des raisons qui s'ajoute à son fait de principe. Rationnellement étayée sur un ensemble de propositions qui forment son armature logique, l'autorité n'a besoin, pour s'étendre en tant que possession, que de la foi qui supplée ensuite à la conviction du savoir entraînée par son système de base. Inversement, à une foi est toujours présupposé un savoir (absolu). Il se produit la substitution, au fondement systématique, d'un fondement de principe qui va alors rejoindre, au moins pour la forme, cette valeur d'Autorité que nous signalons comme sans efficience temporelle en soi, mais capable de fonder cette efficience temporelle. C'est alors que nous rencontrons soudain l'autorité comme force, dont le seul aspect transforme l'existence en opposition et assimilation. Ce simulacre de l'Autorité intérieure a son même pouvoir dirimant et contraignant et son impression empirique est d'une telle intensité qu'agissant sur la représentation elle va se fixer, se plaquer sur cette seule et authentique Autorité comme propriété, droit et intériorité: le Symbolique manifeste alors le «retour du refoulé», et c'est ni plus ni moins que la Volonté de Puissance.

Cette circulation de l'Autorité comme loi à l'autorité déplacée sous le masque du droit, accomplie en un sens, est le mouvement de l'extension de l'autorité étendue. Par opposition, l'autorité comprise est ce même pôle constant et son mouvement est celui-là même que nous avons accompli sans nous en douter, et qui résulte de la constatation transcendantale de l'existence d'un fondement de l'Autorité. Comment s'assoit cette existence de l'Etre-Autorité sinon comme un principe directeur, la Loi, par définition jamais identifiable. En effet, chercher à *identifier* cette Autorité comme intériorité c'est, par une théorie, constituer un système de base soutenant une autorité visant à la possession dans une plus ou moins grande extension. Le «pratique inconditionné», la «loi morale» jouent chez Kant cette fonction inaltérable de l'Autorité en soi jamais compromise. Ainsi, on comprend que l'Autorité comme droit, propriété, et intériorité, donc que la Loi n'ait pour seule justification d'exister pour nous que la reconnaissance qu'elle est ce qu'elle est formellement; la raison n'intervient pas autrement, et il faut bien reconnaître ici que la raison critique n'exerce pas son activité sur tous les champs de conscience, tout d'abord parce qu'elle-même se réfère à autre qu'elle, à l'Autorité justement, et ensuite parce que la reconnaissance de l'Autorité est nécessairement la conséquence de la valeur d'Etre, reconnue ou feinte, de l'Autorité même qui appelle à elle toutes les autres valeurs et, les conditionnant, exerce son idéelle efficience, dans laquelle la raison a une part volontaire et délimitée, subissant au lieu de toujours les conditionner les renversements contingents qu'occasionne l'indépendance de l'objet, inscrit dans l'histoire produite par les hommes.

2. Jeux de l'Etre

Retenons les conclusions épistémologiques des recherches husserliennes: ni ontologie du monde, ni ontologie de l'être. Mais en quoi une ontologie est-elle *impossible*?

Toute étude de l'Etre en tant qu'Etre pose au moins deux hypothèses: tout d'abord celle même de l'Etre, ainsi qu'une autre qui concerne sa définition, l'hypothèse sur l'Etre. C'est pourquoi une Ontologie pure et simple semble destinée à péricliter, dès le départ d'une recherche quant à l'origine épistémologique. Et c'est aussi la raison pour laquelle il ne faut pas uniquement prétendre mener une étude ayant l'Etre pour objet. Cette sorte d'étude, visant directement l'Etre, est incapable d'en rien dire. En tant que sujet pensant, je dois tenter de formuler, en me fondant sur le minimum d'évidence nécessaire, que l'hypothèse même de l'étude de l'Etre est telle que cette étude ne peut considérer la substance supposée de l'Etre, mais ses attributs, s'il y en a.

Je hasarde donc l'hypothèse suivante relative à l'étude de l'Etre: l'étude de l'Etre doit être attributive; en d'autres termes je suppose que, pour être, l'Etre doit être autre chose que l'Etre, sinon il n'est pas. Cette vue détournée de l'Etre me permet d'affirmer qu'il ne peut se définir ailleurs que dans l'Altérité. Trop souvent, selon une fatalité de la pensée, en désignant l'Etre, on a désigné, par antithèse, le Néant.

Ce n'est que par la négation que je puis, en faisant justement appel à ce minimum d'évidence nécessaire sur lequel je me fonde, désigner l'Etre comme une manière de positif d'un négatif présupposé. Ainsi je peux dire à la fois que l'Etre n'est pas et qu'il est attributif; en ce sens il s'est effacé au profit des *étants*: il est devenu son Autre immédiat. A vrai dire, la notion d'Altérité introduit le maximum d'ascétisme à l'égard de l'idée d'Etre; en effet dans le chaos sans cesse revenu du monde la seule façon de croire à l'Etre et d'en sentir l'évidence est encore la simple perception de la multiplicité. Craignant de faire évanouir l'Etre en le nommant — et cette crainte elle-même dit assez l'incertitude de l'Etre, mais encore sa vocation symbolique — je préférerai parler de l'Etre-autre de l'Altérité.

De deux choses l'une, ou bien une pensée soutenue fondée sur l'existence est possible, ou bien toute entreprise de cette sorte se démontre tôt ou tard comme vouée à l'insuccès quant à la vérité des fondements qu'elle invoque, et impossible du point de vue de la légitimité : or la légitimité nous importe. A supposer que le bonheur et le malheur soient les deux pôles de l'existence, sans que d'ailleurs de l'un ni de l'autre on ne puisse jamais avoir une conscience parfaite, la pensée sur l'existence dépendra néanmoins de la latitude-bonheur ou de la latitude-malheur des voyages sensibles de notre existence effectivement produite dans le monde. Poser ainsi la sensibilité de l'existant comme première raison de sa pensée sur l'existence c'est le signe certain de la plus grande probité à l'égard de cet existant déterminé : le gouvernail du choix humain allie aussi bien les mathématiques à la poésie. Le point crucial devra donc porter sur l'universalité d'une pensée fondée sur l'individuel, ainsi que sur la valeur d'une telle pensée en tant qu'elle peut être considérée comme le fondement de l'Etre. Par exemple, des existences comme celles de Nietzsche et de Kierkegaard peuvent-elles témoigner en faveur d'une étude de l'Etre qui puisse être reconnue légitime? On le voit, la question est de savoir si l'arbitraire, l'absurde, et tout ce qui de l'extérieur peut paraître tel, doit être utilisé à titre de document dans une étude métaphysique de l'Etre, tout à la fois rationnelle et irrationnelle sans préjuger de rien.

L'Altérité, ou hypothétiquement l'attribution de l'Etre, se révèle à nous par la diversité et la multiplicité des formes. Qu'il s'agisse de la forme abstraite de l'atome, de la forme musicale d'une symphonie, de la forme visuelle d'une armoire plaquée sur un mur, également la forme d'un visage, la forme d'une de ses expressions; toutes les formes contribuent, quelles qu'elles soient, à créer le monde. Et celui-ci nous apparaît comme un système de labyrinthes superposés, dont les chemins et les fils concourent les uns sur les autres. La révélation de l'Altérité va opérer le devenir des formes dont la constellation nous implique aux choses et aux autres, et les uns à travers les autres. Le devenir des formes fait tout le devenir. Dans cet univers chaotique, l'homme détient la solution de l'énigme de l'Etre, et cette énigme est, devrions-nous dire, non pas tellement l'énigme de l'Etre, que l'énigme de la question de l'Etre («Qu'est-ce que l'Etre?»). C'est en attribuant l'Etre que l'homme *discerne* qu'il y a effectivement de l'Etre: il crée finalement ce qu'il cherche. Il se crée: l'homme est à faire et il lui manque indéfiniment ce qui n'existe pas. Apparaît donc une autre énigme encore: celle de l'idée d'Etre. Imparfaitement claire et distincte, cette idée est ontologique et logique, même au-delà du refus de l'Etre. Une autre question de l'Etre se découvre et elle s'énonce: «Pourquoi y a-t-il une idée d'Etre?». Le coup de baguette magique pose l'Etre, chaque fois que l'homme le donne et le reconnaît comme tel. L'Etre n'est pas si nous ne donnons pas un sens aux événements que nous faisons «être» par le sens qui confère l'Etre et doit être assimilé à une création ambivalente et de l'Etre et de celui qui donne sens. Aussi, au lieu de nier la transcendance dans *l'interprétation de l'être* (Seinsauslegung), il faut au contraire y voir l'exposé de la transcendance comme la tâche humaine infiniment renouvelable. L'énigme de l'Etre n'est pas un jeu futile, c'est le jeu essentiel, car il est de l'essence de l'homme de chercher et de trouver l'Etre. La donnée de l'Etre, qui est proprement le don et la création de l'Etre, prend racine sur la donnée de l'existence, dont l'essence est de donner l'Etre dans la reconnaissance du sens.

Si nous partions à la recherche de l'Etre, nous chercherions aussi longtemps que nous n'aurions pas compris l'acte essentiel et permanent qui fonde sa nature. C'est alors que l'existence, avec la pensée que nous en avons, vient jouer son rôle dans une recherche éperdue. Le délaissement, la déréliction, l'abandon, ressentis dans la subjectivité, ont vidé les formes, les étirent, les dissolvent pour ne laisser finalement que la claire conscience de la misère humaine. Dans cette plénitude cependant toute négative, l'homme se meut douloureusement: il ne reçoit alors plus rien, ayant perdu la faculté de recevoir, et c'est pour lui le moment de découvrir qu'il est devenu ce partenaire mystérieux dont il attendait encore une obole. Il doit désormais sortir de lui-même et se mettre à exister véritablement, à sentir cette existence découverte dans la négation, comme un fait positif dans le monde. Il existe, c'est-à-dire qu'il se tient hors de lui-même, qu'il se prolonge indéfiniment. Ce n'est pas seulement au centre de l'univers qu'il a ses assises, au contraire il fuse aussi jusqu'aux périphéries qui jamais ne se délimitent. Sans doute cette expansion de l'existence est-elle la découverte tangible qui nous aurait à jamais échappé dans une exploration anticipée de l'Etre; car, si Etre il y a, c'est le moment de son apparition.

Parce que l'existence est l'être-en-dehors et l'être-autre, et comme nous venons de le dire : expansion, elle est un mouvement et un devenir privilégiés; que ce soit l'abandon ou bien l'extase et la joie, qui la propulsent, c'est au bout du chemin que nous attendent les raisons d'aller plus loin encore, jusqu'à parcourir l'univers total de notre don et de notre création. L'Etre n'est pas, il est chaque fois à venir, et chaque fois qu'il nous apparaît c'est pour disparaître bientôt. Ce n'est pas dans un effort qu'a lieu cette apparition de l'Etre; tous nos efforts vont vers l'existence dans son phénomène d'existence à venir et venant. L'Etre nous est donné par surcroît. Il apparaît chaque fois comme sa propre signification et disparaît par l'effet prochain de la signification à venir. C'est pourquoi, toute étude de l'Etre est illusoire : l'Etre est en fait désigné par le terme le moins significatif qui soit; à force d'attention sur l'idée d'Etre, on doit convenir qu'il faut ajouter à la notion pour lui faire dire ce qu'elle n'est pas disposée à révéler. En ce sens, l'expression «L'Etre n'est pas» semble plus significative que celle disant que «l'Etre est». Il est facile de comprendre pourquoi, car «l'Etre est» n'ajoute ni n'enlève rien à l'Etre, si je la pose je ne sais pas ce que je signifie par là, car je ne découvre que le mode du «est» indicatif redoublant l'énigme. Au contraire, si je dis : «l'Etre n'est pas» ou mieux «l"Etre n'est plus», j'apporte un aspect autre que l'Etre, l'altérité elle-même; et avec elle une double signification temporelle s'ouvre à moi. Cet effacement de l'Etre met en lumière une différence née de l'absence et de la distance : seul, «l'objet perdu» me pose la question de son existence à retrouver; tel est l'enseignement de Freud, entre autres dans l'article sur *la Dénégation*[3].

Ainsi Platon, dans *le Sophiste*, a jeté de même une lumière crue sur l'importance du non-Etre et de l'Altérité : il est impossible de dire que le non-Etre n'est pas[4]. De là, dérive la possibilité d'accorder le non-Etre à l'Etre; il en résulte un entrelacement de l'Etre et du non-Etre. La raison est en même temps la cause de cette confusion, car dans les cas extrêmes l'erreur ne réside pas seulement dans le jugement, mais dans la pensée tout entière en tant qu'elle est l'engagement de l'existence. Or Platon affirme aussi, dans ce dialogue, que l'Etre c'est la Puissance (*dynamis*)[5], et non seulement une simple puissance de relation selon le commentaire Diès, mais bien une puissance réelle et naturelle puisque Diès lui-même traduit qu'elle est «une puissance naturelle quelconque». Il n'y a guère, dans *le Sophiste* (ni dans le *Parménide*), la nécessité de se référer au Platon convenu; si l'on prend en elle-même cette nouvelle donnée, on voit bientôt que sa richesse n'a point de limite, puisque connaître c'est agir (248d) sur l'objet de connaissance, pensé donc *étant* (248e). L'Etre n'est pas plus la puissance que le mouvement, mais l'Etre universel les comprend dans un rapport (248e). D'où une possible réconciliation entre Nietzsche et Platon; ce qui, par ailleurs, justifie dans une certaine mesure, la pensée de Heidegger sur l'Etre et la question sur le sens de l'Etre comme il la pose dans la perspective même du *Sophiste* (244a), à la page préliminaire de *L'Etre et le temps*.

En effet, au sujet du rapprochement Nietzsche-Platon, à considérer de près la définition dynamique de l'Etre qui émane du *Sophiste*, on remarquera qu'elle pourrait constituer une assise fondamentale de la pensée nietzschéenne, puisque le monde nietzschéen est animé de la Puissance, sans commencement ni fin, dont la réserve jamais ne s'épuise. C'est un univers qui accepte de se créer et de se détruire perpétuellement pour n'être que ce monde-ci, en continuel mouvement de forces physiques, psychiques et sociales: la force opérant en lieu et place de la représentation de l'Etre. Cette notion double de puissance (*Macht*) et de force (*Kraft*) a été saisie dans son opérativité première en tant qu'elle est naissance (*Geburt*), origine (*Ursprung*) et provenance (*Herkunft*). Platon dit que l'Etre c'est la Puissance, ce disant il donne l'Etre à la Puissance, avec tout ce que peut recouvrir cette donation de sens, c'est-à-dire au moins un aveu sur l'Etre analogue à celui que réserve Nietzsche pour qui, en effet, l'être-de-l'intuition est l'être-de-l'objet. La Volonté de l'univers se considère elle-même dans une intuition de soi et dans une intuition de soi comme univers. Je peux dire que l'Etre est léger, bleu ou carré, je fais de la sorte une abstraction qui, elle-même, vient d'un Autre d'où elle est abstraite; seule, une autre perspective pourra en détruire la vérité. On voit du reste comment le problème de la vérité se découvre à propos de la question de l'Etre. En outre, dire que l'Etre ne peut être conçu autrement que comme Puissance et que tous les êtres sont chacun d'eux une puissance active ou passive, c'est de plus faire de l'Etre une résistance, active ou passive également, et donc introduire l'Altérité au cœur même de l'Etre. D'ailleurs cette définition du *Sophiste* disant de l'Etre qu'il est puissance devrait être réfutée dans un instant du dialogue: ce qui tend à illustrer que l'Etre détient cette valeur-éclair seule reconnue par Nietzsche. Au sommet de l'apparition de l'Etre comme puissance il est fortement question de sa disparition.

Les racines du *Sophiste* replongent dans la pensée sophistique, et non pas tellement pour nous en détourner, que pour nous amener à poser les mêmes problèmes qu'elle, c'est-à-dire des problèmes issus de la féconde période présocratique. Nietzsche oppose à la dialectique socratique la sophistique, qui avait la sincérité de ne point mêler la vertu au bonheur. La sophistique elle-même était le signe d'une déception certaine quant à la validité des grands systèmes; Nietzsche représente en son temps le même tournant critique, et si l'on veut considérer l'impulsion donnée indéniablement par Kant dans cette prise de position à l'égard de l'Ontologie, il est facile de voir que Nietzsche va bien au-delà encore en prenant le contrepied de la conciliation kantienne de la science et de la morale. Il est possible de considérer les pages du *Sophiste* relatives aux genres de l'Etre comme le terrain le plus propice à la méditation des problèmes originels de la philosophie sur lesquels Nietzsche d'abord et Heidegger ensuite nous ont invités à méditer. Car Heidegger a prétendu dans *l'Etre et le temps* (*Sein und Zeit*) qu'il y a une nécessité de la question de l'Etre et cette nécessité concerne surtout la répétition de cette question, c'est pourquoi il a commencé par éliminer les préjugés qui font de l'Etre le concept le plus universel, le plus indéfinissable, et le plus facile à comprendre. Il existe, nous dit-il, une structure formelle de la question sur le sens de l'Etre: il y a une réflexivité de l'Etre questionné sur l'acte de questionner en tant que le mode de l'Etre d'un étant; ainsi le *Fragen*, l'acte de questionner, est un mode de l'Etre d'un étant déterminé, qui par conséquent questionne sur l'Etre. Pour Heidegger il n'y a pas d'énigme de la question de l'Etre, mais au contraire cette question est déterminée par le mode même de l'Etre de l'étant. L'énigme serait plutôt celle de la non-question de l'Etre: de l'élimination pure et simple de cette question, comme elle lui est apparue.

Mais il est impossible de penser une élimination radicale; il y a un état de l'Etre questionné appliqué, dans une marche-arrière ou dans une marche en avant, à l'acte de questionner, et cet état est un mode d'Etre de l'étant[6]. Cette application vers l'arrière ou vers l'avant (*Rück- oder Vorbezogenheit*) se montre comme étant une indication précieuse de Heidegger; car en soulevant la question de l'Etre, Heidegger a l'impression d'effectuer un retour à ce qui avait été dépassé, mais aussi d'effectuer un bond en avant vers des frontières de l'Etre encore indéterminées.

Cette idée du retour vient de Nietzsche; le déclin du soleil qu'est Zarathoustra se dirige vers ses propres enfants: en avant et en arrière se trouve l'Etre. Car le mythe de l'éternel retour, c'est le retour éternel du mythe, c'est la remontée vers les archétypes dont parle C.G. Jung. Ainsi Nietzsche attend-il le retour de l'hellénisme et, quant à lui, il opère déjà ce recommencement de la philosophie en brûlant tout ce qui suit l'origine de la pensée grecque. L'effritement glacé de la métaphysique ne reste pas sans lendemain, et ce lendemain est ici un retour pur et simple aux sources de l'Etre. La découverte de Nietzsche est que l'Etre sans le Devenir est un non-sens, de même que le Devenir sans l'Etre. L'un et l'autre n'ont de signification que dans leur relation réciproque[7], c'est ce que Heidegger a fort bien saisi, vraisemblablement par l'intermédiaire de Nietzsche. La seule réalité est l'Apparence elle-même, qui résout l'antinomie de l'Etre et du Devenir. A cette conclusion: «La vie dans l'apparence comme but» («*Das Leben im Schein als Ziel*»[8]), Nietzsche n'aboutit que grâce à la refonte personnelle, qu'il effectue en effet, de la philosophie présocratique. Il a puisé dans l'inépuisable, et c'est ce à quoi Heidegger s'est cru également autorisé. Cette fascination des premières images métaphysiques s'était depuis longtemps emparée de Hölderlin, sur qui se projette l'ombre de la figure d'Empédocle à laquelle Nietzsche fut également très sensible. Nous découvrons la valeur du pouvoir empédocléen exercé à la fois sur Hölderlin, Nietzsche et même Heidegger. Qu'il nous suffise pour l'instant de sentir cette puissance d'attraction qui serait la planche de salut de la Métaphysique. Effectivement, il existe une *Vorfrage*, une question première à laquelle nous devons revenir, mais le principal est de savoir si cette question est simplement la question de l'Etre, comme le croit Heidegger; qu'à cette question l'Etre soit mêlé, voire profondément impliqué, cela ne fait aucun doute, mais avant même ce que Heidegger appelle la *Vorfrage*, la question préliminaire, il y a l'hypothèse de l'Etre: la question de l'Etre, qui paraît à Heidegger la question première, a pour fondement l'hypothèse de l'Etre, qui fonde à son tour l'hypothèse de l'étant, aussi bien l'étant particulier que l'étant dans son ensemble.

Cette émergence de l'importance de l'Etre, nous allons voir qu'elle n'est autre chose que ce qui nous apparaît de la disparition de l'Etre. Heidegger lui-même est contraint de conjuguer l'hypothèse de l'étant avec celle du néant. Il affirme qu'il y a de l'étant plutôt que du néant: mais s'il n'y a pas de néant, en quoi l'étant est-il prouvé? L'alternative n'est pas nécessaire. Peut-être n'y a-t-il ni étant ni néant, l'étant et le néant faisant partie d'un autre monde. Or c'est d'un monde autre que l'autre monde que nous parlons et dans ce monde-ci, qui n'est pas ce monde-là, nous voyons des existences; en fait, nous embrassons des existences, et nous ne connaissons rien de leur étant ni de leur néant. Il est à craindre que Heidegger ait purement et simplement éliminé la question de l'Etre, en avançant précisément cette question devant toutes les autres. Il l'a prise pour une question absolue, véritablement *ex nihilo*: l'étant qu'il évoque vient se plaquer sur le néant qu'il évite. Le résultat en est la pénurie de l'Etre. Aussi, il semble bien plutôt que la question absolue ne concerne pas l'Etre, mais le fait de la disparition de l'Etre. Le « Pourquoi y a-t-il de l'Etre ? » devient distinctement du point de vue universel et originel un « Pourquoi l'Etre disparaît-il ? ». Cette dernière question apparaît finalement seule valable; car ce n'est pas l'hypothèse de l'Etre qu'elle pose, mais celle du Disparaître ou, si l'on préfère, effectivement l'hypothèse de l'apparition à nous de cette disparition; alors seulement il est permis de soupçonner une identité entre cet Apparaître-disparaître et l'Etre. En somme, nous n'avons aucune évidence de l'Etre, tel qu'il est compris sans doute dans le «Pourquoi y a-t-il de l'Etre?», ni même de l'étant ni du néant. Seul l'Apparaître-disparaître est présent à nous: nous avons l'évidence qu'un quelque chose disparaît. Et ce qui apparaît n'apparaît pas sur un fond de néant ou d'étant, il apparaît soit sur une autre apparition, soit sur une disparition, d'ailleurs constatée aussi, mais différemment, par Heidegger. Y a-t-il eu cependant, comme le pense Heidegger, un oubli de l'Etre et de la question de l'Etre ? C'est au contraire dans cette disparition de la question elle-même que l'Etre apparaît à notre questionnement; et son apparition est pour nous contemporaine de sa disparition. Certes, le regret, la tristesse, peut-être le désespoir plaident en faveur de sa réalité passée; mais celle-ci serait plutôt une origine mythique de l'Etre: grâce à quoi nous appréhendons l'Etre dans la conscience que nous avons du *n'Etre-plus*. L'épreuve de la négation nous instruit de la position nécessaire de l'Etre; là-dessus, Freud rejoint Nietzsche qui confirme Aristote à qui nous devons la théorie logique de la négation, comme nous le démontrerons dans ces pages.

Le pas décisif accompli par l'ontologie de Parménide reste toujours remarquable, même si ses voies finissent par se perdre sur une plate-forme sans issue, et qui est la nôtre; avec lui, la pensée a fourni un saut mémorable dont on trouverait difficilement les circonstances conditionnantes. Parménide nous fait assister, effectivement, à une apparition de l'Etre, duquel la disparition sera homologuée par Heidegger dont la philosophie est souvent une réflexion à rebours de l'expérience nietzschéenne telle que celle-ci peut se dégager dans toute son ampleur, si l'on en suit le cheminement à partir des racines radicales et purement métaphysiques. D'une façon générale, si les philosophes arrivent à s'entendre sur ce qu'est véritablement le question préliminaire (*Vorfrage*), si c'est bien celle que pose Heidegger, ou bien s'il n'y en a pas une autre plus ancienne encore dans l'ordre de la pensée généalogique, c'est-à-dire l'ordre originel d'une genèse existentiale, à ce moment-là seulement, les bases étant posées, il ne serait plus impossible d'imaginer la naissance d'une métaphysique, certes, renouvelée sinon dans sa fin propre (car il est douteux que la métaphysique atteigne une fin propre) du moins dans la reconnaissance du fondement; et cette reconnaissance a encore pour nom l'*autorité et le prestige de ce qui a valeur de Loi*[9]. On voit donc comment la notion d'autorité, que nous avions suggéré d'interroger dès le début de cet examen et inventaire de l'Etre, convient au terrain de la recherche philosophique, et surtout d'une recherche consciente de ses travers congénitaux. De droit, l'autorité est ce qui est destiné à l'harmonie des positions contraires; son effet serait la réconciliation à laquelle Hegel était fort attaché. Mais, en fait, elle provoque naturellement la suspicion qui arrête la pensée; car, dès que celle-ci se découvre à elle-même «autorisée», elle se demande pourquoi. La raison est par principe autoritaire: «autorisante», elle légifère. Toutefois, la pratique de l'enchaînement des idées ne s'exerce pas toujours «en connaissance de cause» d'elle-même. Cette faiblesse encourue ne doit pas embarrasser toute tentative cherchant à délimiter honnêtement la part des choses, puisqu'elle motive maintenant la recherche philosophique.

Historiquement, l'apparition de l'Etre, comme notion controversée, mais également, et cela est important, comme notion affirmée absolument, marque le début de la grande ère philosophique occidentale; or, c'est parce qu'il pense l'Etre que Parménide conclut à l'Etre, ainsi que l'indique clairement Nietzsche et, ce faisant, Parménide pose ce monde-ci comme problème[10]. L'étude précise de Gigon[11] montre également la naissance de l'idée d'Etre et son identité avec la Pensée: «L'Etre et la Pensée sont identiques, l'un et l'autre sans défaut et sans mélange de néant»[12]. Là se tient l'origine même du *problème de l'origine épistémologique*. Sans cette identité fondamentale et remarquable, l'essor de la pensée occidentale tout entière eût été impossible: à commencer par celui des mathématiques. Cette identité même fictive est le pont qui relie notre *Lebenswelt* à notre scientificité. Peut-on *dire* néanmoins de cette identité qu'elle soit *a priori* et nécessaire?[13]

Par la notion d'Etre, Parménide tente de formuler à la fois l'homme et son problème; cette tentative a été reprise par Nietzsche avec la formule de la Volonté de Puissance, soit dans une forme honteuse, soit dans une forme sublime. Et la forme péjorative de la Volonté de Puissance regarde l'Etre comme abstrait, tandis que la forme superlative concerne l'Etre comme concret; cette négation de l'esprit n'est pas exclusive, elle pose seulement que la vérité se trouve en deçà (non au-delà) du monde sensible et matériel et que l'esprit n'est que son symbole. Zarathoustra dit de même en parlant du corps; c'est avec le sang qu'il faut écrire et c'est le corps qu'il faut réapprendre à aimer, il faut rabaisser l'esprit au rôle d'image et de signe. Ainsi Nietzsche souligne-t-il l'importance du Symbolique. Confirmant la suppression de la dualité être-apparence accomplie par Kant, Nietzsche fait de l'être-de-l'intuition l'être-de-l'objet. C'est grâce à la Volonté, dans son sens sublime, que nous voyons le monde, car elle est une forme de vision. Ainsi, Nietzsche fait lui aussi appel à un organe mystérieux, et qui est la Volonté de Puissance sublime, pour obtenir l'être-de-l'objet appréhendé par l'être-de-l'intuition. Il s'agit bien encore d'une pensée, mais avec toutefois une différence importante quand on veut la comparer avec celle issue traditionnellement de Parménide : c'est l'apparence qui contient la vérité et non pas sous la forme d'une abstraction; ce n'est pas la cellule qui est vraie, c'est l'expérience elle-même et la cellule n'est qu'une image [14]. Si l'on veut interpréter comme une Pensée cette Volonté de Puissance qui forme la vision du monde, il faut admettre une pensée désubjectivée [15] s'étalant dans l'entier univers, intuitionnant l'expérience et l'apparence; c'est ainsi que se conçoit une nouvelle objectivité qui tient donc véritablement ses assises dans l'objet ou le seul Réel. On voit quelle profondeur de perspective se découvre avec la vision de Nietzsche; à l'Etre abstrait de Parménide est substitué le volume même des accidents de l'apparence dans l'infini déroulement de ses coexistences. Parménide qualifierait cette nouvelle conception de l'Etre du terme sans doute plus approprié de non-Etre. Nietzsche renverse la distribution des données et prouve que toute ontologie construite dans l'esprit de celle de Parménide est «réfléchie», unilatérale et condamnée à sa perte. D'ailleurs, d'une façon avouée, Nietzsche affirme lui-même qu'il se place à l'antipode de Parménide qui dit ne pouvoir penser ce qui n'est pas; Nietzsche au contraire soupçonne tout ce qui peut être pensé et, pour lui, pensé est égal à fictif [16], non à *Etre*.

Il est certes imprudent toutefois de croire totalement Nietzsche dans ce qu'il dit de son opposition radicale à Parménide, car si cette déclaration se trouve souvent confirmée, il n'en reste pas moins que maints aspects parménidiens se laissent découvrir dans le vaste mythe de Zarathoustra, à qui le monde apparut comme une sphère mûre à point, lourde et dorée : telle est la métaphore; quant à l'image, Parménide l'a donnée le premier, elle est même la seule concession qu'il ait accordée au Réel : de le figurer sous cet aspect de sphère parfaite. Mais, d'une façon générale, il n'en reste pas moins que Parménide se dresse contre l'activité mythique de l'homme, alors que Nietzsche au contraire l'exalte dans la philosophie conçue comme poésie; ainsi pour Nietzsche la philosophie est-elle un aspect de cette activité mythique puisque, comme la poésie, elle a recours aux images[17]. De la sorte, Nietzsche ne peut adhérer à l'affirmation parménidienne que Penser et Etre sont une seule et même chose[18]. En cherchant à interpréter cette équation de Parménide: Etre = Penser, Gigon se tourne vers le monde de l'apparence dont elle implique une certaine conception qu'il déduit de la façon suivante: «l'apparence est un mélange d'Etre et de Néant»[19]; or, avec cette dernière conception non plus, Nietzsche ne peut s'accorder. Parménide, dans le fragment *De la Vérité*, pose d'une façon claire que «l'Etre est» et que «le non-Etre n'est pas»; il appelle cette affirmation: le chemin de la certitude qu'accompagne la Vérité. Il ajoute même qu'il est impossible de démontrer que «le non-étant» soit, ou bien que «l'étant» ne soit pas[20]; l'Etre n'a ni naissance, ni croissance[20] et nous saisissons justement ici encore un autre aspect parménidien adopté par Nietzsche malgré son refus de tout crédit à la Pensée strictement ontologique, et ce sont précisément ces caractères de non-naissance et de non-croissance qu'il attribue lui-même à la Volonté de Puissance. Comme pour Anaxagore, «tout est dans tout, n'est pas le résultat d'un processus, mais au contraire la supposition de tout devenir... avant tout devenir»[21]. Il s'agit d'une réserve de puissance qui ne commence ni ne finit, qui est donc éternelle et dans un incessant mouvement: or, l'idée de mouvement fait donc de la Volonté de Puissance un Etre mobile, apparenté aux choses et tout entier noyé dans l'apparence[22]; au contraire, l'Etre de Parménide est à la fois immobile et immuable, prisonnier de lui-même, absolument distinct de l'Autre[23]. «*Das Leben im Schein als Ziel*» («la vie dans l'apparence, comme but»), conclusion qui est la dominante de la recherche nietzschéenne, et qui se dégage aussi bien de l'épopée de Zarathoustra que des pages enthousiastes de *la Naissance de la Tragédie*, tel est véritablement le fruit antidotique des méditations parménidiennes sur l'Etre, la Vérité et l'Opinion des hommes. Sans doute faut-il chercher ailleurs les raisons de cette refonte de la phénoménologie présocratique, avec le cas que fait Nietzsche, cependant, de Parménide, et ces raisons nous les découvririons dans Empédocle, si nous défaisions le nœud serré dans lequel s'emmêlent toutes les observations poétiques, philosophiques et naturelles de ce dernier, dont l'œuvre constitue bien ce que Nietzsche considère comme le produit de l'activité mythique de l'homme.

La nostalgie de l'unité, de la participation à une assemblée de dieux, pousse Empédocle, dans un acte d'amour, c'est-à-dire de volonté d'union, à se jeter dans l'Etna. Semblable à la haine, la souffrance dionysienne est la suite du morcellement, tandis que la joie dionysienne est celle du retour au principe unique primordial qu'Empédocle désigne comme étant l'amour. L'être séparé souffre, car il ne peut se joindre au principe cosmique d'unité ; il circule éternellement de l'éther à la mer, de la mer à la terre, de la terre au soleil, du soleil à l'éther, et de là de nouveau vers la mer : le péricle est la condamnation endurée par les criminels, et c'est également celle de l'être séparé en proie à la haine. Cet éternel retour qui fait surseoir à toute délivrance apaisante est à l'image de l'éternel retour des cycles du temps empédocléens, dont l'idée nietzschéenne est une réplique. Ainsi l'identité et l'altérité se confondent-elles dans la vision que donne Empédocle de l'univers. L'éternité et l'immuabilité s'expriment dans l'incessante révolution de toutes choses. Zarathoustra ne voit que des membres dispersés[24] ; de même Empédocle décrit-il la chaîne des membres disjoints et qui errent sous l'empire de la haine[25]. Nietzsche, dans deux esquisses de drame ranimant la figure d'Empédocle, donne d'une façon significative la phénoménologie qui préside au passage de l'homme au dieu et du dieu à l'homme : il dégage la dualité homme-dieu qui fait toute la puissance dionysiaque de l'homme. La Volonté de Puissance, autrement dit la volonté de cette puissance définie qui provient de la double nature originelle de l'homme, c'est ce à quoi l'homme s'exerce imparfaitement depuis des millénaires, ce à quoi il doit savoir tendre en se perdant par le fait ; saut dans l'Etna ou Volonté de Puissance, il s'agit dans la pensée de Nietzsche d'une même occasion de sacrifice à une guerre qui valorise sa cause. Car dans la Volonté de Puissance est comprise la capacité d'une fusion cosmique essentielle qui doit reconduire à l'unité, dont, pour Nietzsche, une triple mystification morale, religieuse et scientifique, a tenu l'homme occidental éloigné. Destruction et création sont les deux termes constants du monde dont les deux symboles sont le guerrier et la mère, tel est l'enseignement de Zarathoustra ; celui d'Empédocle évoque l'Amour et la Haine se partageant l'entier univers. Ce principe d'attraction et de répulsion régit la nature physique autant que psychique, ainsi que, du point de vue de la nature psychique, les notions freudiennes d'Eros et de Thanatos le confirment encore. Une parenté de base rapproche Empédocle et Nietzsche : pour les deux philosophes existe une *loi nécessaire* qui commande les métamorphoses. Or, l'Etre que Heidegger invoque n'est pas exempt de ces successives différences qui viennent compléter chaque fois en lui un sens ou une épaisseur. L'ouverture de l'Etre est cette voie d'eau qui livre nécessairement passage à l'autre que l'Etre, et cette Altérité doit alors être fonction de l'Etre ou vice versa. L'appel des métamorphoses est donc si puissant qu'il *régit* l'envergure des apparences et pose véritablement le problème de l'existence et de son *essence légitime* comme un problème qui ne peut se résoudre sans qu'auparavant soient élucidés la question du devenir des formes, la succession généalogique, le progrès dialectique multiforme à la fois de la pensée et de l'existence, mais encore celui de la dialectique de la pensée de l'existence elle-même. Cette dernière pensée, quand elle roule sur l'existence, emprunte-t-elle une voie linéaire, véritable courant qui rallie les accords ou les en détourne systématiquement, ou bien procède-t-elle par extension et progressif élargissement de son horizon circulaire ?

C'est d'ailleurs la deuxième de ces voies possibles qu'emprunte la dialectique heideggerienne de l'Etre. Il existe un horizon de l'Etre, pour Heidegger, et qui toujours se découvre. Ce dégagement progressif de toute la splendeur de l'Etre commence par la vision du temps en tant que l'horizon transcendantal de la question de l'Etre : « Un chemin conduit-il du *temps* originel au sens de l'*Etre* ? Le *Temps* se révèle-t-il comme l'horizon de l'Etre ? »[26]. Dans l'horizon transcendantal du temps se profile un Etre qui ne doit plus être immuable et qui ne doit plus être l'Etre unique tel que Parménide semble le concevoir, encore que l'idée même de découverte de l'Etre *qui-est-caché*, l'idée de cette véritable ouverture de l'Etre, laisse bien supposer que ce qui nous échappe apparemment se tient dans une permanence que nous atteignons difficilement, mais que nous atteignons tout de même. L'élaboration de l'idée d'Etre, qui est en même temps son apparition totale et progressive, est celle proprement d'une lumière logique : une lumière-vérité dans un acte de lier. Heidegger présente, en fait, l'envers d'un Etre parménidien. Tandis que Parménide dit : *l'Etre est, le non-Etre n'est pas*, de même : *le Penser c'est l'Etre*, Heidegger fait sortir effectivement l'Etre de l'endroit où il se tenait caché ; il le fait apparaître et le délimite sur un fond de néant ; ce faisant, il nous montre aussi comment il faut penser cet Etre qui est Penser. Heidegger nous conduit sur les chemins de l'Etre dont la loi a été établie par Parménide. Il y a un enrichissement de la loi dans le passage à son application et cet enrichissement lui-même ne dépend pas du seul Heidegger qui utilise pour cela les découvertes ontologiques à la fois d'Empédocle et de Nietzsche ; grâce à Empédocle, il tentera de relier les membres épars de l'Etre, d'en former la Vérité en y jetant la lumière ; grâce à Nietzsche il regardera l'apparence de la même façon que si elle promettait l'apparition de l'Etre. La nécessité de la question de l'Etre, qui est une répétition de cette question, comme les premières pages de *Sein und Zeit* nous l'indiquent, va de pair avec l'oubli de l'Etre, nous dirions également avec sa disparition. Or, précise Heidegger dans *Holzwege*, « l'oubli de l'Etre est l'oubli de la différence de l'Etre et de l'étant »... « L'oubli de l'Etre appartient à l'essence voilée d'elle-même de l'Etre »... « L'histoire de l'Etre commence avec l'oubli de l'Etre, avec le fait que l'Etre avec son essence, avec la différence de l'étant, se tient en soi »[27]. Donc, de l'aveu même de Heidegger, l'Etre d'une part se tient en soi, par conséquent est permanent et immuable, tandis que nous partons à sa recherche, d'autre part il a disparu dans un oubli qui répond à sa nature fondamentale et essentielle. Peut-être nous est-il déjà possible, forts de ces données heideggeriennes, de tenir les deux bouts de cette chaîne de l'Etre : au commencement est Parménide avec l'énonciation de l'*Etre dans sa loi*, à la fin se présente Heidegger qui accuse un oubli de l'Etre dans le destin philosophique de notre civilisation, comme il le dit bien au début de *Sein und Zeit*, mais encore dans la nécessité essentielle pour l'Etre d'être l'Etre qui se tient en soi. Ainsi Heidegger détecte la *loi de l'Etre*.

Mais sans doute alors surgit la question de savoir si l'Etre qui est oublié, et qui s'est même oublié lui-même, nous dit Heidegger, doit être découvert, rappelé à lui-même et à nous-mêmes, comme le veut encore Heidegger. La vraie disparition (perdition) de l'Etre ne nous apparaît-elle pas plutôt dans cette volonté de renaissance de l'Etre par Heidegger ? Si l'Etre s'est lui-même recouvert, car il y va de son essence, pourquoi tenter de le découvrir ? Ne risquerions-nous pas, dans cette recherche, d'obtenir un quelque chose qui ne soit pas l'Etre ? Il est certes de l'essence de l'homme de chercher et de trouver l'Etre, mais encore de le perdre, de telle sorte que la poursuite recommence. Et ce dernier aspect a, en un certain sens, échappé à Heidegger. Peut-être, et cela peut s'admettre sans difficulté, l'emploi lui-même du terme *Sein* (Etre) est-il déjà une source de confusion chez Heidegger ; par exemple, quand il dit que « l'Etre de l'étant du monde intérieur est situation »[28], il est manifeste qu'il prend ici l'Etre au sens de l'état, ou bien il n'accorde à l'Etre aucun sens priviliégié. Il y a, par ailleurs, manifestement des degrés de l'Etre dans sa terminologie même : il faut qu'il en soit ainsi puisqu'il nous fait apparaître l'Etre dans une lente recherche, et que déjà avant même cette apparition il le discerne comme Etre. Or, c'est le vocabulaire dont il dispose, le langage comme *logos*, qui semble lui conférer le droit de parler de l'Etre prématurément : il use ainsi immédiatement, et donc abusivement, du terme. De même en est-il de l'*étant* : introduire dans le discours l'idée d'étant, qui détient le secret de l'Etre, c'est implicitement déjà utiliser, dans les prémisses, les seuls résultats de la conclusion, *possibles logiquement*. En commençant la lecture de l'ouvrage sur *l'Etre et le Temps*, nous sommes intéressés de connaître quelle sera l'exposition de la question sur le sens de l'Etre, comme l'introduction nous l'annonce. Le premier chapitre sur la nécessité, la structure et la préséance de la question de l'Etre nous paraît en soi très justifiable en ce qu'il s'oppose à la fois à Aristote et à Hegel qui font de l'Etre le concept le plus général et le plus clair, alors qu'il «est plutôt le plus obscur», dit Heidegger[29]. Que l'Etre soit indéfinissable, comme l'écrit Pascal, n'empêche pas de poser la question sur le sens de l'Etre : il est encore possible d'admettre cette autre remarque du même chapitre. Que l'Etre soit une notion qui va de soi et en même temps une notion cachée dans l'obscurité et «prouve la nécessité fondamentale de répéter la question sur le sens de l'Etre»[30] : cette troisième remarque liminaire est encore acceptable. Nous apprenons ensuite qu'il existe une structure formelle de la question sur l'Etre, ainsi qu'une préséance ontologique de cette question, que c'est l'analytique ontologique de l'existence (*Dasein*) prise comme Etre-là qui dégage l'horizon pour une interprétation du sens de l'Etre principalement, et qu'en conséquence il faut détruire l'histoire de l'ontologie et utiliser la méthode de recherche phénoménologique sur la base d'une notion du phénomène et d'une notion du *logos* bien élucidées. Ainsi, Heidegger entame-t-il donc une étude de l'Etre pour laquelle il pense s'être entouré de toutes les précautions possibles et nécessaires. Ce faisant, il pose la question sur le sens de l'Etre et nous supposons qu'il a devant les yeux, ou dans une intuition de l'esprit, cet Etre qu'il se met à étudier : c'est alors que son entreprise apparaît purement illusoire.

D'une façon générale, nous nous comportons à l'endroit de l'idée d'Etre comme si nous la connaissions, même seulement d'une façon toute négative. Si je dis l'étude de l'Etre est peine perdue, déjà j'avance que j'ai au moins une vision et un savoir de l'Etre, qui sont négatifs mais qui me sont propres. Sans doute Heidegger s'appuie-t-il sur cette «intelligence de l'Etre», impliquée avant même toute étude de l'Etre. Il professe néanmoins un optimisme certain quant à cette intelligence immédiate : il souffre de confondre un instant le verbe *être* avec l'Etre; ainsi dit-il: «nous ne savons pas ce qui est affirmé par Etre. Mais déjà quand nous demandons : 'Qu'est-ce que l'Etre ?', nous nous tenons dans une intelligence de l'*est* sans quoi nous ne pourrions fixer conceptuellement ce que *est* signifie»[31]. Heidegger caractérise cette connaissance de moyenne (*durchschnittliche*) et de vague, or il est peu probable que le verbe être nous donne même une telle connaissance, toute défectueuse, de l'Etre; est-il métaphysiquement possible d'avoir de l'Etre une connaissance «moyenne et vague»? Le plus mauvais écolier de la science de l'Etre restera toujours un ignorant, on ne peut créer pour lui l'ordre de la connaissance moyenne et vague. Mais, ajoute Heidegger, cette intelligence de l'Etre est peu sûre et peut se dissiper dans une connaissance purement verbale; ainsi rectifie-t-il cette première présentation de l'Etre, tel que le langage courant nous la donne. C'est là le commencement de cette dialectique de l'Etre que Heidegger va faire reculer jusqu'aux confins de l'horizon d'une analytique ontologique, sans toutefois jamais parvenir, comme Jean Wahl le remarque justement [32], à une définition de l'Etre.

L'analytique ontologique va porter sur le *Dasein*, l'existence en tant que l'Etre-là; il est admissible que la pensée de l'Etre puisse se découler de la pensée de l'existence, toutefois si je pose le *Dasein* (et cela n'échappe pas davantage à Heidegger), je transige avec cette intelligence de l'Etre que me donne le langage et j'établis que mon intelligence de l'Etre-là est valable en moyenne. Nous revoilà devant la question majeure et qui donne le coup d'envoi à toute pensée de l'Etre, et cette question est la troisième de nos questions liminaires qui ont suscité, et qui suscitent notre inquiétude en ce qui concerne l'Etre, mais également en ce qui concerne l'Existence. C'est la question de savoir si, non pas l'existence, mais la légitimité d'une pensée sur l'existence a été une fois mise en doute. Il y a des scrupules à s'aventurer dans les chemins de la métaphysique et surtout de l'ontologie, s'il faut devoir s'appuyer sur une pensée non légitime de l'existence; puis-je abstraire de l'existence un Etre-là (*Dasein*), ou même une ex-sistence (ce dernier terme semblant mieux traduire l'existence telle qu'elle est conçue par le moi quand il la pense dans son extension)? Le doute vise non pas le fait de l'existence, comme chez Descartes, mais la légitimité d'une pensée sur l'existence, c'est-à-dire la pensée de l'existence, comme elle à dû se présenter à des penseurs tels que Nietzsche et Kierkegaard. Or, au fond, le problème qui échéait à Descartes n'a pas essentiellement changé, car Descartes donnait par surcroît dans sa réponse quelle était sa pensée sur l'existence, et *dans le même temps* il légitimait cette pensée d'une manière satisfaisante eu égard aux autres problèmes de sa métaphysique, à commencer par celui de l'existence de Dieu.

Pour éclairer le progrès dialectique multiforme de la pensée de l'existence, il semble bien que le départ de Hegel sur la base de l'ici et du maintenant, dans *la Phénoménologie de l'esprit*, soit meilleur que celui de Heidegger sur une donnée du *Dasein*, c'est-à-dire de l'existence prise comme l'Etre-là; car l'ici et le maintenant peuvent figurer comme les deux lignes d'intersection du point mouvant du *Dasein*, ce qui détermine le *Dasein* de telle façon qu'il conditionne sa propre dialectique ontologique par la médiation de soi-même à soi-même compte tenu du *Sein*. Mais la différence entre Hegel et Heidegger n'autorise guère longtemps une semblable détermination : Hegel présente l'ici et le maintenant comme des immédiats périssables; au contraire, Heidegger fait du *Dasein* un immédiat fondamental, qui va supporter l'horizon ontologique total. De quoi part effectivement Heidegger ? Le *Dasein*, qui est vraisemblablement chez Heidegger la clé du *Sein*, du moins dans l'édition de *l'Être et le temps*, fait de l'Etre ce qui est essentiel à l'homme et en même temps affirme selon Heidegger que l'Etre est *déjà là*, pour ainsi dire. Henri Birault trouve l'équivalent français de *Dasein* dans le mot *présence* (pré-sence)[33]. D'une part, Heidegger part de l'idée d'une présence privilégiée, puisqu'elle contient la détermination de l'Etre et de la vérité de l'Etre; ici l'assurance de Heidegger s'oppose à la timidité propre — du moins dans ce départ — à Hegel. Et, d'ailleurs, l'autre départ de Hegel, quant à l'idée d'Etre du début de la *Logique*, a ce même caractère; or, Hegel, aboutira à la fois à l'Esprit Asolu, au Savoir Absolu et au Concept réel, toutes conclusions positives et optimistes, pour ainsi dire, de l'Etre pris dans un sens enrichi par rapport à l'Etre premier de la *Logique*. D'autre part, Heidegger avance-t-il seulement à partir de ce *Dasein* ? Il semble que l'analyse ontologique du *Dasein* soit à la fois le commencement et la fin de ce dévoilement de l'Etre, puisque sur cette promesse que l'homme possède l'Etre immédiatement dans son *Dasein*, nous n'évoluerons que peu vers une saisie lumineuse de l'Etre; dès l'origine la présence de l'Etre est assurée comme cette vérité dont l'homme est (par hasard ?) le gardien, sans qu'il soit possible de tirer au clair ni cet Etre, ni cette vérité. Le jet permanent de la dialectique hégélienne, qui fuse de l'ici et du maintenant vers l'Absolu, part ni plus ni moins d'une pensée implicite sur l'existence dans laquelle le concept est le sujet, et c'est l'essence, en tant que repliement sur soi (retournement à lui-même de l'Etre de la *Logique*) qui révèle cette « primitive identité à soi » (*Logique*, I, p. 438)[34]. Le concept est identique et immédiat, mais son immédiateté ne se révèle qu'au moyen des médiations. Nous devons poser le problème hégélien que Hegel ne pose pas véritablement, à savoir le problème de *la légitimité d'une telle pensée* sur l'existence. Nous faisons de même avec Heidegger : comment légitimer cette pensée qui effectue l'analyse ontologique du *Dasein*, et qui donc fait de l'existence uniquement cette cachette de l'Etre, qui nous le promet sans jamais nous le livrer ? Henri Birault nous assure que telle est l'intention de la philosophie de Heidegger (de défendre l'Etre)[35]; sans doute, mais le dégagement progressif de l'horizon transcendantal nous livre néanmoins un quelque chose, qui est l'Etre indéfini sorti de l'existence conçue comme contenant l'Etre. Hegel et Heidegger connaissaient donc préalablement, et différemment certes, le premier l'avenir de l'ici et du maintenant, l'autre celui du *Dasein* : l'un et l'autre ont chacun délibérément, avec des méthodes incompatibles, posé une pensée sur l'existence qu'il nous reste encore à légitimer, si nous voulons en accepter la possibilité, et tenir compte d'un présent provisoire, objet de toute phénoménologie.

Notre doute, le doute nouveau concerne, cela est clair, non pas tant l'existence ou la pensée sur l'existence, que la légitimité de cette pensée avant tout système et hors de tout système, c'est-à-dire *sans thèse*. Il est possible de considérer le système comme illusoire, ainsi que le crurent Nietzsche et Kierkegaard, suivis par Gabriel Marcel et Heidegger, et de tenter laborieusement d'ajuster sa propre pensée à cette vision qui émane de l'existence, c'est-à-dire d'une existence que nous vivons, et d'autres existences que nous ressentons diversement en nous comme d'infinis discours. Heidegger donne la parole au langage. Cet appel à la subjectivité plurielle du langage recouvre, en fait, une attitude autrement plus circonspecte que celle qui laisse la philosophie tout entière aux prises avec la raison purement logicienne. Il y a un fatalisme impliqué dans la raison entendue dans son sens étroit; un rétrécissement de l'expérience en même temps qu'un ensemble hétérogène de préconceptions strictement logiques. Dans les deux cas, celui d'une raison étriquée comme celui d'une raison élargie, il s'agit toujours pour le philosophe, c'est-à-dire l'homme à la recherche d'une cohérence, de relier les parties d'un monde disjoint, de reconquérir, en deçà et au-delà des apparences, le monde des sens et le monde du sens, et, enfin, de se former une vision véritable du monde en ce qu'elle lui permet la connaissance des autres (qui sont les mêmes que lui) à partir de l'Autre dont il se fera le sujet conscient. Car la délimitation entre le Même et l'Autre, qui recouvrent toutes choses, est en fait la première opération logique dans la mesure où elle permet de dire que deux choses sont semblables, ou que deux choses sont différentes, ou bien encore que deux choses sont sur différents points comparables; or, il m'est possible de dire que l'existence courante me donne aussi bien le sentiment du Même que le sentiment de l'Autre. Ce sont deux genres de l'Etre pour Platon, les trois autres genres que nous indique *le Sophiste* peuvent être également éprouvés comme émanant de l'existence courante; je peux dire de même que l'existence me donne un sentiment du Repos et pourtant aussi un sentiment du Mouvement; enfin elle me procure un sentiment de l'Etre. Très élémentaire, mais sans lequel je ne pourrais affirmer rien ni de permanent, ni de même, ni d'autre, ni de mouvant, ni d'immobile, ce sentiment de l'être ne m'apporte aucune connaissance de l'Etre et ne m'autorise pas encore l'accès à l'Etre, pas encore ou pas du tout. Mais si je réponds à la question de l'Etre par «*l'Etre n'est pas*», je me ménage déjà une vue sur l'Etre dans l'idée du non-Etre que je considère. Fantôme ou réalité, se produit sinon la rencontre de l'Etre, du moins celle de l'idée d'Etre sous le voile de la négation qui la pose. Cette idée elle-même équivaut, du point de vue du sentiment que j'en ai, à l'apaisement de la conclusion, à la fin de l'angoisse, au jour après la nuit, au bonheur après le malheur. L'Etre, c'est le terme qui est fondement : à la fois le support premier et la délivrance finale; en lui se situe toute signification. Telle apparaît l'idée rationnelle d'Etre. Quant à l'Etre, s'il doit m'apparaître jamais, je suppose que c'est dans une disparition de lui-même : seule sa perte peut m'indiquer qu'il a été. Son apparition doit se confondre avec la plénitude de l'ex-sistence, c'est-à-dire de l'existence comme totale expansion et achèvement total, et aussi comme totale aliénation (dont les modes seraient à préciser). L'apparition de l'Etre serait alors une apparition confondue, mais mon existence aurait trouvé sa signification jusqu'au moment de l'abandon et du désir renouvelé de cette signification, dans le moment de la perte et de la disparition de l'Etre; je me déferais alors à la fois du terme et du fondement tout en en connaissant le sens.

Ainsi le problème de l'Etre se confirme-t-il le pseudo-problème de la métaphysique comme Bergson en avait eu l'intuition; toutefois, nous ne pouvons nous défaire de ce problème d'une manière absolue, car je peux à tout le moins faire état en tout cas de cet Apparaître-disparaître, altération perceptible grâce à laquelle je peux véritablement entrevoir le terme et le fondement, comme peut se désigner en dernière instance l'Etre. L'apparition future de l'Etre se confondrait alors avec le prolongement de l'existence dans son accomplissement. Il serait néanmoins possible en parlant au passé, d'évoquer ce dépassement significatif : ce serait l'Etre dans le passé, le «n'Etre-plus».

Et sa disparition serait le signe certain de son apparition antérieure; nous dirions à juste raison : «l'Etre n'est plus». En fait, si l'Etre n'est plus, c'est bien parce qu'il n'est pas pour moi maintenant, c'est-à-dire à l'évidence d'une façon permanente, immuable, se tenant en soi. Ainsi, la question de l'Etre ne peut être la question première (*Vorfrage*), mais bien plutôt la question rétrospective de l'Etre entrevu et perdu. Or, la philosophie de Heidegger, qui est bien une réminiscence à propos de l'Etre perdu et oublié, est à nos yeux une symptomatique démonstration de ce défaut d'Etre, de cette pénurie qui est une évidence à laquelle nous pouvons nous rendre. La façon même dont

Heidegger pose le problème sur le sens de l'Etre, et ne le résout pas, montre du moins qu'il y a disparition constatée de l'Etre; et c'est la particularité de la philosophie de Heidegger d'être symptomatique et d'entrer tout entière dans la thèse de cette Apparition-disparition de l'Etre, telle que nous nous efforçons de l'esquisser. Un aspect intéressant de l'ontologie heideggerienne est proprement son point de départ dans le *Dasein*, que nous aurons critiqué; or ce point de départ lui-même a la nécessité de présenter une pensée sur l'existence qu'énonce justement la notion de *Dasein*. Tel que l'entend Heidegger, le *Dasein* est l'idée d'une présence privilégiée qui garde le mot de l'Etre, le *Dasein* est un étant dont le propre est d'être mien (*S.u.Z.*, p. 41). La structure de l'existentialité (*die Struktur der Existentialität*) peut se rencontrer dès le *Dasein* quotidien, et il faut alors s'accorder ici avec Heidegger pour qui un *Dasein* moyen et quotidien, l'existence courante, peut néanmoins révéler une structure de l'existentialité qui ne soit pas seulement moyenne, mais bien significative et absolument valable. Retenons donc que l'existentialité quotidienne est la zone de clivage de ce que l'on pourrait appeler aujourd'hui «une théorie structurelle de la référence»[36]. Le langage qui est pour Heidegger «la maison de l'Etre»[37] laisserait parler l'Etre qu'il enveloppe[38]. Si l'Etre parle dans le langage, comment peut-il se connaître lui-même, comment peut-il être à la fois langage de l'Etre et connaissance de l'Etre? Qui parlerait? L'Etre. De qui parlerait-il? de l'Etre. A qui? A l'homme donnant et recevant le langage de l'Etre. Mais la liberté humaine se heurte au premier problème du langage et de la pensée de ce langage: le problème de la légitimité d'une première pensée de l'existence humaine.

3. Légitimité d'une première pensée de l'existence

Une première méditation de la pensée de l'existence n'est-elle pas à la portée de toute existence humaine? Tel fut le point de départ général des philosophes de l'existence et des « existentialistes » de naguère. Comprise d'une façon ou de l'autre, l'existence humaine implique nécessairement une pensée de l'existence, et cette pensée, que nous approfondissons à un moment donné de notre vie, qui continue de motiver nos actes, de justifier notre comportement à l'égard de nous-mêmes et d'autrui, de soutenir enfin une vie dans toutes ses manifestations, en quoi est-elle ou peut-elle être légitime? S'en remettre à la surprise de l'expérience est-ce assez pénétrer la pensée de l'existence humaine? Certes, non. Le fruit de l'expérience reste intéressé à l'expérience. Le niveau pragmatique de cette interprétation se dépasse déjà lui-même dès que l'interprétation plonge au sein des interprétations diversement multipliées, et s'interprète ainsi elle-même jusqu'à sa propre finitude. Le pragmatisme comporte au moins deux issues: le machiavélisme et le romantisme. Refusant à la fois l'une et l'autre, il peut y avoir une pensée de l'existence humaine pratiquant encore d'autres voies qu'elle emprunterait sans l'arrière-pensée de l'issue nécessaire. Labyrinthique, privée des débouchés lumineux, non pas simplement réflexive, mais sans fin interprétative, comme nous l'a enseigné la Psychanalyse, ancrée dans les tréfonds de l'existence, telle est certainement la voie royale de la pensée de l'existence humaine.

Lucide au-delà de toute finitude, la pensée de l'existence peut être le parcours le plus long de cette existence : comme le feu sacré, elle se doit d'être éternellement insufflée, jamais lassée, jamais rendue au port d'un quelconque Esprit Absolu, mais se limitant à n'être qu'elle-même, radicale et capitale, pensée *de* et *dans* l'existence humaine.

La complexité de la pensée sur l'existence concerne avant tout le malaise de toute existence à se mouvoir dans sa propre notion. C'est justement la tâche du philosophe de déterminer l'existence humaine dans sa structure fondamentale et de l'expliquer. Ainsi fait Heidegger dont la réflexion du *Dasein* est supposée contenir la possibilité de la connaissance infiniment compliquée du *Sein*. La vérité de l'Etre se cacherait donc dans cette vérité de l'existence. Cette compréhension d'une vérité dans l'autre crée la relation de dépendance de l'une à l'égard de l'autre; si, de plus, l'Etre est considéré comme le fondement de l'existence de l'homme, nous avons le loisir de mesurer non seulement la difficulté de l'étude de l'Etre, mais encore celle de l'étude de l'existence. Ainsi notre soupçon à l'égard de l'Etre se trouve amplement motivé, d'une part, et, d'autre part, amplifié encore par ce soupçon plus général à l'égard de l'existence dont la pensée reste à légitimer. Tout comme la pensée de l'Etre, la pensée de l'existence atteint à son tour sa phase critique et, loin de nous apaiser, cette pensée soulève en nous une nouvelle angoisse qui ne provient plus de l'existence elle-même telle qu'elle fut chez Kierkegaard, mais qui découle directement de la question sur la légitimité de la pensée humaine de l'existence. Il s'agit là d'un doute nouveau qui prend sa source dans le radicalisme philosophique héritier de Marx, Nietzsche et Freud, et qu'a renouvelé Lacan en revalorisant la théorie freudienne de la scission du sujet[39].

Il en est de l'existence, du point de vue du savoir que nous en avons, comme de l'Etre, si l'on en juge sur le fait que les philosophies dites de l'existence ne sont parvenues qu'imparfaitement à la définir; à cette différence toutefois que nous vivons l'existence, qu'elle est plus qu'un donné mais un vécu, que nous sommes en contact avec ce qui est encore nous-mêmes, et que finalement nous pouvons tenter de dire ce qu'elle est. Ainsi, les notions de *Volonté de puissance*, de *procès de vie*, d'*angoisse*, de *souci*, de *condamnation à la liberté*, sont autant de structures particulières participant toutes à la structure globale de l'existence. A ces structures de Nietzsche, Marx, Kierkegaard, Heidegger, Sartre, nous pouvons en ajouter bien d'autres, comme celle de Valéry : l'ennui (« le pur ennui de vivre »), ou la *séduction*, l'*abjection*, la *violence* et la *terreur* qui nous concernent davantage en cette fin de siècle. Nous serons cependant arrêtés en deçà de cette totalité de structure à la connaissance de laquelle nous prétendons parvenir; non que la synthèse soit impossible, mais simplement parce qu'elle ne serait qu'une structure de synthèse et nullement la structure totale d'une existence effective et réelle, en un mot existante. Ainsi le métaphysicien peut-il concurrencer l'anthropologue ou le psychologue, mais on ne peut attendre de lui ce travail qui consisterait à classer des éléments de structure selon un ordre constitutionnel tel que le résultat d'ensemble comportât ni plus ni moins que cette *structure fondamentale de l'existence*, qui nous échappe essentiellement. C'est en ce sens qu'il est permis de déclarer morte la métaphysique qui s'occuperait de constituer des tableaux généraux et totaux. Avec elle disparaîtrait un vieux rêve d'unité, issu sans doute de l'achétype le plus ancien de l'humanité.

Selon quelle méthode et quel processus de symbolisation le philosophe opérera-t-il? C'est ce que nous devrions demander et non pas: quelle méthode enseigne-t-il? Car, ce que difficilement on peut tenter d'établir c'est, en dernier ressort, la méthode implicite de la méthode explicitée: le chemin qui a conduit à préconiser ce chemin. Les présupposés de la méthode sont les véritables agents de la métamorphose qui s'empare du métaphysicien observant comme observateur inobjectif le monde des hommes: «nous» et «soi-même» se confondent au niveau d'une existence pensée sur la base du même impensé. Or, c'est celui que l'impensé commun fait penser qui est le théoricien. C'est pourquoi il serait faux de considérer uniquement comme des produits de «tempéraments» ou de «grandes individualités» des œuvres comme celles de Nietzsche, de Kierkegaard ou de Sartre. Car, après tout, la philosophie de Nietzsche n'est autre que celle du prochain de Nietzsche; de même les philosophies de Kierkegaard et de Sartre sont celles du prochain respectif de Kierkegaard et de Sartre. Les découvertes de ces penseurs ne les concernent pas seulement, mais nous concernent en tant que nous nous avouons être dans leur proximité, proximité qui est en fait une *absence légitime*.

C'est l'existence dans sa totalité historico-sociale qui contient la possibilité de nos connaissances, c'est elle précisément qui détient *l'origine épistémologique*; et dans cette possibilité se confondent *l'a priori* et *l'a posteriori*, non que ces deux notions soient véritablement indiscernables, mais au contraire leur possibilité suffit à définir l'existence. Une réelle priorité se découvre dans *le mouvement de l'être qui par son existence confirme l'être.* C'est pourquoi le mouvement est, mais est autre que l'Etre, autre que son contraire le repos, le même que soi, donc autre que l'autre. C'est ainsi que Platon concluait à l'existence du non-Etre. Et de ces deux pôles de l'Etre et du non-Etre, l'existence se rapproche ou s'éloigne, puisqu'elle couvre la sphère de tout un volume d'Etre ou de non-Etre. Aussi le mouvement de notre être dans le monde est-il continu en même temps qu'imprévisible; sa courbe ne nous est pas connue d'avance, mais nous la reconnaissons au fur et à mesure que nous la poursuivons. Donc ce mouvement du «caractère téléologique» (Dilthey) de notre être se traduit à nous par le sentiment que chaque jour de notre existence nous semble autre que le précédent, et cependant le même aussi, car tout en éprouvant une impression de familiarité nous conférons à chaque instant une valeur irremplaçable. L'espace et le temps de ce mouvement sont notre être-même, c'est-à-dire indissolubles pour nous qui pensons «être». Aussi nos connaissances elles-mêmes nous parviennent-elles avec la médiation des cadres de l'espace et du temps, puisqu'en fait nous sommes nous-mêmes espace et temps. Ainsi, parce que le mouvement est le même que soi, donc autre que l'autre, et parce qu'il est *a priori*, les données immédiates *conscientes* de notre existence ne sont cependant pas l'espace et le temps, ni le mouvement lui-même, mais la notion du même et la notion de l'autre. C'est la perception de la différence du même et de l'autre qui nous autorise une perception de l'existence dans l'*être imaginaire du temps*, non pas dans le temps compris comme réel, mais dans le fantasme du temps: en effet, l'*altérité* signifie la succession et l'*identité* signifie la simultanéité. Enfin, d'une part l'existence nous donne temporellement la possibilité logique de discerner le même de l'autre, d'autre part, nos connaissances, de leur côté, commencent avec cette possibilité logique du pair et de l'impair.

Ontologiquement et logiquement, notre sensibilité, nos *sense data* sont appréhendés par le «sens intérieur» et par le «sens extérieur». Par le sens extérieur, Kant se représente les «objets» comme étant dans l'espace; par la propriété du sens intérieur, Kant perçoit de même les «objets» dans le temps; aussi, l'espace et le temps inintuitionnables sont caractérisés comme des intuitions *a priori* formelles. Ce qui est antérieur à la distinction logique (non ontologique) de l'intuition *a priori* du temps et de l'intuition *a priori* de l'espace, c'est proprement la différence consciente des deux intuitions. L'appréhension de la différence est essentielle et antérieure à toute autre perception; elle se révèle elle-même et révèle l'autre au même: dans l'imaginaire originaire du temps comme toile de fond *sine qua non* de la sensibilité.

L'homme participe, en même temps et en même espace, de la Nature et de l'Esprit, il jouirait ainsi d'une situation privilégiée qui l'introduirait d'emblée dans le royaume de l'Etre. Or, *a priori* la connaissance de l'Etre nous échappe comme celle du temps, et les philosophes donnent néanmoins une théorie de l'Etre alors même qu'ils ne se proposent pas ouvertement une étude de l'Etre. La Nature et l'Esprit sont dans un rapport d'altérité: la Nature est l'autre de l'Esprit et l'Esprit est l'autre de la Nature; pourtant ces autres s'impliquent réciproquement du moment qu'ils sont posés par l'homme. Il y a un moment où la Nature devient vie et existence humaine, alors les formes de la Nature trouvent les notions de l'Esprit qui leur conviennent. L'extériorité de la Nature et de l'Esprit apparaît donc comme une continuité, d'une part, et comme une différence persistante, de l'autre. Au sein d'une existence mise en question, l'homme questionne encore: c'est ainsi qu'il interroge sur l'Etre, avant tout questionnement sur la Nature et sur l'Esprit. Avant de se demander s'il y a l'Etre et quel il est, encore l'homme doit-il s'assurer de son existence. En ce sens, il doit s'installer et se confirmer dans la notion de son existence effective: saisir légitimement la pensée de l'existence, participer au *logos* de l'existence. La question de l'Etre reste donc une question absurde si elle se pose avant la question de la *pensée légitime* de l'existence: il faut que soit déjà traduite l'existence comme *muthos* ou comme *logos* pour que l'homme se sente libre de mettre l'Etre en question. Avant cet instant mythologique en tant que je reste dans le pur existentiel problématique, l'Etre ne présente aucune racine possible. Sans doute l'Etre possède-t-il des modes que m'indique ma propre existence, sans doute l'Etre ne peut-il se faire jour pour moi qu'à travers la lumière de mon existence. D'une part, ce qui peut valider l'idée d'Etre, c'est bien l'existence; d'autre part, cette existence elle-même remet la Nature et l'Esprit dans le sein de l'Etre et s'y remet elle-même comme dans le noyau originaire.

Si nous voulons interroger les modes de l'Etre pour qu'ils nous disent quelque chose sur l'Etre, nous devons considérer trois aspects fondamentaux de l'ontologie telle que Nietzsche les caractérise dans la concrétude à propos du pur principe de Thalès: l'eau est le principe de toutes choses. Il s'agit en fait des principes d'une *connaissance légitime de l'existence* et ce sont: la naissance, c'est-à-dire l'archéologie ou la généalogie (selon que je parte de l'origine ou que je remonte à elle), la représentation et enfin la formulation qui doit respecter autant le mouvement que l'unité[40]. Sur cet Etre qui est en même temps Devenir, Nietzsche toutefois ne se prononce pas définitivement; sans doute, parce que cette décision à l'égard de l'Etre est elle-même chose impossible. La présence de l'Etre est effective, non cachée mais apparente : « L'apparence doit être comme l'Etre »[41]. En fait, seul le vivre, c'est-à-dire la vie considérée comme acte et conscience, cachant en elle le royaume de la mort, peut nous donner une représentation de l'Etre; quant à la formulation de l'Etre, elle dépendra directement de sa naissance dans la généalogie. En effet, c'est la méditation sur une pensée de l'existence comme temps, accident et visée, qui me fait pénétrer plus avant dans l'enveloppe de l'apparence de l'Etre, pour autant que ces trois indices de l'Imaginaire concernent ma représentation du Réel, et ma formulation du problème de la naissance considérée comme un « faire ». Je reporte ce temps, cet accident et cette visée, avec leurs contraires, qui sont: la *pérennité*, l'*immuabilité* et la *réflexion de soi sur soi*; avec, en outre, leurs contradictoires qui sont: l'*absence de temps*, l'*absence d'accident* et l'*absence de visée*. Ainsi l'Etre m'apparaît-il autant comme structure et volume de l'existence que comme leurs formes contraires et contradictoires: thèse, non-thèse et anti-thèse: désormais, toute la latitude ontologique s'ouvre, et que je figure symboliquement par une *triangularité de triangularité*.

A partir de l'existence qui projette ainsi ses ombres portées sur le monde, ou bien dont la tension s'écarte volontairement de ce projet, je puis définir les contours de ma représentation d'un « Etre » hypothétique dans l'accommodation de la structure de l'existence et de formes qui lui soient relatives. Une ambiguïté inhérente à la représentation de l'Etre en donnera les multiples plans; de cette ambiguïté découlera le jeu dialectique de la représentation en-et-pour-soi. Si je dis comme Heidegger: le temps est la vérité de l'Etre, ou bien: l'histoire est la Vérité de l'Etre, je me laisse bel et bien prendre à ce jeu dialectique. Car si j'affirme qu'il en est ainsi j'ignore la première condition, l'originelle ambiguïté de la représentation de l'Etre, qui est la condition *sine qua non* de cette enveloppe de l'Etre à laquelle me livre la pensée de l'existence. Or, la condition *sine qua non* est la Loi même, en tant que structure par laquelle l'existence donne l'Etre auquel elle s'abandonne. D'autre part, l'Etre structure l'existence qui décerne ainsi l'Etre. Or, cette affirmation est non seulement fondamentale, mais encore irréductible.

Si je m'en tiens à la simple représentation de l'Etre, je risque de considérer chacun de ses éléments à part, ou de n'en considérer qu'un seul. Avant même que cette révélation ne soit possible, il faut que soit accompli le tour de la pensée de l'existence prise comme chargée d'intention vis-à-vis de l'Etre. La simple représentation de l'Etre, cul-de-sac où se perd toute pensée de l'Etre commençante, prend donc sa source dans la pensée de l'existence intentionnée à l'égard de l'Etre. L'intention d'Etre, qui se situe au creux de l'existence, est ce qui me *heurte* aux modes de la Nature et de l'Esprit, perçus d'abord comme l'un en dehors de l'autre dans un simple rapport d'altérité. Ce premier rapport d'altérité se résoudra ensuite en pure coexistence de deux modes et enfin en pure existence humaine. C'est pourquoi l'intention d'Etre de l'existence regarde l'existence humaine en tant qu'elle reconnaît en elle une présence privilégiée : le labyrinthe de l'existence *doit* mener à l'Etre. Or, la méditation sur la pensée de l'existence me fait découvrir trois éléments en dehors desquels nul ne peut concevoir l'existence ; ce sont : le temps, l'accident et la visée. Le phantasme du temps, l'accident du sensible, et la visée d'une finalité sont les trois indices de l'existence qui la montrent au monde, c'est-à-dire qui pour la représentation la mettent et la maintiennent au monde, en ce sens qu'ils sont les coordonnées nécessaires à son engagement dans le Réel et à sa reconnaissance dans le Symbolique. La méditation sur la pensée de l'existence comme temps imaginaire, accident vécu et visée idéelle me fera pénétrer dans une enveloppe de l'Etre ; elle me donnera une image et une fable de l'Etre. Mais par cette méditation que je commence je ne découvre d'autre horizon que celui que me livre ma représentation, et je dois rappeler que le mystère même de l'Etre se réserve par devers soi. Ainsi le problème initial se pose ici encore pour établir la légitimité de la pensée de l'existence. La pente « naturelle » de la pensée conduit en effet de la méditation sur la pensée de l'existence à la représentation de l'Etre, qui est, il faut le dire, une impasse. Faut-il laisser se forger la fable de l'Etre ? Le labyrinthe de l'existence mène à l'Etre, telle est la vérité hypothétique mais nécessaire à la recherche, et nous devons préférer revenir maintes fois sur elle plutôt que de nous engager dans cette pente que nous savons mener droit à la représentation toujours prématurée de l'Etre. Ainsi nous engageons notre méditation par cette même intuition qui nous confère le temps, l'accident et la visée : l'ordre de la nature et l'ordre des fins. J'admets que l'existence telle que je la concevrai me donnera la représentation de l'Etre, et cette représentation admise sera donc susceptible de rectification, c'est pourquoi je ne me permettrai pas si aisément de conclure de ce que je sais de l'existence à ce que je prétends savoir de l'Etre. J'admets également que l'existence se donne l'Etre auquel elle se donnera. Les trois indices de l'existence sont tels que grâce à eux l'existence est mise au monde et s'y maintient dans les coordonnées nécessaires à ma pensée de l'existence et de tout existant.

Le temps imaginé comme vécu est l'histoire existentielle d'où émergent les accidents sensibles qui la constituent, il est encore l'arrière-fond dynamique d'où part ma visée qui se surimprime comme pure intention d'Etre ou comme simple extension de mon existence. Effectivement, chacun des indices est nécessaire aux deux autres : *sans le temps*, l'accident et la visée ayant perdu la différence du Même et de l'Autre n'ont plus ni forme ni matière; de même, *sans l'accident* le temps reste *le même* et, par conséquent, devient inexistentiel et inessentiel pendant que la visée se décroche et de son origine et de sa fin; *sans la visée*, le temps formel retombe sur la matière informe, pure Nature aux accidents privés d'ordre et de signification. Ces trois notions se complètent et leur sens se trouve bien lié dans une fonction commune étroite dont le résultat a le nom d'existence humaine. L'absence de chacun de ces éléments frappe de nullité les deux autres et entraîne leur disparition nécessaire; c'est dire leur étroite et profonde corrélation. Quant à l'intention d'Etre, elle n'a d'autre ressource d'analyse que ceux qu'offrent les indices pressentis; or, dans le temps, l'accident et la visée, elle retrouve déjà la figure de l'Etre représentée dans sa première face, et cela ne peut être autrement puisque l'intention d'Etre sort de la visée de l'existence : l'intention d'Etre n'est autre que l'existence dans la conscience qu'elle prend d'elle-même. Cette représentation du temps, de l'accident et de la visée s'identifierait exactement à celle de l'existence si une seconde face de l'Etre ne se dévoilait comme parfaitement opposée et nécessaire à la première. L'intention d'Etre ne se satisfait pas de contempler l'existence comme son propre miroir, elle veut encore voir une in-existence aux indices de non-temps, de non-accident et de non-visée. L'envers de l'existence convient à l'intention d'Etre, mais ne la satisfait pas davantage, car il lui manque la profondeur de la troisième face : la profondeur de la pérennité, de l'immuabilité et celle de la réflexion infinie de soi sur soi. Au niveau de l'intention, seule se manifeste une représentation de l'Etre, à défaut d'une formulation et d'une généalogie cohérentes, une représentation d'Etre issue de la visée inhérente à l'existence.

Dans la première phase de cette méditation sur l'existence, trois indices essentiels et nécessaires sont apparus; le temps, l'accident et la visée. Si nous considérons l'existence dans une de ses manifestations collectives, le devenir historique, nous pouvons estimer la valeur de ces indices premiers. En effet, l'histoire comprise comme générale, et non plus comme ponctuelle dans la juxtaposition de faits historiques, est tout entière existence passée et reflet perdurable de l'existence en général. La réflexion sur l'existence se nourrit dans la réflexion sur le devenir historique qui est donc le reflet perdurable de l'existence. Alors qu'en ce qui concerne mon existence individuelle présente, la réflexion atteint cette existence même, vécue comme conscience, vue comme le même de l'autre ou comme l'autre du même; en ce qui concerne l'existence collective passée je vois se produire un dédoublement de la raison logique en raison historique : c'est ici qu'intervient la fameuse question de critique historique posée par Henri-Irénée Marrou : « De cette histoire que vous invoquez si volontiers, que savez-vous et comment le savez-vous ? » En effet, en matière d'histoire, comme aussi en matière de psychanalyse, l'objet est appréhendé comme connaissance; le comment de la question des sciences humaines toujours influe sur le quoi. Bien que le fait physique dépende des catégories, innées ou acquises, de la raison qui l'appréhende, il est loin d'adhérer au connaissant. En ce qui concerne le fait historique : « Que savez-vous et comment le savez-vous ? » ce n'est qu'une seule et même question. Si mon existence individuelle présente est vécue comme conscience, notre existence collective passée dépend de la raison historique que nous aurons forgée. Or, l'histoire est-elle possible ? Cette connaissance de l'histoire est inspirée par la vérité de l'existence passée, comme passée, et nullement réanimée ou ressuscitée; elle est inspirée par une vérité inobjective, reconnue comme telle. L'intelligibilité n'est nullement inscrite dans les faits, elle est ajoutée par cette raison humaine historique qui survole la poussière des faits pour ne saisir que le lien des significations[42]; ce lien lui-même n'apparaît possible que dans la dynamique d'ensemble que saisit le connaissance historique, grâce justement à cette distance inobjective à longue ou à courte durée dans laquelle le passé rayonne de cette lumière que nous projetons sur lui à partir de notre présent. Le temps historique se multiplie : nous nous trouvons alors à la croisée des temps : devant le temps inventorié, devant le temps écoulé depuis, devant le temps s'écoulant. Les trois dimensions du temps historique impliquent également les trois dimensions des accidents ou des faits historiques, les trois dimensions des visées. La considération du temps historique montre l'épaisseur de l'existence dans le prisme de l'histoire. Les accidents et les visées du temps s'écoulant sont marqués d'une façon ou d'une autre des accidents et des visées du temps écoulé et marquent de leur empreinte les accidents et les visées du temps inventorié. Il se produit un retour du présent sur le passé inventorié : si le présent souffre encore d'un passé relativement proche, le passé lointain subira l'emprise directe des méthodes du présent. Déjà, dans l'opuscule de 1784[43],

Kant avait eu l'idée d'une histoire de l'humanité conçue sous le point de vue du telos et, par là, introduisait l'idée que l'histoire est connaissance, mise en forme, intention, visée par-delà les accidents, visée au moyen des accidents, sur un *temps conçu* en fonction des exigences transcendantales de la raison. De même, Dilthey reconnaîtra le « caractère téléologique » des individus et des collectivités, à partir duquel toute phénoménologie, fût-ce celle de l'origine épistémologique, s'avère *possible*, et seulement à la condition de cette reconnaissance.

Au terme de cette première tentative pour nous approcher d'une pensée légitime de l'existence, nous voyons que la pensée de l'existence humaine acquiert donc, dans les trois dimensions du temps constituant le devenir historique, cette profondeur requise par la réflexion sur l'existence humaine. Le passé est susceptible d'infinies interprétations en fonction non seulement des consciences innombrables qui l'examinent au cours du temps, mais surtout en fonction d'un impensé commun qui ne permet qu'un nombre déterminé de modes de penser possibles à un temps donné mais qui a lui-même sa propre histoire elle-même difficilement déchiffrable. C'est ainsi que le présent que d'autres comprendront quand il sera devenu le passé n'est que visée vers l'avenir, projet vers ce qui est à venir, créations perpétuelles d'accidents empiriques qui porteront la marque de cet impensé commun. Notre pensée de l'existence implique ce présent impensé qui glisse lentement comme un curseur le long de notre vie, mais elle implique encore l'avenir que nous croyons viser et vers lequel sans le penser nous nous projetons de toutes nos forces. L'enveloppe de l'être historique ne va pas sans cette ambiguïté fondamentale. Au-delà de cette représentation, le cheminement d'une généalogie de l'Etre et la formulation à la fois du devenir et de l'unité détenus par l'Etre sont de l'ordre de la plus haute difficulté philosophique qui se puisse rencontrer. On serait presque tenté de dire que les bases manquent pour cela. Effectivement, les philosophes ont pris l'habitude de préciser surtout cette représentation de l'Etre qu'ils pouvaient mettre en lumière : il suffisait d'ailleurs de montrer cette « lumière » de l'Etre. Même le jeu hasardeux de l'homme parti à cette recherche ne peut être assimilé à cette généalogie sous-jacente à la connaissance problématique de l'Etre. L'image et la fable de l'Etre étaient données, mais le fond du problème n'était pas touché, la question restait invisiblement béante, méconnue et transposée. Cette phénoménologie originelle de l'Etre se ramènerait plus vraisemblablement à l'étude de la *Structure de l'existence* : n'y aurait-il pas dans la structure de l'existence une loi qui fonctionnerait comme la Loi de l'Etre ? Une loi qui commanderait l'origine épistémologique ? C'est bien ce qu'il semble devoir s'affirmer.

Une application de cette recherche de structure existentielle pourrait se faire avec le présupposé kierkegaardien selon lequel il suffit d'exclure une chose pour que, du même coup, elle soit posée (de la triade hégélienne il ne garde donc que les deux premières séquences : thèse et anti-thèse, auxquelles il faut encore ajouter, nous l'avons vu, la non-thèse). Ainsi Kierkegaard montre-t-il que c'est par le christianisme que la sensualité, exclue, prend tout son éclat dans une positivité que la paganisme n'avait pas réussi à lui attribuer. Que la sensualité soit l'antithèse positive du christianisme est une vérité qui, dans la philosophie de Kierkegaard, ne peut apparaître qu'au stade esthétique de la vie. Car le point de vue du stage religieux nous conduit à nier la sensualité. Par le terme de positivité, Kierkegaard entend que la sensualité se montre alors à nous comme principe, comme puissance et comme système[44]. Par une détermination toute négative, le christianisme a posé la sensualité comme esprit, parce que justement elle est niée par l'esprit (de même que la Nature est chez Hegel en un sens aussi posée comme Esprit). L'ambiguïté présentée concerne à la fois l'esprit et l'exclusion : « Ce que l'esprit, qui lui-même est principe, exclut doit se présenter comme principe bien que ce terme de principe ne se justifie qu'à l'instant même de l'exclusion ». C'est une dénégation, donc un aveu. Et l'ambiguïté concerne l'exclusion car celle-ci donne naissance à ce qui naturellement existait déjà auparavant : autrement dit, cette exclusion est une façon de transformer en l'affirmant, la fortifiant et la systématisant, une donnée seulement psychique à l'origine : la sensualité. A la sensualité, niée et ainsi nettement définie, Kierkegaard associe l'érotisme, dont il fait précisément l'idée de génialité érotico-sensuelle dite spontanée, c'est-à-dire informulée par le langage, qui constitue le principe, la puissance et le système d'une certaine musique. Kierkegaard dit même, à propos du *Don Juan* de Mozart, que cette génialité particulière, dans son état spontané, ne peut s'exprimer ailleurs que dans la musique. De même que *Enten-Eller* (*Ou bien... Ou bien*) apporte une découverte esthétique préliminaire, à savoir cette positivité de la sensualité comme un corollaire du christianisme, de même on retrouve à propos du péché la même idée : c'est le christianisme qui établit la nature positive du péché, comme Kierkegaard le montre dans son *Traité du désespoir*, en particulier dans le chapitre intitulé : « Que le péché n'est pas une négation, mais une position. » Toutefois, au stade religieux, là encore, l'expulsion aura son effet, car la rédemption éliminera le péché. Au contraire, l'analyse de *Don Juan*, en tant que l'expression absolue de la sensualité considérée comme géniale, pénètre bien avant dans ce mouvement en éveil du principe, de la puissance et du système de la sensualité. Il ne s'agit plus d'un élément psychique, il ne s'agit de rien moins que d'un empire. L'éveil, c'est le page de *Figaro* qui le personnifie; pour lui en effet, « l'objet du désir se trouve toujours dans le désir »[45]. Le thème essentiel de cet éveil est le silence, à la fois silence du désir, du regret, de l'extase. Le Page de la pièce se dédouble en Page mythique, celui-là même né avec cette musique mélancoliquement ivre d'amour. Le contre-désir a révélé à la conscience ni plus ni moins que le désir.

L'analyse de *Don Juan* ne peut vraiment se comprendre qu'après cette entrevision du Page mythique du *Figaro*, et après l'évocation du Papageno mythique de *la Flûte enchantée*, car ici le désir lui-même s'éveille : « Ce réveil, ou ce choc qui fait que le désir s'éveille sépare le désir de l'objet et donne au désir un objet »[46]. Or, il existe une détermination dialectique qui sépare le désir de l'objet, dont l'intérêt, pour la connaissance des premiers degrés de manifestation de cette génialité, est que : « Cette séparation a pour conséquence d'arracher le désir de son repos substantiel en lui-même »[47]. Aussi, la musique de *la Flûte enchantée* n'est-elle plus la musique ivre d'amour concentré de *Figaro*, mais une musique « gaiement gazouillante, exubérante de vie et bouillonnante d'amour »[48]. Les deux opéras sont des approximations de ce que sera cette génialité dans tout son essor avec *Don Juan*, où le désir sera victorieux et irrésistible, « absolument vrai ». En fait le thème de *Don Juan* n'est pas le désir d'un seul individu, mais « le désir en tant que principe déterminé par l'esprit comme ce que l'esprit exclut ». Par l'exemple tout entier d'un opéra, nous allons voir démontrée cette positivité de la sensualité, prise comme principe, puissance et système. Avec Don Juan, en effet, l'idée de la génialité se développe de la manière absolue. La force musicale de Don Juan s'irradie sur tous les autres personnages, et cette force même est angoisse, non pas désespoir, est-il précicé. La signification de la vie de Don Juan se résume par « un démoniaque désir de vivre »; Don Juan est ce désir, comme il est aussi « la force de la sensualité qui naît dans l'angoisse »[49]. Kierkegaard pénètre à l'intérieur de l'entrelacement de petites forces à l'image de la grande force de Don Juan, pour expliquer ce que c'est que cette génialité sensuelle. Au stade esthétique, elle apparaît déjà comme angoisse; analysant le péché originel, dans *le Concept de l'angoisse*, Kierkegaard y distingue encore peccabilité et sensualité mais affirme que la sexualité, qui est le sommet du sensuel, est posée avec la peccabilité; or, l'angoisse progresse en raison de la progression de la peccabilité : « La conséquence du péché originel ou sa présence dans l'individu est de l'angoisse n'ayant qu'une différence quantitative avec celle d'Adam »[50].

Si l'on passe maintenant d'Adam à Don Juan, on reconnaît que Don Juan prolonge l'angoisse d'Adam, mais quantifiée. La peccabilité d'Adam est sans histoire, au contraire celle de Don Juan porte l'histoire du monde, en cela Don Juan connaît une angoisse plus lourde que celle d'Adam, et c'est ce qui constitue même toute sa puissance : l'angoisse de Don Juan devient la raison de son existence. C'est l'âme de Don Juan, non pas une angoisse subjective, mais l'angoisse considérée comme substance, de la même façon que cette sensualité n'est pas subjective, mais substantielle. En créant Don Juan, Mozart a ainsi créé l'angoisse, qu'il a mise dans la musique et hors du monde, pour que nous puissions la contempler. Généralement c'est le péché qui apporte l'angoisse, qui n'apparaît que lorsque l'individu pose le péché[51]. Mais Don Juan ne pose aucun péché, en lui ne se révèle aucune angoisse subjective, il est l'identification de l'angoisse substantielle : sa peccabilité est mythique pour que son angoisse reste devant nos yeux, objective. C'est nous qui péchons en Don Juan et cette angoisse substantielle qui forme tout son être, c'est notre propre angoisse historique. C'est bien ainsi que la sensualité de *Don Juan* se découvre à nous comme le principe, la puissance et le système de l'angoisse.

Le démoniaque Don Juan ressemble au démoniaque Faust. Tous deux émanent d'une légende, encore que celle de Don Juan soit la plus courte puisqu'elle se borne à un nombre : 1.003. Il y a deux façons d'interpréter Don Juan : l'une consiste à voir en lui l'individu qui a séduit 1.003 femmes et cet individu, que l'on peut s'imaginer rencontrer, apparaîtra bouffon ; l'autre façon, qui est celle qui convient pour comprendre l'opéra de Mozart, est de faire de lui une abstraction musicale ; dans cette conception, il est naturel de le considérer comme on considérerait une cascade sublime ou toute autre force prestigieuse de la nature. Mozart a découvert le sujet de Don Juan et, par là, il a dégagé la sensualité comme étant un principe valable universellement ; c'est pourquoi d'ailleurs Don Juan applique ce principe indistinctement à toutes les femmes qu'il rencontre : ce principe ne concerne que le laps de temps d'un instant ; ainsi sont noyés effectivement les caractères certainement divers de toutes ces femmes dans l'accomplissement de l'instant présent et l'appel de l'instant suivant. Ce principe n'est autre que le principe de la séduction conçue comme puissance et système équivalent. Et la séduction est une découverte de la mentalité chrétienne, puisqu'elle suppose l'empire incessant des sens, qu'on a voulu réprouver une fois pour toutes. Mais cette volonté de suppression ne résiste pas à l'idée de répétition qui, aussi importante chez Kierkegaard que celle de l'angoisse, apparaît à ce stade esthétique de l'amour-série ;

car cette perfidie «naît toujours de la simple répétition»[52]. Don Juan a raccourci l'instant au plus bref: il est pressé, l'instant suivant l'attire déjà. La féminité est réduite à n'être qu'une abstraction, puisque Don Juan ignore ses différences. Or, dit Kierkegaard, «la musique est trop abstraite pour expliquer les différences»[53] et c'est pourquoi, mieux qu'une énumération ridicule, avec un seul air, la musique fait défiler toutes les femmes séduites par Don Juan. Elle s'en tient strictement au principe. La séduction elle-même n'a pas lieu de se manifester: Don Juan s'en va désirant à travers le monde et son désir même séduit: «C'est la puissance propre de la sensualité qui trompe les femmes séduites»[54]. Il n'est pas autrement que musical. Au contraire, le séducteur spirituel use de la parole et du mensonge pour agir, ainsi en est-il de celui qui rédige *le Journal d'un Séducteur*, ainsi en est-il de Faust, que Kierkegaard considère comme une reproduction de Don Juan, possédant en outre la détermination de l'esprit. Mais le Don Juan de Mozart est un séducteur spontané: «Il désire la féminité tout entière»[55]. Comme tel, Don Juan est le centre de l'opéra et détient le principe vital de tous les autres personnages: il est le soleil de ce système solaire, et tous les personnages éclairés par lui ne le sont que de moitié: du côté qui regarde la vie de Don Juan. L'amour d'Elvire, la haine d'Anna, la crainte de Zerline sont dirigés vers Don Juan et se tiennent sous sa dépendance. Dans l'ouverture est préfigurée la figure musicale de Don Juan; il s'agit d'un avertissement, qui disparaît aussitôt perçu; et cette première voix s'exprimait «comme une angoisse»[56]. Le grondement de la sensualité est chargé de l'angoisse humaine, mais non réfléchie dans une conscience.

L'angoisse qui sourd avec l'empire de la sensualité se comprend du seul fait que cette sensualité est une antithèse positive du christianisme. Le personnage purement musical que dégage Kierkegaard, en suivant l'inspiration de Mozart, connaît une angoisse dont le christianisme est l'auteur: pour que cette sensualité soit positive il faut qu'elle soit au fond angoisse, c'est-à-dire déjà une puissance de péché, donc chrétienne. Aussi invraisemblable que cela puisse paraître, Don Juan lui-même est déjà le «concept d'angoisse», c'est ce concept vivant sous une apparence musicale, détaché des consciences humaines auxquelles il appartient cependant. Et cette angoisse apparaît d'une manière significative avec le prélude, comme la préfiguration de l'idée de Don Juan, dans un tempo indépendant de l'opéra, ainsi que le remarque Kierkegaard, et qui serait le tempo existentiel de n'importe quel Chrétien connaissant l'angoisse: celle même avant tout péché, et venant du péché originel. Ainsi, c'est la personnification du prélude (autre personne mythique) qui prend conscience du péché, mais tout l'opéra qui suit n'en a cure, et Don Juan moins que personne, malgré l'angoisse. Le péché pressenti dans le prélude pose la sensualité, l'affirme et lui donne une nature propre. Le prélude nous assure cependant que l'innocence de Don Juan est une innocence sans innocence: il nous fait entendre que Don Juan n'est pas un être réel, existant; en serait-il un, il nous apparaîtrait comme un vulgaire pécheur. En un sens, l'angoisse provient de l'innocence, c'est ce qu'affirme *le Concept d'angoisse*: « C'est là le mystère profond de l'innocence d'être en même temps de l'angoisse »[57]. Aussi, dire que Don Juan est angoisse c'est donc bien insister sur l'aspect mythique et musical de cette figure. Mais la progression de l'angoisse suit, avec la sexualité, la progression de la peccabilité. Et, s'il ne faut pas le reconnaître comme pécheur, Don Juan du moins est peccable aux yeux des spectateurs, puisque dès que l'opéra se sera évanoui devant eux ils verront le péché renaître de ses cendres, ils le sentiront intérieurement comme leur péché. L'angoisse est donc de tous les degrés d'innocence et de peccabilité, et elle est encore le fruit du péché. C'est pourquoi Don Juan ne peut pas ne pas être angoisse. La raison pour laquelle il s'identifie à l'angoisse, c'est la répétition de son désir qui l'explique: celui-ci se crée dans l'angoisse. Nous qui prenons mentalement possession du péché de Don Juan, nous posons de nouveau le péché: « Depuis que le péché est entré dans le monde et toutes les fois qu'il y entre, la sensualité devient peccabilité, mais le devenant, elle ne l'était donc pas avant »[58].

Ainsi, à l'état pur, la sensualité serait sans doute un élément distinct du péché, mais étant faite d'angoisse elle manifeste par là son origine dans le christianisme. De plus, la répétition de l'instant du désir soutient l'angoisse de Don Juan qui, si elle est encore innocente en lui, devient peccabilité en nous. L'étude qu'est *le Concept de l'angoisse* le prouve: « Notre recherche montre une correspondance entre la sensualité et l'angoisse »[59]. « Plus il y a d'angoisse, plus il y a de sensualité »[60]. La répétition a pour fonction de placer toujours Don Juan dans un état d'avant la faute. Si cette vue de la sensualité est destinée à nous jeter dans un abîme d'angoisse, rappelons-nous que cet abîme n'est que musical, la faute en est absente. Un autre problème surgit alors, celui que nous pose le *Traité du désespoir*, au sujet de cette positivité créée, du moins posée par le christianisme et qui est le péché. Le péché apparaît donc comme une force positive mise en évidence par le christianisme, immédiatement niée par lui et supprimée par la rédemption ou la rémission. Du fait que le christianisme nie la sensualité, il la pose et, pour la détruire, il propose la rémission des péchés. Toutefois, l'ironie qui châtie la vie spontanée n'épargne pas Don Juan l'innocent: l'ironie transparaît dans la passion d'Elvire, comme dans la musique qui retentit à ce banquet évoqué par *In vino veritas*, et auquel Victor Eremita prend part en louant Mozart.

Cette application de la recherche d'une structure de l'existence qui soit la pensée légitime de l'existence a le pouvoir de nous montrer que ce qu'il importe de découvrir c'est la relativité des parties dans un tout, celle des éléments dans un ensemble, enfin la connaissance de la tautologie dans la dynamique de ce que Dilthey nommait d'après le terme allemand, *Wirkungszusammenhang* : le système d'influences[61] avec sa téléologie propre.

4. Le Même et l'Autre

Distinguer l'Un de l'Autre et l'Autre du Même est la voie de la reconnaissance des éléments autres d'un même système d'influences. Le Même implique l'Un et son double, tandis que l'Autre définit un troisième, ou le double lui-même en tant qu'extérieur à l'Un. Pour être la même qu'une autre, une chose doit lui être différente. Ce qui conduit à discerner deux sortes de distinctions : la distinction qualitative et la distinction quantitative. Mais si la qualité et la quantité peuvent se résoudre l'une et l'autre nous obtenons soit une distinction quantitative purement rationnelle, soit une distinction qualitative pure qui est la négation de la distinction et qui n'est que la différence d'elle-même.

Avec les trois termes de l'Un, du Même et de l'Autre, nous accédons à la notion de nombre qui implique l'identité du Même aux ressemblances purement spatiales. Bergson dit inversement : « L'idée de nombre implique l'intuition simple d'une multiplicité de parties ou d'unités, absolument semblables les unes aux autres ». Le concept de nombre implique la possibilité pratique de la juxtaposition spatiale mais c'est l'expérience temporelle de cette juxtaposition spatiale qui nous fait découvrir l'idée de nombre. L'objet qui pourrait se loger en lieu et place d'un objet antérieur sans le modifier quantitativement, comme s'il n'existait pas, n'existerait pas lui-même car il serait une négation d'objet, un inobjet, c'est-à-dire sans définition et sans détermination; la choséité, en tant qu'abstraction, nécessitée par la corporéité de l'obstacle spatial, ne peut se penser sans le concept de la chose et le concept lui-même de la chose serait impensable sans la présupposition de notre espace appréhendé dans le présupposé de notre temps. A côté de la simple multiplicité arithmétique, il nous est possible d'entrevoir, non plus l'objectivation simple de l'unité avec la possibilité de sa divisibilité indéfinie, mais, comme Bergson le montre au deuxième chapitre des *Données immédiates*, un nombre extraspatial, plutôt une multiplicité purement qualitative : celle des « états » mobiles de conscience. En face d'un espace homogène, conçu par l'entendement, déterminant la distinction quantitative purement rationnelle des mathématiques et de la science en général, Bergson nous invite à entrevoir la succession et la compénétration des objets de la conscience, l'Autre invisible et inobjectivable, dénué d'abstraction, de distinction et d'extériorité. Cet Autre invisible et inobjectivable serait la représentation que se ferait du monde un « être à la fois identique et changeant, qui n'aurait aucune idée de l'espace » et qui, par conséquent, refuserait également l'ordre temporel impliquant lui-même une distinction entre les termes ordonnés, à la fois multiples et simultanés. L'ordre lui-même de la succession implique en effet la simultanéité et la projection, mais par là même n'implique-t-il pas le temps ? A cet informe ineffable correspond un rien plutôt qu'un être.

Ce qui conduit à croire que le totalement autre ignore absolument le Même et c'est sur ce fondement de la réalité d'un Autre irremplaçable que Bergson s'est autorisé à attribuer une liberté métaphysique à l'homme individuel et particulier. C'est en quoi aussi la métaphysique bergsonienne n'est « possible » que dans le paradoxe de poser le temps sans l'espace. Ce qui devient ainsi un paradoxe avec Bergson en fait est posé par Kant qu'il prétend contredire.

Le totalement autre que *le Moi n'est véritablement en lui-même* (ce qui ferait donc son ipséité) est apparemment soumis aux événements de l'existence, mais ces événements eux-mêmes dépendent des circonstances temporelles, elles-mêmes déterminant notre intention habile à découper et à délimiter selon ce qu'elle a retenu de notre utilité. Les premières pages de *l'Evolution créatrice* affirment que chacun de ces événements « n'est que le point, le milieu éclairé d'une zone mouvante qui comprend tout ce que nous sentons, voulons, tout ce que nous sommes enfin à un moment donné ». Cette zone mouvante, la durée, « est le progrès continu du passé qui ronge l'avenir et qui gonfle en avançant », d'elle nous tirons la notion du mouvement réel, et non de la mécanique. Tandis que le Même scientifique est simultané avec un autre posé comme identique, le Même de la conscience suit ou précède un Autre : cette succession est pour Bergson création. Ainsi, valorisant la poéticité, le sentiment de l'existence est-il comparable au sentiment esthétique et, en particulier, au sentiment de la grâce décrit par Bergson dans *les Données immédiates* : «Si la grâce préfère les courbes aux lignes brisées, c'est que la ligne courbe change de direction à tout moment, mais que chaque direction nouvelle était impliquée dans celle qui la précédait». Une perception esthétique nous montre les choses qui ne frappent pas explicitement nos sens et notre conscience, au contraire la conception et l'abstraction, remèdes de l'indigence, se substituent, pour Bergson, à la perception esthétique défaillante. La substitution du concept au percept est l'apanage de l'homme rationnel et c'est d'une manière générale l'apanage de la culture occidentale fondée sur la science et le langage (donc sur le langage en général). Nietzsche a présenté les deux types, l'homme rationnel et l'homme intuitif, dans l'essai *Sur la vérité et le mensonge au sens extra-moral* : «Tandis que l'homme conduit par les concepts et les abstractions n'en fait qu'une défense contre le malheur, sans même obtenir le bonheur à partir de ces abstractions, alors qu'il aspire à être libéré le plus possible des souffrances, au contraire, posé au cœur d'une culture, l'homme intuitif récolte déjà, à partir de ses intuitions, à côté de la défense contre le mal, un éclairement au rayonnement continuel, un épanouissement, une rédemption»[62]. Dans le percept authentique est la création poétique qui se présente surtout comme perception de la création ou poétique pure, comme intuition des métaphores insolites opposées aux métaphores usées qui sont devenues nos concepts. Celles-ci n'étant que des métaphores repérées, fixées, devenues monnaie d'échange. Le poète et le romancier ne créent pas ce qu'ils décrivent mais savent le percevoir dans la poéticité : «Au fur et à mesure qu'ils nous parlent, des nuances d'émotions et de pensées nous apparaissent qui pouvaient être représentées en nous depuis longtemps, mais qui demeuraient invisibles», ainsi écrit Bergson dans *la Perception du changement*. Aussi, comme Nietzsche, Bergson a-t-il la nostalgie des philosophies de la Grèce archaïque : «Les conceptions des plus anciens penseurs de la Grèce étaient, certes, très voisines de la perception, puisque c'est par les transformations d'un élément sensible, comme l'eau, l'air ou le feu, qu'elles complétaient la sensation immédiate». Contre l'analyse qui opère la distinction, Nietzsche et Bergson proposent une autre manière de procéder qui vise la différentielle poéticité. Ainsi le Même est-il une illusion de nos sens qui se contentent d'un à peu près d'identité et qui érigent en absolu la constance que notre intellect apporte au devenir de la nature, au sein même de ce devenir pour le neutraliser et le manipuler. Le Même de la pure altérité hétérogène s'oppose donc à l'Autre de l'identité homogène.

Du point de vue de notre sentiment de l'existence, la quantité elle-même est de la qualité à l'état naissant; aussi, existentiellement, n'y a-t-il pas de distinction de quantité parce qu'il n'y a pas de quantité; et il n'y a donc pas davantage de *distinction* de qualité: il y a succession imaginaire dans l'Altérité de la poéticité première, et aucun vide nulle part. Le vide de matière ou le vide de conscience se ramène à une représentation du plein, comme l'expose Bergson dans le quatrième chapitre de l'*Evolution créatrice*: «La représentation du vide est toujours une représentation pleine, qui se résout à l'analyse en deux éléments positifs: l'idée distincte ou confuse d'une substitution, et le sentiment, éprouvé ou imaginé, d'un désir ou d'un regret». Notre esprit est ainsi orienté qu'il ne peut concevoir une absence d'être qui ne soit déjà elle-même la perception d'une présence d'autre chose. L'analyse de Bergson est juste: «L'idée de l'objet — n'existant pas — est nécessairement l'idée de l'objet — existant —, avec, en plus, la représentation d'une exclusion de cet objet par la réalité actuelle prise en bloc». D'où, l'idée que la proposition négative, *la négation*, n'est qu'un jugement porté sur un jugement: «La négation diffère donc de l'affirmation proprement dite en ce qu'elle est une affirmation du second dégré: elle affirme quelque chose d'un objet». C'est Freud qui a précisé ce qu'*affirme* la négation, comprise dès lors comme *dénégation*[63]: c'est un jugement de (non) existence fondé sur un jugement de valeur, c'est-à-dire la conscience d'un *objet perdu*, donc ayant été. Le parti pris de l'Etre est illustré par la leçon du *Parménide*: «Il faut que l'être soit attaché au non-être, si l'Un doit n'être pas, tout comme il faut que l'être ait l'être du non-être pour être parfaitement».

Succession qualitative dans l'Altérité, la conscience est toujours comme dit Husserl, conscience *de*, ou thétique, le vide lui-même étant pour elle quelque chose d'autre. Même si le concept est notre fiction et si toute limite est illusoire, pour en être convaincus nous devons poser la fiction et l'illusion et donc entrer dans la dialectique d'une conscience thétique lors même qu'elle se veut non-thétique, comme Bergson et Nietzsche refusant le monde posé par l'entendement pour lui opposer un monde (plus) réel, indéfinissable, insaisissable, en devenir. Le refus de poser l'objet est un accès à l'inobjet, produit de la conscience non-thétique mais se posant à elle-même des «objets autres», images et sensations, souvenirs déspatialisés et *temporels*. En fait, la non-thèse est le refus de l'objectivité absolue de la métaphysique moderne et de la science à laquelle elle a donné naissance, mais elle-même elle pose soit la grâce chez Bergson, soit la contradiction chez Nietzsche. Car ce qui se produit avec Bergson dans le silence de la grâce, se produit avec Nietzsche dans le tumulte dionysiaque: tandis que l'intuition bergsonienne est cette prière qui veut faire monter du plus profond la véritable perception, le masque de Nietzsche est la dérision du visage de la culture, dérision du «véritable» visage qui, sous cette provocation, cache le visage réel de l'homme, véridique sous le masque de son visage-objet: l'opération effective du masque est la métamorphose du visage de l'homme sous le masque. C'est en quoi Dionysos est l'a-normal qui est sous le masque, donc non-thétique: esthétique. Non pas le «vrai», (vrai seulement dans un «langage») mais le Réel est ce qui hante Nietzsche, Bergson et Jaspers, qui ont la nostalgie d'une vision infini-dimensionnelle, qui est l'Impossible même: «C'est justement cette phénoménalité immédiate qui doit redevenir pour nous intrinsèquement tout le réel. Mais elle échappe aussitôt à la prise. Si je veux savoir ce qu'elle est, elle est alors décomposée dans une abondance de réalité parmi lesquelles la réalité non intuitive de la science physique est une parmi d'autres. Nulle part ne se trouve la réalité, la réalité une, la réalité même»[64].

Quand on suit le mouvement du «sujet» linguistique avec le «savoir» qu'il comporte, on admet avec Hegel et Heidegger que dans le tout du mouvement il y ait l'être-là qui est le savoir de soi-même, et l'objet de ce mouvement qui est le Même et l'Autre. Aussi, à défaut de la «réalité une», de «la réalité même», nous appréhendons le devenir-autre à soi-même de la poéticité symbolique du sujet et sa limitation dans l'Autre. L'Autre est ce qui me limite et j'entre en conflit avec cet élément d'altérité dans l'identité. La création est ce devenir-autre à soi-même de l'existant qui, percevant la création de la nature, crée avec elle, participe à l'effort de création, et se fait ainsi le même que la nature tout en étant son Autre. Notre «durée» absorbe ainsi dans l'altérité le devenir de l'univers dans la durée de notre monde. Et si l'espace est un Autre, nous faisons nôtre l'espace en saisissant sa durée. L'assimilation de l'espace se fait à travers la saisie du temps. Etant ce qui s'oppose à nous, l'espace est encore ce que nous appréhendons dans notre mouvement d'intuition et d'intention dirigé vers l'Autre que nous enclavons dans le propre mouvement de notre existence mouvante elle-même. Pous nous l'être du monde n'est pas «substantif» mais «verbe», non pas «état» de conscience ou simple «objet» mais structure dynamique et le résultat de notre organisation poético-symbolique.

Notre existence est dialectique parce que la «conscience pure», le «néant», l'«être», l'«esprit», la «nature» ne se tiennent pas en soi et pour soi tout en étant pour nous cette visée illusoire. Le concept de la chose et la chose elle-même tombent à l'intérieur de mon savoir qui constitue le «monde» pour moi. Tout ce que je peux affirmer c'est la manifestation du mouvement de naître et du mouvement de périr, c'est l'apparaître et le disparaître de cet apparaître. L'objet n'est pas ce qui apparaît et ce qui disparaît, mais le mouvement de l'apparaître-disparaître essentiellement temporel, donc essentiellement structuré : ce qui est posé en fait pose autre chose. L'objet est le contraire de soi-même : la négation de soi-même et la relation à un autre. C'est un *inobjet*. Hegel dit justement que la chose est Aussi, Aussi étant la différence différente. C'est pourquoi la chose n'est pas pour un autre en tant qu'elle est pour soi, elle est en réalité pour soi un autre qu'elle n'est pour un autre : en quoi nous l'ignorons profondément. Le Aussi ne tombe pas dans la même chose mais sur les choses diverses ; le percevant se donne comme critère l'égalité-avec-soi-même de la chose et affirme l'objet de son savoir comme «vrai», par là il s'unit à l'objet perçu et devient le sujet-objet, accroissant son existence de l'objet qu'il y a imposé par le savoir : dans cet inobjet, il y a scission de soi à soi et suppression du devenir-autre de soi avec la formation d'une scission sujet-objet structurant l'existence. C'est ce que Hegel désigne par un devenir-inégal de l'égal et son inverse le devenir-égal de l'inégal. Si nous persistons à traiter de l'objet c'est dans la mesure où il est le rassemblement des moments du mouvement qui le fait naître comme concept universel. Son unité fictive est une médiation de moi à moi, je dois penser cette unité comme inconditionnée et universelle pour faire de ma conscience un entendement, et cette pensée de l'inconditionné et du rationnel a lieu au moment où je vois dans l'objet la rencontre des déterminabilités que sont l'être-pour-soi et l'être-pour-un-autre. C'est alors que l'objet est pour soi en tant qu'il est pour un autre et pour un autre en tant qu'il est pour soi. C'est donc l'être de l'Aussi qui détermine négativement l'objet en tant qu'inobjet.

Hegel montre dans *la Phénoménologie de l'Esprit* comment, après avoir été l'étant de la certitude sensible, puis la chose concrète de la perception, pour devenir enfin la force de l'entendement, l'objet en soi cesse d'être-en-soi pour apparaître en réalité le mode-pour-un-autre de l'objet. Mais l'être-en-soi et l'être-pour-un-autre sont le même, puisque la fluidité simple et universelle est en-soi, tandis que la différence des figures est autre. Aussi la conscience de soi n'atteint-elle sa satisfaction que dans une autre conscience de soi. Toutefois, c'est en excluant de soi tout ce qui est autre que la conscience de soi est être-pour-soi; en effet elle pratique alors la *forclusion*, et supprime l'Autre, car elle ne voit pas aussi l'Autre comme essence. Autrement dit, voulant se poser pour soi, elle se supprime elle-même, car cet Autre c'est elle-même. En devenant être-pour-soi, la conscience de soi acquiert la certitude de soi-même comme essence, et, par la suppression de cet être-autre, elle devient simple égale-à-soi-même, mais l'être-autre est son propre être dans l'Autre. Aussi la conscience de soi se perd-elle elle-même et se retrouve-t-elle comme étant une autre essence, qui est conscience de soi. Le concept de la conscience de soi et cette conscience elle-même peuvent se personnifier dans le Maître, dans lequel la conscience servile à l'être-pour-soi comme un autre. Or, l'essence simple de la conscience de soi est pur être-pour-soi, c'est-à-dire l'absolue négativité qui est mouvement pur et universel. Et mon mouvement dans les concepts est mon mouvement en moi-même; aussi le mouvement intérieur de la pure âme sentante fait qu'elle se sent douloureusement comme scission, alors que la conscience de soi est conscience malheureuse, dans la contradiction. Au contraire, dans le scepticisme, la conscience affirme la complète inessentialité et la dépendance de cet Autre, et dans le stoïcisme l'être-étranger est le contenu même de la conscience. D'une part, la conscience est la proie de la dialectique en tant que mouvement négatif; de l'autre, comme scepticisme, la dialectique supprime la différence immuable d'abord opposée à la singularité en général, et unie enfin à l'existence singulière. Or, l'être supprimé de toutes les différences est l'essence, autrement dit l'infinité pure qui est un Eternel Retour et qui est encore l'extrême de la singularité où se définit le mouvement total du désir, du travail, de la jouissance et de l'action de rendre grâces. Mais l'opération de l'Autre, c'est-à-dire la position du vouloir comme un Autre, tient dans le sacrifice effectivement accompli: l'Autre devient libre par la suppression de mon être dans l'Autre, de même que je suis libre puisque je ne suis pas dans un Autre.

Pour Hegel par conséquent il y a une *unité négative de la pensée* qui est l'être-pour-soi-même, c'est-à-dire le principe de l'individualité dont la réalité est conscience opérante. Ainsi l'individualité est-elle le cercle de sa propre opération étant en-soi et pour-soi. C'est pourquoi Hegel dit que l'observation n'est pas le savoir lui-même: c'est à tort qu'elle donne au savoir la figure de l'être. Ainsi la raison se manifeste à l'observation uniquement comme vie en général dans l'être-là ou l'existence. Or, la raison, c'est la conscience de soi devenue raison, autrement dit ayant transformé son comportement négatif à l'égard de l'être-autre en comportement positif. Alors on pose de la part de la raison ce savoir d'un Autre; la conscience s'enfonce dans la visée du ceci et dans la perception, et acquiert la certitude d'être elle-même un Autre. En effet, l'Autre se présentait jusque-là comme visée du ceci, comme perception, comme entendement, appréhendant le visé et le perçu, il est maintenant quelque chose d'étranger indifférent au milieu de la raison : l'idéalisme a produit cette identité de l'objet et de l'essence dans le Moi. Cependant, étant donné que la conscience se sent elle-même un Autre, un Autre que le Moi lui est objet et essence. Cette tendance peut aboutir à supprimer l'Autre qui surgit sans cesse dès sa suppression. D'où le mouvement infini de l'idéalisme : vide, c'est-à-dire subjectif. Mais c'est pourquoi l'individu universel qu'est la Terre est en même temps négativité universelle. En fait, la négativité est appréhendée comme unité inactive ou comme être-pour-soi, tandis que l'être-pour-un-autre est la nature inorganique externe ; la négativité de l'universel parvient donc à une existence qui est le mouvement parcourant toutes les parties d'une figure posée dans l'élément de l'être.

Enfin le dernier moment de l'existence de soi paraît être la pensée de sa propre perte, mais en soi cette pure universalité est sa propre essence, c'est ce qui ressort des analyses précédentes. De même, l'individualité de l'universalité est nulle parce que l'universalité elle-même est négative et non conçue mais sa puissance vaut comme nécessité abstraite, aussi l'individualité est-elle la conscience moyennant laquelle ce qui est en-soi est aussi bien pour-un-autre. C'est pourquoi, en définitive, la conscience de soi, en accomplissant son être-pour-soi, cherche à s'intuitionner comme une autre essence indépendante, ce qui équivaut à croire que l'Autre, en soi, est déjà elle-même. Autrement dit, elle saisit comme sa propre ipséité l'autre conscience de soi et trouve en elle sa vérité, parce qu'en tant qu'elle possède la certitude de soi-même elle est concept. Ainsi, dans cette tentative de fonder dans l'Autre une réalité effective propre, elle est raison active et est conscience de soi seulement comme individu. Cette nouvelle figure de la conscience de soi consistant à se poser perdue dans la nécessité est le passage du but du pur être-pour-soi dans le pur contraire, un être-en-soi, l'universel. C'est le concept de la lutte qui actualise l'universel et fait qu'il est aussi pour-un-autre comme le bien dont la réalité n'est pas d'abord en-soi et pour-soi, mais dans la relation. De même l'actualisation sociale est l'intuition de l'unité complète dans l'Autre, dans son indépendance, parce que la conscience de l'indépendance maintient les individus chacun pour soi, et l'actualisation consiste à avoir pour objet la libre choséité d'un Autre. Or, dans la choséité, la médiation et l'être-pour-soi constituent le négatif de moi-même. Aussi, la conscience de soi s'intuitionne soi-même comme un individu singulier dans un autre, ou bien intuitionne une autre conscience de soi comme soi-même; elle atteint ainsi l'aliénation de soi-même et se pense comme une essence absolument étrangère à soi, au lieu d'être la négation de l'Autre dans la détermination d'être à soi-même l'essence qui est pour-soi. Justement, l'abstraction est seulement pour la conscience, c'est-à-dire pour un Autre, c'est-à-dire est l'être. Il en est ainsi de la conscience qui projette hors de soi et s'efforce de considérer dans un Autre la perversion qu'elle est elle-même; il en est ainsi du bien qui est «pour» son ennemi, il entre dans la lutte, tout en étant en soi l'être-même, c'est-à-dire pris dans sa réalité et sa vérité.

La problématique moderne de l'existence dramatiquement saisie dans ses limites et dans sa téléologie sera le moteur de l'action effective de la conscience de soi, c'est-à-dire de cette projection du Soi, donc un dédoublement originaire du Moi, dans le monde, qui n'est en fait que le modèle du monde que le Moi s'est construit. L'extranéation, c'est-à-dire le devenir-étranger-à-soi-même, est ce que Hegel a parfaitement représenté dans *la Phénoménologie de l'esprit*; car, au sein même de mon existence, je ne puis reconnaître celle-ci que par une aliénation intérieure. C'est ce que Sartre exprime par la condamnation à la liberté, qui est effectivement le poids éthique de la liberté: celle-ci, en effet, pèse à la conscience et constitue une nouvelle dimension de la « dignité humaine»: son sérieux. Les structures existentielles de l'Altérité et de l'Ipséité comportent la position fondamentale de l'existence mais encore impliquent l'ouverture au monde des valeurs, monde pressenti dans l'aliénation intérieure du Moi à soi-même. En réalité, l'organisation autochtone de chaque existence opère la relation effective entre une vie végétative donnée et une vie mondaine construite à partir de la structure fondamentale du modèle du monde dans lequel se développera l'effectivité de l'existence. Ainsi l'existence procède-t-elle à la double objectivation d'elle-même et du monde dans lequel elle évoluera. Centre originaire d'où elle s'élance, elle est elle-même à elle-même un Autre qui s'épand dans l'opérativité d'elle-même. D'un niveau spontané, elle passe donc à un niveau existentiel pur destiné à l'approfondissement et à l'élargissement de l'horizon mondain; pour ce faire, elle doit se réfléchir sur elle-même en se niant elle-même dans cette affirmation d'elle-même.

Cette phase intérieure de subjectivation négative d'elle-même lui permet en fait l'objectivation du monde qu'elle ne peut reconnaître qu'en passant par la fiction. Comme le répète après Sartre le psychiatre Henri Ey, la conscience est dans le monde, c'est-à-dire elle s'est posée elle-même comme objet dans l'objet du monde; elle s'est donc aliénée et prend ainsi le chemin de l'extranéation analysée par Hegel, extranéation de la culture, de l'institution sociale, du droit et de la loi, de la famille et de l'Etat. Mais cette extranéation spatiale suppose la disposition de soi-même dans l'ordre de la temporalité, disposition temporelle qui fait sa liberté : l'existence s'engage dans le temps et engage son temps dans son espace. Cette subordination d'une durée à l'autre *symbolisée* par la promesse, le contrat, la parole ne peut admettre le refus bergsonien de l'espace : elle pose l'espace qui est quantité sous la forme de la qualité; elle investit qualitativement l'espace qu'elle a créé à partir d'elle-même. Réverbérant ce qu'elle est elle-même sur l'expérience qu'elle se choisit, elle ne finit pas de se choisir : ce choix est celui d'un présent, d'un passé sur la base du choix fondamental de l'avenir qu'elle se donne. L'existence se veut donc elle-même mémoire et oubli, ménageant l'oubli nécessaire à une mémoire déterminée. Mais la mémoire qu'elle s'est ainsi librement déterminée, elle la doit, en fait, à l'avenir qu'elle se veut, à la vocation qu'elle s'est attribuée, à son caractère téléologique.

Cette vocation ne se tient pas sans racines dans l'effectivité historico-sociale, mais passe au contraire par les choses dont elle connaît le pouvoir, car les choses qu'elle a créées sont pour la conscience la façon qu'elle a de s'extranéer et aussi, puisqu'elle n'a guère d'autre possibilité effective, la façon de se réaliser dans l'espace et dans le temps. Cette prise sur l'espace fera de l'existence un être historique : l'histoire est l'accomplissement dans la diversité d'un espace de l'être temporel de l'existence. Le pouvoir des choses, comme celui des machines, vient donc de cette nécessité de l'effectivité de l'existence. Par la maîtrise des choses qui le gouverne, l'homme reprend en mains sa maîtrise de la nature; plus précisément, l'existence entre dans la *seconde nature* qu'est la culture. Le travail du langage, qui s'applique manuellement et mécaniquement, a produit les choses passées de fiction à réalité; en même temps, l'homme de la liberté dans la fiction devient l'homme de l'esclavage dans la réalité. Ainsi, les «pauvres» de Rousseau sont les esclaves des «choses» des riches, non pas des riches directement. Ainsi, entre l'homme et l'homme, l'existence ne peut impliquer de conflit sans la «chose», qui médiatise l'état de nature à l'état de culture, c'est-à-dire à l'état civil. C'est pourquoi, au point originaire d'elle-même, l'existence est dénuée de *médiation* et c'est ce qui fait dire à Rousseau que l'homme qui médite est un animal dépravé. A l'état civil, au contraire, l'homme de la nature apparaît comme un animal stupide et borné. Les deux états ont été médiatisés par les choses. Ce sont elles qui ont émancipé l'homme de l'animal. La chose n'est autre que la matérialisation de l'activité libre de l'existence; elle est, en outre, ce par quoi l'existence ponctue son progrès dans le temps symbolisé, c'est-à-dire son histoire. L'histoire s'identifie ainsi à l'effectivité éthique de la moralité sociale.

Les *droits de l'homme* passent nécessairement par les droits de la chose sur l'homme qui, l'ayant créée libre, demande ensuite à disposer d'elle librement. L'existence, pour se viser elle-même, a dû viser la chose et faire d'elle un but en soi; mais pour se reprendre elle-même elle doit ensuite «remettre la chose à sa place», tâche difficile entre toutes car elle relève d'une échelle de valeurs qui, dans l'effectivité éthique elle-même, n'a pas été pensée antérieurement. Aussi, il apparaît que les droits de l'homme ont aussi dû être créés «contre» les droits pris par les choses; celles-ci sont comme libérées par le commerce et l'*usage de la monnaie*. Si le Maître en dispose, les choses disposent elles-mêmes d'une multitude d'esclaves; tant que les biens ont été juridiquement fixes, immobiles, inaliénables, inviolables, parce qu'ils n'étaient encore que la terre travaillée par l'homme qui dépendait d'elle et à laquelle il était attaché comme le rocher au flanc de la montagne, l'homme travaillait la nature, mais celle-ci le possédait. Alors la propriété inamovible règne sur l'homme qui dialogue avec elle dans le combat de l'agriculture: la culture de l'homme est alors fondamentalement agricole. C'est pour se libérer de cette possession qui le possède que l'homme vendra ce que le sous-sol a produit, c'est-à-dire qu'il inventera les produits, les choses naturelles: l'alun, le sel ou ce que les terres étrangères lui octroient: les épices. Mais sa terre, à lui, lui colle à la peau: l'homme ne s'est pas encore différencié d'elle. L'existence est alors embourbée. Il faut que les services ne soient plus payés en arpents de terre, il faut qu'ils le soient par une monnaie libre ainsi que le produit, pour que les choses réalisent leur essor, avant celui de l'homme qui leur est attaché. C'est dans ce premier commerce qu'il faut voir le signe avant-coureur des libérations futures rendues possibles par le grand commerce et l'argent.

Ainsi on voit progressivement les choses se libérer, se vendre, s'acheter, se produire et se reproduire par l'homme qui les échange contre de la monnaie. La «capacité industrielle» grandit du fin fond du Moyen Age pour grossir au point de renverser les prééminences de la «capacité militaire»[65]: le travail et l'argent l'emportent enfin sur la guerre et la terre. Dans l'ordre éthique, l'effectivité nouvelle valorise le travail, l'économie et l'ordre, placés plus haut dans l'échelle des valeurs que l'héroïsme et la sainteté, au service de la guerre et de la pauvreté, issues du double système temporel et spirituel de l'Armée et de l'Eglise. Ainsi la richesse «en portefeuille» est ce langage des choses que créa le langage des hommes qui travaillèrent aux choses. Les choses sont alors libérées, mobiles, échangeables, et sont nanties de la valeur libérée, mobile, échangeable de la monnaie. Mais l'évolution même des choses est telle que le véritable décalage, la véritable inégalité réside entre le fait des choses et le droit des gens. La prise de conscience de cette inégalité entre le fait réel et le droit personnel implique la révolte théorique des Encyclopédistes.

La Révolution française a explicitement fait du *droit de propriété* des choses le complément légitime du *droit de liberté* des personnes. En effet, le loyalisme médiéval du serf-travailleur envers le suzerain conquérant et possesseur montre en réalité la personne rivée à la chose immobile, conquise et travaillée qu'est la terre, ingrate autant au serf qu'au suzerain. La tautologie du Système complet présente, entre autres éléments complémentaires et nécessaires, l'héroïsme du suzerain et le loyalisme du vassal : on est et on ne devient pas autre chose que ce que l'on est. Etre passe ainsi au premier rang ; l'effectivité est morte dans son élan ; l'existence se tourne contre elle-même pour se nier et cette négation est proche du suicide. Mais quand l'avoir se concevra séparé de l'être, quand l'avoir s'émancipera pour devenir richesse (*le* capital), l'existence aura accompli le premier soubresaut de reconquête d'elle-même : ce soubresaut se réalise dans la forme de la monnaie courante sanctionnant la valeur des choses, alors l'avoir l'emporte sur l'être. Entre Socrate et Rousseau le rapport de la vertu au bonheur s'inverse nécessairement : si, pour Socrate, la vertu entraîne le bonheur et si, de même, pour l'homme attaché à la glèbe, la sainteté, la loyauté, l'héroïsme sont des biens en soi, des valeurs personnelles, au contraire, pour l'homme enrichi du XVIIIe siècle, l'avoir précède l'être et prend le pas sur lui ; aussi, avec Rousseau, c'est bien le bonheur qui détermine la vertu. La libération des choses par le travail de l'homme conscient de la relation travail-propriété (substituée à la relation guerre-propriété) va de son propre mouvement entraîner la libération des hommes propriétaires de ces choses. Le Bourgeois gentilhomme réclamera la reconnaissance que le gentilhomme refuse au bourgeois : l'égalité, c'est-à-dire la même liberté sociale (le prestige), et le droit de propriété nécessaire à la validation du fait de propriété. Tout le problème du Contrat social n'a d'autres données que la protection et la défense de la personne et des biens au sein d'une société garantissant la liberté dans l'égalité. Il s'agit de définir la propriété des choses au sein d'une nouvelle tautologie sociale impensée et qui sera l'ordre social légitime. *Le Contrat social*, issu d'une situation économique pré-industrielle ignore encore le comment de la mutation, pensée nécessaire, et suppose de nouvelles conditions économiques par rapport à celles qui motivent la critique impliquée dans le *Discours sur l'origine et les fondements de l'inégalité parmi les hommes*: la phrase-charnière, «l'homme est né libre et partout il est dans les fers», indique la certitude de la liberté naturelle fondamentale et la prise de conscience de l'esclavage civile. Sur un fond de liberté innée, et perdue de vue, l'homme se retrouve donc sous la forme d'un esclavage acquis.

Le telos de la liberté innée, cette vocation de liberté fondamentale devait passer, passe effectivement, par les cheminements et les tâtonnements impliqués par cette vocation aussi certaine que confuse. En fait, trois conventions, trois langages et trois techniques conditionnent la réalisation effective de cette vocation: ce sont, chacun séparément étant convention-langage-technique, le *logos* (raison et parole, pensée et langage, scientificité), le *nomos* (loi et convention, reconnues explicitement; règles impensées de la tautologie sociale et épistémologique; la légitimité), enfin la *technè* (le travail et la culture, la guerre et la paix, la technicité). L'«esclavage» civil est précisément la reconnaissance des limites de la tautologie pensable, et cela par la révolte théorique, dépassée chez Rousseau au profit d'un ordre légitime enfin pensé. Cette objectivation de l'autonomie de l'existence humaine ne peut se réaliser effectivement que par la médiation de la lutte. La grande pensée politique de Rousseau, qui est la théorie qui conditionnera le nouveau Système historique, fait régner en son centre non pas précisément l'individu, bien qu'il le restitue dans ses droits, mais la chose, à laquelle il faut faire reconnaître que chacun a des droits dans des conditions très vite précisées et délimitées: le respect de «ce qui n'est pas à soi». Ainsi définir la propriété de la chose c'est aussi reconnaître ce qui n'est ni la propriété ni la chose. L'existence requiert son extension à la chose, réellement et légitimement, mais par sa nécessité de se poser à travers la chose elle rencontre nécessairement l'autre chose. Il reste que les formes sociales, les modalités d'être de l'existence, sont perfectibles et ne sauraient jamais être définitives. La structure dialectique de l'existence le veut ainsi; mais, de par l'être de sa structure, l'existence reste structure, c'est-à-dire ordre sacré. Structure dialectique vouée au mouvement, mais structure tout de même, l'ordre social lui-même, qui n'est pas «naturel», demeure sacré tout en étant «civil». Si telle forme est conventionnelle, linguistique et technique, la nécessité de la forme s'impose au-delà de la convention, au-delà du langage et au-delà de la technique.

Par une négation, en refusant l'histoire occidentale et le progrès qu'elle implique, Rousseau pose les principes d'une nouvelle orientation de l'histoire, en exhumant la vocation dynamique d'un Sacré qui, bien qu'il soit un Sacré, n'est plus le signe de l'immobilisme : l'ordre social. Par nature, l'homme est libre dans toutes ses virtualités irréalisées : l'existence prend son essor à partir du centre originaire. Contre nature, la liberté humaine prend des formes telles qu'elle se nie elle-même : l'existence ne peut s'affirmer qu'en se niant dans une première phase. Ainsi, d'une part, si le Rythme, qui est l'accès au nouveau stade, est lui-même liberté spontanée, rationnellement profonde, il faut admettre, d'autre part, que la perduration du Système ainsi librement posé est elle-même Structure : une structure rationnelle ayant apprivoisé les rythmes complémentaires, intérieurs à la tautologie existentielle, battements réguliers de la vie et de la mort de cette structure même. La juste définition de la propriété implique la distinction essentielle de la chose et de la personne. Renoncer à la liberté est déclaré incompatible avec la nature humaine et, pour libérer l'homme derrière la chose, encore faut-il le distinguer de la chose même. L'enfant n'est pas la chose des parents, l'esclave n'est pas la chose du maître, le peuple n'est pas la chose du gouvernant; ces différentes déclarations politiques et juridiques reposent en fait sur la reconnaissance des structures existentielles de l'Altérité et de l'Ipséité, et sur le présupposé que l'homme n'est pas la chose de l'homme, ce qui implique également que l'homme individuel n'est pas la chose de lui-même, c'est-à-dire que l'existence n'est pas la chose d'elle-même, mais qu'elle s'oppose elle-même à elle-même dans la contradiction et la lutte : dialogue nécessaire de l'aliénation intérieure qui aboutit dans l'effectivité objective à l'impossibilité légitime de l'aliénation extérieure, interdite sous peine de déchéance.

L'existence, malgré les contradictions de l'extranéation d'elle-même dans l'effectivité, se refuse à sa négation absolue. Le droit la pose comme propriété nécessaire d'un existant dans une réciprocité d'actions avec d'autres existants. En légitimant l'autorité politique, Rousseau a découvert la *Loi* comme l'antithèse de la *nature* dont la non-thèse est l'*histoire*, explicitant ainsi la triple Structure de l'existence du Système de la modernité définie par la *négation de la négation*.

5. La Négation, fondement logique et ontologique

Si l'on examine un tant soit peu ce que Karl R. Popper nomme *falsifiability*, on aperçoit sans difficulté que cette notion implique évidemment le concept de négation. En effet, ce critère présuppose qu'un système scientifique puisse être distingué avantageusement quand il est pris dans une acception négative, car seulement considéré dans une acception positive il ne le serait pas aussi légitimement du point de vue de la validité de la preuve scientifique. Ainsi, l'hypothèse négative de réfutabilité appliquée légitimerait l'information positive de la science. Retenons la remarque de Popper qui ajoute que ce qui peut être réfuté comporte en soi une plus grande teneur d'information positive sur le monde. Aussi n'est-ce pas pour rien, écrit-il, qu'on appelle les lois de la nature des « lois », car « plus elles interdisent, plus elles disent »[66]. De ce point de vue, la démarche de Popper fait donc largement et efficacement intervenir le concept de négation en rapport avec une conception de la loi, dans ce qu'il nomme la logique de la recherche, c'est-à-dire dans la méthode à proprement parler, autant implicite qu'explicite. Et la logique de la recherche n'est dans ces perspectives que le résultat des analyses du jeu opératoire de la science en exercice. Voyons de plus près ce que représente en elle-même la négation, et d'un point de vue propre. C'est, dit Aristote, avant tout une proposition négative, tout comme l'affirmation, son opposé, est une proposition affirmative : « Ce qui tombe sous la négation et l'affirmation n'est pas soi-même affirmation et négation, puisque l'affirmation est une *proposition* affirmative, et la négation une *proposition* négative, tandis que les termes qui tombent sous l'affirmation et la négation ne sont pas des propositions »[67].

Parce qu'elle vient du fond du problème, la distinction aristotélicienne est d'importance. C'est l'alternative *positif/négatif*, ou inversement *négatif/positif*, qui est la condition de possibilité de l'alternative propre à toute proposition, et qui est logique, c'est-à-dire l'alternative *vrai/faux*. Ce qui revient à dire que la possibilité même du *vrai* dépend du caractère minimum bivalent de toute proposition. En tant qu'opération, la faculté de nier entraîne pour toute proposition en tant qu'information la faculté d'être vraie ou fausse : ce qui donne à la négation un rôle déterminant non seulement pour la recherche de la vérité, mais encore pour la possibilité même de toute proposition affirmative, qu'elle soit vraie ou fausse. Derrière la bivalence logique vrai/faux se cache son fondement nécessaire dans la négation. Aristote se met d'emblée au niveau de la logique, et en particulier de la sémantique puisque, selon cette dernière, « A proposition is what 'true' or 'false' can be predicated of » (« Une proposition est ce dont le prédicat peut être 'vrai' ou 'faux' »)[68]. Et une telle proposition est positive ou négative.

En effet, Aristote affirme, dans les *Catégories* (*op. cit.*, p. 6) : « toute affirmation et toute négation est, semble-t-il bien, vraie ou fausse ». Si le rapport d'opposition est ce qui relie affirmation et négation en tant que ce sont des propositions, les choses qui sont la matière des propositions, elles aussi sont opposées, mais elles ne sont pas des propositions, donc ni une affirmation ni une négation. L'opposition ne concerne ni la vérité ni la fausseté. *Dans le cas de l'opposition entre négation et affirmation, l'opposition concerne toujours ce qui est vrai ou ce qui est faux*. Santé et maladie sont des contraires, mais ni l'une ni l'autre n'est vraie ou fausse; on peut en dire autant du double et de la moitié, opposés relatifs; de même pour ce qui relève de la possession et de la privation. En définitive, toute expression *sans liaison* entre un sujet, un verbe et un prédicat et donc n'aboutissant pas à une proposition, n'est ni vraie ni fausse, par conséquent n'affirme ni ne nie; *et c'est seulement dans le cas d'affirmation ou de négation qu'il peut y avoir vérité ou fausseté*. C'est-à-dire dans le cas simple d'une proposition. En principe, une proposition négative peut rectifier une erreur ou énoncer une fausseté qu'elle corrige : donc, le concept de *négation* peut avoir un rapport logique avec celui de *fausseté* et, par voie de conséquence, avec celui de *vérité*. De même, existe une relation entre le concept de *négation* et celui d'*altérité* ou de *diversité*: le négatif entraîne l'affirmation de l'autre et du divers. Dans la perspective de la négation comprise comme proposition négative, nous restons dans le cas de la négation dite « externe » concernant l'ensemble de la proposition.

Il faut prévoir le cas de la négation dite « interne » et ne concernant qu'un membre ou un terme de la proposition. Nous évoquons ici les lois de De Morgan déjà découvertes par les Stoïciens, à savoir que la négation (ou la dénégation contradictoire) de: «*si p, alors q*» n'est pas «*si p, alors non-q*», mais bien: «*non (si p, alors q)*». De même «*non (p et q)*» ne doit pas se confondre avec «*non-p et non-q*». La première expression «*non (p et q)*» signifie que les deux termes *p* et *q* ne peuvent être vrais ensemble; la deuxième «*non-p et non-q*» signifie «*ni p ni q*» ou bien «*non (p ou q)*». De même, Aristote affirme que la négation de *il est possible que cela soit* est: *il n'est pas possible que cela soit*.

Antoinette Virieux-Reymond, à la fin de sa thèse, *La Logique et l'épistémologie des Stoïciens* (1949?) concluait à l'importance de l'examen fait par les Stoïciens du rôle joué par la négation dont la nature équivoque a été souligné par eux. — Il faut rappeler le progrès accompli dans ce domaine par l'article de J. Lukasiewicz, «Zur Geschichte der Aussagenlogik», in *Erkenntnis*, 5, 1935, pp. 111-131. — Nommons aussi la thèse de R. Polin, *Du laid, du mal, du faux* (1948), qui insistait sur les différents sens de la négation: la négation de «légitime» étant «illégitime», dans le sens 1° de «non légitime» (privation) et 2° «d'illégitime» (affirmation d'un caractère diamétralement opposé de 'légitime'). — Il y a donc l'opposition de la privation d'une possession, mais aussi la possible possession d'un autre caractère diamétralement opposé. Ces opposés « diamétraux » sont aussi ce qu'Aristote appelle des *contraires* (ch. 11 des *Catégories*). Cependant alors que, pour Aristote, «Socrate n'est pas malade» est *vrai* si Socrate n'existe pas parce qu'Aristote s'en tient à la thèse logique, Socrate n'*étant pas absolument*, n'est pas non plus *relativement malade*, ou n'importe quoi d'autre (voir fin du ch. 10 des *Catégories*), pour les Stoïciens en revanche, deux cas sont possibles: soit que l'on considère l'ensemble de la proposition, et l'assertion est légitime (ce que fait Aristote), soit que l'on ne considère que le terme nié: «malade», alors l'assertion est dénuée de sens puisque Socrate n'existe pas.

La seconde partie de l'*Organon* d'Aristote aborde l'étude des propositions (*De l'Interprétation, op. cit.*, pp. 77-144). Analysant les éléments du discours, et définissant le nom comme «un son vocal, possédant une signification conventionnelle, sans référence au temps, et dont aucune partie ne présente de signification quand elle est prise séparément» (*op. cit.*, p. 79), Aristote affirme, tout comme le feront les Stoïciens, que *non-homme* n'est pas un nom: «ce n'est ni un discours ni une négation» (*op. cit.*, p. 80). Pour qu'un discours soit une proposition, il faut qu'en lui réside le vrai ou le faux: la prière est un discours mais pas une proposition, car elle n'est ni vraie ni fausse. Pour Aristote, le primordial en valeur, c'est l'affirmation par rapport à la négation, mais le rôle fondamental de la négation n'en est que d'autant plus nécessairement déterminant du point de vue de la vérité affirmative recherchée. De toute manière, la définition de la proposition simple reste la suivante: «une émission de voix possédant une signification concernant la présence ou l'absence d'un attribut dans un sujet, suivant les divisions du temps» (*op. cit.*, p. 86). On voit que le syllogisme aristotélicien est alors une proposition, c'est-à-dire une *thèse logique* — ce que n'est pas le syllogisme stoïcien: si ce dernier se compose comme le syllogisme aristotélicien de deux prémisses et d'une conclusion, les prémisses et la conclusion ne forment pas ensemble une proposition unique, comme c'est le cas dans le syllogisme aristotélicien. Le syllogisme stoïcien est une règle concluante: ce genre de règle est devenue classique en logistique sous le nom de «règle de séparation»; pourtant les syllogismes stoïciens peuvent être transformés aussi en propositions ou en thèses logiques.

«La négation est pour les Stoïciens, l'opposé contradictoire d'une proposition, opposition marquée par la particule négative placée devant cette proposition»[69]. En cela, leur théorie ne se démarque pas foncièrement de celle d'Aristote puisque celui-ci voit dans la négation «la déclaration qu'une chose est séparée d'une autre chose» (*De l'Interprétation, op. cit.*, p. 86). Et, en outre pour Aristote, ce qui oppose une affirmation à une négation ou vice versa, c'est ce qu'il appelle *contradiction* (*op. cit.*, p. 87). On comprend, dès lors, le rapport général de la «règle de séparation» avec l'opération de négation: le syllogisme stoïcien n'est pas encore une proposition, car il présuppose, oui ou non, une adhésion à ce qui pourrait en être la conclusion. Le fondement même de «*si p, alors q*» repose sur une diversité ou une altérité par rapport à sa signification interne: la vérité de *q*; il présuppose l'adhésion à l'énoncé même en tant que formule et à la reconnaissance du premier terme *p*; sur cette présupposition, *q* est vrai en lui-même et pour lui-même. L'implication «*si p, alors q*» a donné l'occasion à de multiples controverses. On peut dire que le syllogisme aristotélicien est catégorique (*il vise à affirmer*) et que le syllogisme stoïcien est hypothétique ou circonstanciel (il présuppose certaines données pour affirmer). Cette différence vient du fait qu'Aristote met en place d'honneur l'affirmation par rapport à la négation, tout en fondant cependant toute sa logique sur l'appréhension détaillée de la négation; et en même temps elle provient du fait que les Stoïciens, de leur côté, ne font pas immédiatement de leurs syllogismes des propositions (énoncés vrais ou faux, affirmatifs ou négatifs).

Par l'analyse de la négation à laquelle il se livre, Aristote peut distinguer entre opposition de contradiction et opposition de contrariété. La première concerne le rapport d'inclusion du particulier dans l'universel, la seconde le rapport d'assimilation de l'universel à l'universel. La contradiction oppose à une affirmation exprimant un sujet universel «une négation exprimant le même sujet non pris universellement» (*op. cit.*, p. 90): *Tout homme est blanc — Quelque homme n'est pas blanc —* La contrariété oppose à l'affirmation d'un sujet universel la négation d'un sujet universel:

Tout homme est juste — Nul homme n'est juste.

Dans une opposition contradictoire portant sur l'universel, l'une des propositions est nécessairement vraie, l'autre nécessairement fausse. Il en est de même si la contradiction porte sur le singulier identique. Aristote précise les conditions dans lesquelles il y a négation, à proprement parler: «*il faut que la négation nie l'attribut même qui était précisément affirmé par l'affirmation et qu'elle porte sur le même sujet, sujet singulier ou sujet universel*» (*op. cit.*, p. 92). A une seule affirmation ne correspond qu'une seule négation. Cette négation unique est comme le contrepoids de cette affirmation. Et la simple possibilité logique d'être niée garantit à une proposition son identité différentielle. C'est pourquoi deux contradictoires ne sont pas toujours l'une vraie et l'autre fausse: quand il s'agit de choses *contingentes*, affirmation et négation peuvent être vraies l'une et l'autre. Quant au vrai, la négation opère différemment selon la nécessité, l'impossibilité, la contingence des choses, et selon le temps. La notion de temps joue un rôle: «L'affirmation ou la négation portant sur les choses présentes ou passées est nécessairement vraie ou fausse, et les propositions (contradictoires) portant sur des universels et prises universellement sont toujours aussi, l'une vraie et l'autre fausse; il en est de même, ainsi que nous l'avons dit, dans le cas de sujets singuliers» (*op. cit.*, p. 95). En effet, le contingent ne saurait être dit nécessaire ni impossible: en ce qui concerne le passé, tout comme le présent, une affirmation ou une négation est nécessairement vraie ou fausse, qu'il s'agisse de choses nécessaires ou de choses impossibles; mais en ce qui concerne le futur une nouvelle catégorie intervient: «les futurs contingents» (*op. cit.*,

p. 95) pour laquelle Aristote renonce au principe de bivalence. Dans ce cas, si le futur est noté comme le nécessaire, l'impossible et l'universel contingent, le vrai et le faux se distinguent; mais si nous énonçons des propositions singulières à propos de choses contingentes regardant le futur, nos propositions ne sont pas nécessairement vraies ou fausses, elles sont indéterminées.

Dans le cas d'une véritable indétermination, «alors l'affirmation ou la négation n'est pas plus vraie, ni plus fausse l'une que l'autre, tantôt la tendance dans une direction donnée est plus forte et plus constante, bien qu'il puisse arriver que ce soit l'autre qui l'emporte et non pas elle» (*op. cit.*, p. 102). Si les deux branches de l'alternative ne sont pas séparément nécessaires («il n'est pas nécessaire qu'il y ait demain une bataille navale, pas plus qu'il n'est pas nécessaire qu'il n'y en ait pas», *op. cit.*, p. 101-102), il est vrai que l'alternative, elle, est nécessaire puisque «nécessairement il y aura demain une bataille navale ou il n'y en aura pas» (*ibid.*). Donc, il en résulte que deux propositions opposées, affirmative et négative, ne sont pas toujours nécessairement l'une vraie et l'autre fausse. Il existe aussi des propositions qu'Aristote appelle «indéfinies», tout comme il existe des noms indéfinis comme «non-homme»; soient: *est, n'est pas, juste, non-juste* — «*n'est pas*» est la négation de «*est*»; «*non-juste*» est la négation de «*juste*». — Entrent en jeu les oppositions: *homme/non-homme*, et aussi: *tout homme/quelque homme*; «*est*» et «*n'est pas*» sont ajoutés à «*juste*» et «*non-juste*»; B est la négation de A, D est la négation de C:

A	B
L'homme est juste	L'homme n'est pas juste
D	C
L'homme n'est pas non-juste	L'homme est non-juste

De même, Aristote combine *juste, non-juste, est* et *n'est pas* avec la négation indéfinie du terme homme, *non-homme*; et entre ces deux cas intervient un cas plus compliqué, car le cas intermédiaire combine: «*est*», «*n'est pas*», «*juste*», «*non-juste*» avec, en outre, «*Tout homme*» et «*Quelque homme*», ajoutant l'opposition de l'universel et du particulier. Une négative consécutive à une affirmative apparaît donc essentiellement come une *privation*: sur les quatre propositions obtenues, deux apparaîtront «suivant leur ordre de consécution comme des privations» (*op. cit.*, p. 106). Ou bien deux autres inversement comme des *habitus* relativement à des privations. Ainsi ont été inventoriées toutes les espèces de contradictions possibles: avec le fait d'une différence notable en ce qui concerne les propositions à sujet indéfini comme *non-homme*. Toutefois, *non-homme* ou *non-juste*, sans nom ou sans verbe, ne sont pas à considérer comme des négations proprement dites, bien qu'il s'agisse d'expressions négatives. *Tout* et *nul* désignent que le nom est *pris universellement*; aussi le passage des propositions à sujet défini aux propositions à sujet indéfini se fait-il en ajoutant la particule négative, non pas à *tout*, mais à *homme*, par exemple : *tout non-homme*.

Dans la perspective fondamentale d'une logique binaire élémentaire vrai/faux, il est normal qu'Aristote insiste sur les effets déterminants de la négation : sans celle-ci, condition nécessaire, la vérité n'est pas possible, puisqu'elle dépend de la considération d'un composé binaire de référence *affirmation/négation*, permettant l'alternative nécessaire vrai/faux; aussi Aristote a-t-il raison de préciser quand et comment on peut tirer une conclusion sur la vérité ou la fausseté de deux propositions dont l'une affirme et l'autre nie la même chose d'un même sujet. C'est pourquoi il étend son analyse aux cas où négations et affirmations expriment le possible et le non-possible, le contingent et le non-contingent, l'impossible et le nécessaire. La négation de *l'homme est* est *l'homme n'est pas*, et non le *non-homme est* (le *non-homme*, nous l'avons vu, est un sujet indéfini). Cependant, *il est possible que cela soit* a pour négation : *Il n'est pas possible que cela soit*. Il en est de même pour le contingent, le nécessaire et l'impossible : *que cela soit* et *que cela ne soit pas* jouent le même rôle que le sujet du discours. De même, *il est possible que cela ne soit pas* a pour négation *il n'est pas possible que cela ne soit pas*. C'est l'apparition de la contradictoire de la proposition qui fait qu'il y a négation de cette proposition : *op. cit.*, p. 125. Aristote le premier a étudié le cas des propositions répondant à l'affirmative *Callias est juste* : soit *Callias n'est pas juste*, soit *Callias est injuste*. C'est la difficulté soulevée par les *contraires* et qui consiste à chercher quel est le jugement vrai qui est contraire du jugement faux, même si la proposition reste affirmative (ou négative). D'une manière générale, le jugement faux est le contraire du jugement vrai; toutefois il faut retenir que « ni un jugement vrai, ni une proposition vraie ne peuvent être contraires à un autre jugement vrai ou à une autre proposition vraie » (*op. cit.*, p. 144). Car il y aurait contradiction. Cette règle est essentielle (sauf pour les cas intermédiaires).

Si l'on suit la théorie du syllogisme dans *les Premiers Analytiques* (*Organon*, III), on doit de nouveau constater l'importance de la négation à partir de la définition du syllogisme : «un discours dans lequel, certaines choses étant posées, quelque chose d'autre que ces données en résulte nécessairement par le seul fait de ces données» (*op. cit.*,

III, p. 4-5). La prémisse peut poser une attribution pure, une attribution nécessaire, une attribution contingente; dans tous les cas, *elle est soit affirmative, soit négative*. Cette alternative subsiste. Les prémisses affirmatives et négatives sont soit universelles, soit particulières, soit indéfinies. Aristote étudie le cas des conversions, c'est-à-dire des transpositions des termes d'une proposition sans en changer la qualité. La conversion des universelles affirmatives est particulière ou imparfaite; *celle des universelles négatives est simple ou parfaite*; celle des particulières affirmatives est «par accident»; *celle de la particulière négative est impossible*. Donc, le cas de la négation est net : parfaite, simple ou impossible.

Mais la négation est davantage qu'une simple *possibilité* logique. Elle est la condition de possibilité *nécessaire* de l'affirmation, et elle permet, étant donné les règles dégagées par Aristote, de distinguer les affirmations et les négations vraies, des affirmations et négations fausses. Car, outre le repère du *vrai/faux* sur la base du jeu *affirmation/négation*, interviennent efficacement les distinctions telles que : *universel/particulier/indéfini*, ou *pur/nécessaire/contingent*, et enfin *possible/impossible*. Il existe aussi les propositions ni vraies ni fausses, mais indéfinies, elles le sont à travers la négation : comme *non-homme*. Sur la base de ces considérations fondamentales, il n'est guère possible d'affirmer, comme Mabbott, que la négation est en somme absurde ou inutile ou même subjective[70], ni davantage, comme Ryle, qu'il existe «des faits négatifs réels»[71]. Aristote va plus loin que ce qu'on appelle la théorie ordinaire de l'élimination, qui n'est qu'un cas particulier d'une théorie plus générale, ainsi que H.H. Price l'établit[72].

Il n'y a pas de «faits négatifs réels». N'était-ce pas l'objet de la démonstration de l'*Essai pour introduire en philosophie le concept de grandeur négative*, par lequel Kant a ouvert des voies nouvelles? Distinguant l'opposition logique, contradictoire, de l'opposition réelle, non contradictoire, Kant a souligné la nécessité de prendre en considération, non plus seulement l'affirmation ou la négation d'un même prédicat concernant un même sujet, mais ce qu'il en est des faits réels : on ne peut tirer l'existence d'une simple définition logique affirmative, ni la non existence d'une simple définition logique négative. L'opposition logique ne néantise pas les faits réels qui s'opposent; même s'ils se détruisent, ils n'en sont pas moins livrés par l'expérience dans une opposition réelle, et comme un «concept inanalysable». Non seulement la destruction n'est pas une contradiction, mais encore la force négative opposée à la force positive est elle-même positive, sinon elle n'aurait aucun effet. Nous avons, dans les pages précédentes, voulu montrer que nier est fondamental, et que la négation fonde l'assertion qu'elle soit positive ou négative, car l'opération de négation implique davantage que l'opposition logique : la négation est une disposition cachée de la vie et de la pensée, que nous avons déjà présentée dans *la Symbolicité*. Après Aristote, Kant a exploité à son tour la négation ; dans la « Discipline de la raison pure » (Chapitre I de la Méthodologie transcendantale de la *Critique de la raison pure*), il vante la « discipline négative » (*Negativlehre*) comme étant propre à éviter l'erreur de méthode : « toute la philosophie de la raison pure n'a d'autre but que cette utilité négative » (trad. Barni, II, p. 193).

Très nettement, Hegel a mis en évidence que le général positif procède du négatif qui permet d'appréhender positivement le particulier. Il a, d'ailleurs, fait ressortir les deux pôles, négatif et positif, de la raison[73]. De plus, étudiant comment la conscience engendre l'objet de sa pensée, Hegel met l'accent sur les composantes du devenir, qui sont l'être et le néant. Cherchant le commencement de la Logique, c'est-à-dire le commencement de « la science de la pensée en général » (traduction Jankélévitch, I, p. 28), Hegel met en évidence le rôle positif du négatif, comme essentiellement transformateur. D'après lui, Kant avait d'abord posé, sans la traiter en conséquence, la question du commencement. Reprenant ce que l'idéalisme transcendantal avait laissé, Hegel avec l'idéalisme absolu, d'une part, dans sa *Phénoménologie*, « déduit » le concept de science, d'autre part, dans sa *Logique* commence avec le concept de science, étant présupposé ce que la *Phénoménologie* a apporté, à savoir que : « Le savoir absolu équivaut à la vérité de toutes les modalités de la conscience, car, ainsi que nous l'avons montré en partant de l'évolution de celle-ci, c'est seulement dans le savoir absolu que disparaît la séparation entre l'objet et la certitude que nous en avons, que la vérité devient égale à cette certitude, et celle-ci à la vérité » (*Introduction, op. cit.*, p. 35).

Pour la conscience, le concept est « de son côté, ce qui existe en-soi-et-pour-soi » (*ibid*). Aussi la *Logique* n'a-t-elle pas à distinguer le point de vue de son savoir du fait objectif d'une pensée : il n'y a pas un sujet qui pense, d'une part, et d'autre part, des signes de la vérité ; mais les formes nécessaires de pensée sont le contenu même et la vérité même. Déjà avec la *Phénoménologie de l'Esprit*, Hegel a amplement montré quelle devait être « la méthode véritable de la science philosophique » (*op. cit.*, p. 39) : ce n'est autre que « la conscience de la forme que revêt le mouvement intérieur de son contenu » (*op. cit.*, p. 39-40). Et la *Phénoménologie* a constamment mis en lumière, dans son mouvement, qu'il existe « des formes de conscience dont chacune, en se réalisant, se définit et aboutit à sa propre négation pour, en le faisant, revêtir une forme supérieure» (*op. cit.*, p. 40). Hegel a donc mis en évidence le rôle «positif» du négatif: il en a nettement conscience, à juste raison: «Le progrès scientifique (et c'est ce qui importe avant tout) consiste à reconnaître la proposition logique, d'après laquelle le négatif est en même temps positif, ou que ce qui est contradictoire, loin de se résoudre en un rien abstrait, aboutit seulement à la négation de son contenu *particulier*, ou encore qu'une partielle négation n'est pas la négation de tout, mais seulement d'une chose déterminée, et que, par conséquent, le résultat contient essentiellement ce dont il découle en tant que résultat; ce qui est, à proprement parler, une tautologie, puisque, autrement, ce ne serait pas un résultat, mais une donnée immédiate» (*op. cit.*, p. 40). Hegel indique l'essentiel de sa méthode dialectique qui est fondée sur une réévaluation des pouvoirs de la négation. Dès lors, en effet, «la négation est une négation *définie* et *précise*, elle possède un *contenu*» (*ibid.*) Cette négation avec un contenu est un nouveau concept, enrichi de la négation du concept antérieur, et contenant le contraire du concept antérieur. Telle est la «voie» indiquée par Hegel: par la réintégration de ce qui est nié procède la formation du système des concepts. L'essentiel de la méthode proposée par Hegel — et quelles que soient les critiques qu'on en peut faire — demeure donc une prise en considération de la négation. Car, l'exposé même de la *Logique* n'est qu'un *exposé*, soumis à l'impératif de «réunir ce qui est de même nature» (*op. cit.*, p. 41) en faisant précéder le simple. Mais, en ce qui concerne la progression du concept, c'est la «vraie dialectique» qui commande lorsque le négatif détermine la progression même. Hegel rend hommage à Kant d'avoir placé la dialectique sur un plan supérieur, tandis que Platon n'en avait usé que pour réfuter des affirmations et n'aboutir qu'à un résultat nul: et, bien que dans cette critique Hegel cite, entre autres, précisément le *Parménide*, il faut, pour être juste, reconnaître qu'une relecture du *Parménide* nous permet de rapprocher ce dialogue de l'entreprise hégélienne: la dialectique du *Parménide* diffère quelque peu de la dialectique platonicienne des autres dialogues.

En ce qui concerne l'Idée, Hegel accorde à Platon «la contemplation de l'idée, comme de la chose-en-soi-et-pour-soi ou d'après son concept»[74], ainsi que l'identité de l'Idée à soi et son unité en soi[75]. En outre, il retrouve dans la dialectique de *Parménide* la négativité de l'abstraction qui sépare l'Etre du Néant, comme au chapitre sur l'Etre du début de la *Logique*. En effet, Hegel écrit: «L'être pur et le néant pur sont donc la même chose»[76]; de même Platon, en examinant la proposition: «*si l'Un est un*», conclut au non-être de l'Un «via negativa». Et «*si l'Un est, il est le contraire de soi*». La même idée est être et néant [77]. Il est manifeste que Hegel a trouvé dans le *Parménide* de Platon l'inspiration de sa méthode dialectique. Rappelons-nous: «L'Un qui est sera donc ainsi pluralité infinie? — C'est à croire» (*Parménide*, 143 a). Ainsi, l'Un est «en soi» et «en autre que soi» (145 b); «l'Un est en soi» signifie que l'Un enveloppe l'Un (145 c); «l'Un est en autre que soi» signifie que l'Un n'est pas dans une de ses parties, ni dans la totalité, ni en plusieurs; «Donc l'Un, en tant que tout, est en autre que soi; mais, en tant que totalité des parties, il est en soi» (145 e). La *contradiction* (abstraction faite du temps) est possible: l'Un est immobile en tant qu'il est en soi et mû en tant qu'il est en autre; de même, il est identique à soi et différent de soi: identique à soi en tant qu'en soi, différent de soi en tant qu'en autre que soi (146 b; c; d;). Différent de soi et identique à soi, l'Un est aussi semblable et dissemblable à soi-même (148 d). De même, l'Un est avec les Autres et avec soi, de même il a contact et n'a pas contact (149 d). Ensuite, l'Un égal à soi (150 e); mais, en tant que l'Un est dans les Autres, il sera plus petit; en tant que les Autres sont dans l'Un, il sera plus grand; par conséquent, l'Un est égal à soi et aux Autres, plus grand et plus petit que soi et que les Autres (151 b). Les participants de l'Un-partie et de l'Un-tout sont nécessairement multiplicité infinie en tant que participants à l'Un (158 b); la limitation réciproque vient de ce que les Autres que l'Un ont communauté avec l'Un et avec eux-mêmes; mais ils sont illimités de par leur nature propre; donc les Autres que l'Un sont illimités et limités (158 d); de même, ils seront identiques et différents (159 b). Si l'Un est, l'Un est tous et n'est pas même un (160 b). Si l'Un n'est pas, il participera à l'être pour réaliser son «ne pas être» (162 b): donc en l'Un apparaît l'être et, puisqu'il n'est pas, apparaît aussi le non-être (162 b). Mais l'un qui n'est pas naît et périt et ne naît ni ne périt (163 b); s'il n'y a pas d'Un, il y a pluralité (165 e) mais aussi il n'y a rien (166 c). En conclusion, si l'Un est ou n'est pas, il est, dans son rapport avec les Autres et dans le rapport des Autres avec lui, tout et rien, comme les Autres sont tout et rien (166 c).

Insatisfait de la logique des prédicats, Hegel élargit la Logique à une science pure, «la science pure dans tout l'ensemble de son développement». C'est en opposition à Kant que Hegel veut restaurer la fonction spéculative de la raison et établir la synthèse spéculative des systèmes de la théorie et de la pratique. Mais, en même temps, Hegel opère un élargissement du spéculatif hors du simple domaine scientifique et inclut dans le spéculatif le domaine que Kant réservait à la raison pure: réalité divine et vérité première. Après avoir acquis l'unité de l'être et du savoir qui se sait, le savoir s'avère indifférencié et se pose comme non-savoir, être pur du début de la *Logique*. Et c'est en fait le problème du commencement que traite Hegel en défendant sa manière de le résoudre (Kant en fit autant).

Le point de départ de la science ne peut porter sur le contenu. En tant que tel, «le commencement reste quelque chose de subjectif» (*Science de la Logique*, I, p. 55). Tandis que la phénoménologie, science de la conscience, avait pour but de montrer que la conscience a pour aboutissement final le concept de la science, le savoir pur, c'est justement ce que présuppose la logique, l'être représenté résultat d'une médiation supprimée. Ainsi entre-t-on dans la pensée en soi. Ce qui est un commencement absolu.

L'immédiat indéterminé ou l'Etre, d'où Hegel part comme de la qualité de l'absence de qualité, inaugure le domaine des vérités spéculatives et en particulier avec l'idée de l'identité de l'Etre et du Néant. Le déplacement des catégories de l'entendement est la condition d'une logique infinie. Affirmer directement ce qui est né, c'est ce qu'opère, en fait, le jugement en général, mais ce faisant il énonce la réalité du *devenir*. Le mouvement mis en évidence efface la contradiction: le contenu s'oppose à la forme. Le jugement de l'entendement n'exprime pas des vérités spéculatives; en effet la réflexion met à découvert, non plus le rapport d'identité entre le sujet et le prédicat, mais précisément la non-identité du sujet et du prédicat. La forme ici s'oppose au contenu qui est un résultat spéculatif.

C'est toute la logique d'Aristote telle qu'elle a survécu jusqu'à Hegel qui se trouve renversée par la dialectique hégélienne, avant qu'elle ne le soit partiellement par la logique moderne. L'énoncé se trouve donc analysé. Un contenu est présenté dans une forme antinomique comme chez Kant auquel Hegel doit beaucoup. L'antinomie posant le conflit le résout en même temps. C'est la non-identité de l'identité qui fait que l'identité peut être *dite* identique. L'unité, qu'opère la raison spéculative en comparant des objets entre eux, exprime l'être-là des objets, dans leur *être-la-même-chose*. Ainsi est exprimée l'affirmation qui relève de l'*unité*, non de l'inséparabilité ou de l'indivisibilité.

L'unité fixe à laquelle s'identifie l'antinomie statique que repousse Hegel laisse donc place à un mouvement. Les opposés absolus que sont le feu et la glace au cœur de l'enfer de Dante ne s'opposent plus, ici de même ne s'opposent plus la clarté absolue et l'obscurité absolue.

Le langage, qui ne peut exprimer la différence absolue, en fait n'exprime que des rapports définis, relatifs. La vertu de la négation est assez mise en avant par Hegel. C'est la négation qui est la condition de détermination: comme le dit Spinoza, «toute détermination est négation». C'est l'apparition dynamique d'un mouvement qui éclaire l'obscurité et trouble la clarté. Etre affirmé comme nié, tel est le sort nécessaire pour être-médiatisé, c'est-à-dire pour exister. Le véritable dépassement est une synthèse qui donne aux premiers moments leur vérité.

La véritable identité résulte de la médiation ou négation. L'inconséquence de la «simple pensée» est donc mise en évidence dans la note sur *Pauvreté de l'expression: Unité, Identité de l'être et néant*. Hegel veut éviter l'extériorité des déterminations, la fixité des rapprochements, et la représentation imagée. Dans ces trois cas sont invoqués des éléments appelés à la rescousse: l'entendement ignore le passage mais l'implique entre deux notions, il implique également l'intermédiaire du possible comme homogène de l'être et du néant, enfin il introduit un contenu imprévu: l'image. La vérité du concept, au contraire, réintègre le mouvement de l'être au néant, et vice versa. Dès le début de la *Phénoménologie*, ce que Hegel intitule «dialectique de la certitude sensible» est nécessairement conçu sur le parti pris de son dépassement, car ce système qui devrait être le plus clos sur lui-même, puisqu'il signifierait l'exclusion du langage, ne supporte en fait pas cette exclusion. Les problèmes qui sont soulevés sont ceux de l'immédiateté et de la médiation, et ils se ramènent à poser la question de l'opération du langage: comment la langue œuvre-t-elle au cœur de la certitude sensible? Quant au projet initial d'aborder pour elle-même la certitude sensible, il implique contradictoirement des renoncements. Quel est en effet le mode de présence de l'objet au niveau de la certitude sensible? On voit que la présentation de l'objet en tant que sensible n'échappe pas à l'érosion linguistique, à moins qu'on admette, avant tout, une intuition sensible préalable à l'organisation du langage instaurateur de phénomènes. «Parler» ou «vivre», en matière de certitude sensible, s'opposent. Tenter de la dire, c'est l'affirmer en la niant dans un immédiat qui n'est pas donné. Ce qui s'avère essentiel, c'est donc le fait de la médiation ou de la négation, car la certitude sensible est expulsée de l'objet et refoulée dans le moi, prise dans le devenir du langage: le viser-mien se nie dans la parole qui affirme l'universel. L'immédiateté n'est finalement que le produit de la connaissance médiate. L'immanence du tout à chaque partie est éprouvée ici soit dans la relation réciproque du savoir et de l'objet, soit dans la confrontation de la présence et de l'essence, soit dans l'interrogation de l'essence en tant qu'ici et maintenant. Comment la certitude sensible se transforme-t-elle en vérité? Cette prétention à la vérité est déniée par les deux visages de l'ici et du maintenant que montre l'objet. Au-delà de l'égalité à soi-même de l'être pur; comme au-delà des négations et des médiations de l'espace et du temps, la certitude éprouve son savoir immédiat. Le nouveau savoir s'imposant comme nécessaire apporte sa norme destructrice du ceci; la visée lui survit, dans un *non-ceci*, se répétant également, maintenant et ici universels. Le langage est inapte à dire cette certitude sensible: le ceci est inexprimable, et s'il peut être appréhendé dans l'intuition, il ne peut être traduit dans le langage: et quand nous nous ravisons tout au plus pouvons-nous dire: «c'était» ou «ce fut»; même alors nous disons l'être en général. Le langage abstrait l'universel de la singularité même. L'ineffable échappe à l'être-vrai; mais s'en rendre compte, n'est-ce pas aussi déjà restituer à l'ineffable l'être-vrai?

S'agit-il, au niveau de la dialectique de la certitude sensible, d'un mouvement à travers le temps et l'histoire? S'agit-il encore d'un mouvement à travers l'expérience de la conscience? On sait que ces deux mouvements caractérisent la dialectique hégélienne. Dire que la conscience n'est pas immédiatement tout ce qu'elle est, selon ce que sont les évidences cartésienne et husserlienne, est-ce compatible avec l'affirmation que le tout est immanent à la partie? Si cette dernière affirmation est vraie pour Hegel, la conscience est bien immédiatement tout ce qu'elle est, mais elle ne le sait pas immédiatement. On peut donc s'interroger sur l'intention de l'exposé: est-il en devenir car les «choses» sont en devenir: ici, l'objet, la conscience et la certitude? Ou bien est-il en devenir parce que notre ignorance initiale est en régression? Faut-il confondre la phénoménologie de l'Esprit avec la phénoménologie de la conscience qui s'empare de la phénoménologie de l'Esprit? Qu'attend Hegel de son lecteur? Quelle attitude lui suppose-t-il? Identifie-t-il son lecteur à cette conscience de la certitude sensible qui s'engage dans l'expérience en croyant atteindre immédiatement l'être même? Qui ici se fait cette illusion? Est-ce le lecteur supposé de Hegel, est-ce Hegel lui-même? Qui trompe qui? Certes, la leçon hégélienne est ici le contraire du radicalisme: c'est la démonstration que le moi est inégal à lui-même. Mais la systématisation du déploiement de l'éducation de la conscience relève-t-elle de la *science de ce déploiement* ou de la didactique nécessaire à cette éducation? Où commence l'exposé scientifique et où l'exposé didactique (voire rhétorique)? Mais, dira-t-on, le propre de la phénoménologie en tant que *logos* du *phenomenon* est d'emblée didactique, même si elle est scientifique: se couler sur le *modus essendi* de ce logos, c'est, pour l'esprit, se métamorphoser, c'est apprendre. Une question demeure, toutefois : pourquoi Hegel part-il de cet immédiat; en quoi ce commencement s'imposait-il ? Ce qui motive l'exposé dans son point de départ n'est pas assez justifié par l'exposé dans son mouvement. Cette « sortie » d'elle-même de la conscience n'implique-t-elle pas des « expériences » que l'on croit indiscutables : comme celle du *cogito* cartésien ou comme celle de la statue odeur de rose de Condillac ? Et, au cours de ce premier déploiement, on découvrira des implications de l'histoire de la philosophie : celles-ci sont-elles invoquées subrepticement par la nécessité de la seule habitude de pensée, pour la corriger (ce qui encore serait éclairant), ou bien, ces allusions faussement évidentes sont-elles là comme des « données » ? Dans un autre état de fait culturel et historique, ces moments de la dialectique de la certitude sensible eussent été autres, et la phénoménologie en son commencement eût été autre; donc cette « science » peut-elle se démontrer comme étant un « savoir absolu » ?

Si, pour combattre les illusions de l'opinion (*Meinung*) on les réduit à des « visées » (*Meinen*) dont les avis sont maladroits, par quelle opération garante de vérité va-t-on, dans l'opération contraire, rectifier ces visées ? Perdre ses illusions est-ce gagner la vérité ? La médiatisation de la certitude sensible n'est pas celle de l'objet. L'essence du maintenant est négatif par rapport au jour et à la nuit et seul se conserve le maintenant médiatisé : c'est cela, la vérité; non l'objet, mais l'universalité langagière du ceci; non l'autre, mais le mouvement de connaissance vers l'autre; pas même le savoir, mais le savoir médiatisé par l'objet-là, « vrai » indépendamment du savoir et condition de possibilité du savoir. Tout ce jeu d'apparaître-disparaître se poursuit sans répit. Dès lors, nous prendrons cette méthode précisément pour une méthode à la fois contemplative et descriptive : (non représentative) essentiellement non formelle. C'est le rythme même, directeur et immanent, du concept-sujet que suit ainsi Hegel en reprenant en pointillés les expériences du passé comme illusoires et faussement évidentes. Mais c'est un condensé du passé qui est ainsi, non pas vécu, mais conçu dans l'exorcisme des trompe-l'œil. Par la double négation, apparue dans l'ici et le maintenant, ce qui est rendu possible c'est, avec le *langage* et la *symbolicité* qui lui est inhérente, l'universalité conceptuelle. C'est cette appréhension qui dès lors doit nous suffire et nous tenir lieu de vérité et de réalité, au-delà des termes qui apparaissent, et dans leur mouvement d'apparaître, en tant que médiation et négation sont essentielles. Et c'est la négation qui entraîne cette permanence nécessaire à l'être, puisque l'universel est conditionné par l'égalité avec soi-même se mouvant, par la pure négativité. Le renversement du rapport initial équivaut à la suppression de la sensation, à son remplacement par la perception, ou appréhension de l'universel. Malgré sa conversion, la conscience continue à voir devant elle un objet, un contenu, dont la forme lui échappe. Ce qui est *a priori* chez Kant (l'espace et le temps) se ramène ainsi chez Hegel à un *jeu de langage*; mais cette négativité nécessaire à Hegel est ce qui prépare au concept et à ses déterminabilités : c'est par elle que Hegel exprime la finitude des *a priori* kantiens, imaginaires préalables à la science, mais contemporains des symboles de la raison pure, donc *inobjets* nécessaires à la constitution de l'objet de la réalité.

D'une manière générale, il peut être intéressant de chercher à savoir ce que « réalité » veut dire, tant ce terme peut prendre de tout son poids l'orientation des argumentations décisives. Chez Hegel (mais chez Kant, déjà), il prend un sens nouveau se détachant, précisément, du sens empirique courant dépréciatif d'un point de vue rationaliste, et se détachant également, dans la perspective rationaliste, de cette prise en bonne part ou en mauvaise part d'une idée en tant qu'elle est pourvue ou dépourvue de « réalité ». Ces points délimitent déjà assez le champ sémantique offert au terme *réalité* qui sera tout différent chez Hegel et surtout par rapport à la position d'ensemble de la métaphysique traditionnelle ou classique. En un mot, la « réalité » hégélienne ne concerne ni la « réalité sensible », méprisée par Platon, ni la « réalité intelligible », la seule admissible par Platon.

De même qu'il est vrai que l'extérieur peut ne pas dominer l'être en soi d'une idée vraie, on ne peut toutefois tenir pour vraie l'affirmation qu'une idée vraie doive ne pas même être réelle. Hegel vise alors la position inverse qui se passe du réel dans sa position de la vérité ou celle qui oppose aux idées pures un réel qui est le seul vrai. Ce n'est pas l'éloignement du réel qui garantira pour Hegel la vérité d'une affirmation. Hegel indique, dans la note sur *Qualité et Négation* (*Logique*, I, pp. 107-110), les vices de pensée, les implications sous-entendues que les premières démarches de la pensée, qui sont déterminantes de l'orientation d'ensemble, prennent sans en discuter et dont il veut supprimer l'effet. Sa nouvelle conception doit au préalable s'assurer la place vide de ce côté-là. Hegel supprime au moins les *a priori* des travers des points de départ de la marche de la pensée. Il vise surtout la métaphysique. Aussi attaque-t-il la notion métaphysique de Dieu à la base de toute la preuve ontologique de l'existence de Dieu. Pour éviter la négation qui, dans la métaphysique classique, ne peut que freiner la pensée et la « finir » dans le sens de la clore et aussi d'en montrer la finitude, les philosophes la rendaient impensable, et surtout dans la notion de Bonté ou de Perfection, c'est-à-dire quant à la réalité-Dieu. Pour Hegel, la négation, loin de néantiser, meut en niant et se transmue en réalité. En outre, il montre qu'une affirmation se voulant absolue se renverse ici en son contraire : au lieu de la réalité parfaite, se découvre un néant abstrait.

Reprenant l'affirmation spinoziste, *omnis determinatio est negatio*, Hegel en souligne la fécondité à condition de retenir que la négation n'est pas la derrière forme ni le dernier terme : « pas plus que la réalité n'est le vrai » (p. 109). Ni l'absolu vide, ni le néant abstrait ne peuvent ici convenir. Si ces termes concernent un simple concept inconnu, étranger à la réalité, il est un pur néant; si ces termes désignent la réalité, il ne s'agit pas de la réalité, différenciée et complexifiée, que nous connaissons, mais d'une réalité originaire, peut-être l'Un primordial auquel renvoie *la Naissance de la tragédie* de Nietzsche; mais si c'est le Chaos, le cosmos n'en sortira que par la précision et la négation, puisque la réalité n'existe, selon Hegel, que si elle comporte une précision, c'est-à-dire une négation, c'est-à-dire une déterminité qui, si elle était éliminée, éliminerait aussi ce qu'elle devait déterminer. Aussi bien, la substance spinoziste unique implique-t-elle que tout ce qui s'articule dans son sein ne le fasse que selon le principe de la négation, marqué du sceau « négatif », compris logiquement et réellement. Les déterminations de la pensée et de l'être se trouvent réunies dans l'unité de la substance, sont des négations qui doivent leur unité commune à leur infinité. Infinité qui, selon Spinoza, « affirme ». Pensée et être ne sont que des attributs, même pas des « moments », car leur détermination vient de l'extérieur. L'individu ne peut être conçu comme substance, car il est, au contraire, pour ainsi dire, happé par la substance qui le fait disparaître dans son unité, dans le mouvement même de ce qui le détermine, mouvemement qui n'est autre que le mouvement négatif de l'entendement. L'indéterminité noie toute déterminité. Pour Hegel, l'individu représente davantage que la détermination par ses propres limites, un « plus » qui le fait déborder dans une autre sphère du concept : il a son existence en autre que soi. Chez Spinoza, Hegel dénonce l'absolument déterminé, dans l'individu, son caractère fini, sans existence en soi et pour soi, sous l'effet d'une détermination négatrice et l'anéantissement dans le tout de l'unité de la substance.

La notion absolument affirmative de Dieu, « ensemble de toutes les qualités » (*op. cit.*, I, p. 108) comporte innocemment des éléments appelés à la détruire. Hegel, en effet, en poussant, au maximum, cette affirmation de l'affirmation, qu'est, selon nous, la preuve ontologique telle qu'il la voit, va opérer sa désintégration par l'opération de la notion sur elle-même. La réalité est ici conçue comme perfection. Qu'est-ce que cela veut dire? Nous allons voir que la réalité, dénuée de toute négation, que cette preuve nous donne à saisir, est, en fait, «éminemment», sans précision liée pour Hegel à la négation, infinie, amplifiée jusqu'à l'indétermination, et dénuée autant de négation que de signification. Le sens éminent du mot bonté l'assimile à «justice»: du moins la justice est-elle tempérée par la bonté comme la bonté l'est par la justice: Hegel nous renvoie à Leibniz, mais tout autant nous nous sentons renvoyés à Platon (surtout au livre 1 des *Lois*). Il s'ensuit que la bonté perd son identité, comme la justice, d'ailleurs. Quant à la puissance «tempérée par la sagesse», qu'en advient-il? La puissance y perd aussi son identité; du moins, se subordonne-t-elle à la sagesse. La sagesse, à son tour, s'élargit jusqu'à la puissance et perd dans cette extension sa propre identité. Puisqu'elle ne gouverne plus ni le but ni la mesure. En voulant déterminer la qualité déterminée de la réalité de Dieu, ce que font les métaphysiciens c'est ni plus ni moins que de transformer cette réalité en être abstrait. Ce Dieu n'est plus qu'un Absolu vide, car vide de précision. Un être abstrait, donc un néant.

Pour qu'une réalité existe, selon Hegel, il faut qu'elle comporte une précision, c'est-à-dire une négation. Une négation est une déterminité, si elle est éliminée, elle élimine aussi ce qu'elle devait déterminer. Le négatif est, en fait, le moment d'un principe de «sursumption» (*Aufheburg*) — selon la traduction de Y. Gauthier reprise par P.J. Labarrière [78] — ou de conservation de ce qui est défini. Il s'agit d'un processus dynamique. Si, au contraire, on fait que toutes les déterminités, les contradictions et les négations se trouvent absorbées dans une puissance absolue: qu'en ressort-il? Pour que cette puissance absolue puisse exister, il faudrait, au moins que lui restât un «autre»: soit le tout qu'elle représente moins un (le -1) qu'elle aurait, encore, devant elle à intégrer, faute de quoi elle s'anéantirait. Comme ce n'est pas le cas, ce qu'il ressort, c'est le néant abstrait: tout s'est effacé dans l'absence du moment négatif.

Ce développement nous permet d'atteindre à un «moment» important. L'opposition de la négation et de la réalité, d'une part et, d'autre part, leur implication réciproque ne sont pas une néantisation, ni une *assumption*; au contraire, le face à face de la réalité et de la négation est indispensable d'un point de vue objectif. Si, à cette confrontation opaque, on substitue un confrontation opérante, nous entrons «dans la sphère propre des déterminations» (p. 110), c'est-à-dire que la négation est le miroir sur lequel, réfléchi, se profile le *positif*, en même temps que nous découvrons, inversement, tout le *négatif* qui se tenait caché dans la réalité. Et nous avons obtenu non une *sub*sumption, mais une *sursumption*: en d'autres termes, par elle, la réalité même.

Pour revenir aux qualités de la réalité divine évoquée par la preuve ontologique, il faut donc convenir qu'une qualité peut devenir propriété sous l'effet d'un rapport extérieur (d'où vient le négatif) et nous aurons alors une détermination immanente: tel ne peut être le cas de Dieu. Limitation et pénétration réciproque ne concernent pas le concept d'Infini. En ce qui concerne les déterminations stables, qu'on n'appelle pas des qualités, mais bien des propriétés, comme la forme et la figure, elles varient essentiellement et ignorent toute identité. Ce qui revient à dire le peu de réalité, en dernier ressort, laissé par les métaphysiciens à l'ancienne notion de Dieu.

Ainsi, par ce texte, Hegel provoque la métaphysique classique sur le terrain qui lui est le plus propre, en poussant à l'absurde ses positions et, ainsi, en les montrant autodestructrices; d'elle, dont on attend une absolue affirmation de la réalité absolue, Hegel tire, finalement, le contraire, et ainsi la fait disparaître tout entière. En ce qui le concerne il démontre que la négation est constitutive de la réalité. Les anciens dualismes se trouvent alors dépassés (vrai/faux, absolu/phénomène, réel-empirique/rationnel). A la négation abstraite dépourvue de forme, Hegel apporte un contenu dans la négation concrète ou dialectique. Le positif naît sur fond de négation, comme le négatif sort d'un fond de réalité. Le travail revient à la négation, à laquelle la réalité *s'oppose* et, s'imposant, se pose. La dénégation freudienne, plus ambiguë, n'en pose pas moins ce qu'elle nie; et elle a affaire avec le concret vécu: c'est ce que nous avons vu dans nos travaux antérieurs sur Lacan et sur la symbolicité. La relecture de Kant après le détour sur la dénégation freudienne met en lumière l'importance épistémique de la Loi morale. Penser, c'est juger, mais c'est avant tout commencer par nier. Pour s'affirmer dans son être, il faut savoir nier. Du moins, à se maintenir un moment dans la conscience empirique, Kant montre que le réel qui est objet de notre sensation est affecté d'un degré par rapport à rien $= 0$, c'est-à-dire par rapport à la *négation*, ou absence de sensation. De même, l'intuition pure ($= 0$) est bien la condition originaire à la fois en tant que négation et en tant que c'est l'espace pur et/ou le temps pur, ce dernier étant la «condition formelle *a priori* de tous les phénomènes en général».

Comme l'avait donc parfaitement démontré Edouard Morot-Sir dans l'ouvrage intitulé *La pensée négative. Recherche logique sur sa structure et ses démarches* (Aubier, 1947), c'est l'idéalisme absolu, avec Hegel et surtout Hamelin[79] qui, derrière Kant, a le mieux compris le travail nécessaire de la recherche d'une théorie cohérente se sytématisant impérieusement: mieux qu'avec le pragmatisme, le constructivisme de l'idéalisme absolu atteint à cette création autonome de la pensée, qui se réalise dans la connaissance. Par rapport à Hegel, Hamelin semble s'être tenu davantage sur le plan d'une théorie de la connaissance. Toutefois, Ed. Morot-Sir remarque que le tort de l'idéalisme absolu est celui «de faire une philosophie de la conscience humaine comme si celle-ci s'identifiait à la conscience divine et comme s'il n'y avait qu'une différence de degré entre un être infiniment créateur et un être imparfait créé» (*op. cit.*, p. 46). On peut dire qu'en adoptant ce postulat métaphysique, l'idéalisme absolu se ramène à une position proche de la position cartésienne. Les plans de l'être et de la pensée se trouvent alors non sans se confondre: aussi peut-on critiquer la synthèse idéaliste et l'interprétation de la dialectique qui relève de cette synthèse. De ce point de vue, «la dialectique synthétique paraît être une méthode, une sorte de voie créatrice, un dynamisme générateur de concepts, qui est à lui-même et paradoxalement sa propre vérité» (*op. cit.*, p. 48). En effet, le point de départ d'Hamelin est que tout posé exclut un opposé: l'être exclut le néant, le néant exclut l'être. Ainsi, s'exclure, pour Hamelin, c'est une façon de s'appeler. Même s'ils sont contradictoires, les opposés s'unissent.

C'est pourquoi la pensée analytique ne saurait être la méthode unique. Or, la pensée ne s'y tient pas véritablement. Il y a donc un autre procédé méthodique qui est la synthèse ou la méthode synthétique, et dont le moment décisif est l'opposition. Hamelin a reconnu là un enseignement d'Aristote, qui ne porta pas tous ses fruits dans la tradition, lui qui disait: «la science des contraires est une» (*Organon*, V. *Topiques*, Vrin, 1950, p. 23, livre 1, ch. 10).

Nous avons montré la place fondamentale de la négation pour l'opération logique de l'énonciation sous forme de proposition et de discours; on pourrait, de même, voir dans la dialectique aristotélicienne l'importance de l'opposition: l'alternative (si le plaisir est bon ou non, si le Monde est ou non éternel, problèmes utiles pour la pratique et la connaissance pure), l'existence de jugements contraires à propos de certaines questions et l'absence de jugement (si le Monde est ou non éternel) constituent le *problème dialectique* (*op. cit.*, p. 25, l.1, ch. 11) qui est «un objet de recherche qui tend, soit à choisir et à éviter, soit à acquérir la vérité et la connaissance, et cela, soit en lui-même, soit comme un adjuvant à la solution de quelque autre problème de ce genre » (*ibid.*). C'est à ce propos qu'Aristote définit la *thèse dialectique* comme « un jugement contraire à l'opinion courante, émis par quelque philosophe notable : par exemple, qu'il n'y a pas de contradiction possible, comme le soutenait Antisthène, ou que tout est mouvement, selon Héraclite, ou que l'être est un » (*ibid.*). La thèse est non seulement un jugement contraire à l'opinion courante professé par un *notable* (Aristote insiste là-dessus), mais encore elle est « une assertion que nous pouvons justifier par un raisonnement contraire aux opinions courantes : par exemple, que tout ce qui est n'est ni devenu, ni éternel, d'après ce que les Sophistes prétendent » (*op. cit.*, p. 27). Si une thèse est un problème, tout problème n'est pas une thèse : le problème regarde l'alternative ou l'opposition de deux contraires, tandis que la thèse suppose un point de vue contraire : elle *nie* ce point de vue.

Tout problème n'est pas une thèse car certains problèmes n'ont pour nous aucune solution ni probable ni certaine. Mais ce qu'Aristote dégage, c'est l'établissement de la thèse comme problème, sur fond de négation d'une opinion. L'affirmation ou la négation impliquée dans la thèse peut se poser à partir d'une préalable négation. Il y a thèse quand il y a désaccord, soit entre le vulgaire et le sage, soit entre les sages ; il y a problème quand il y a *doute* devant la pratique ou devant la connaissance pure. Mais le doute en lui-même ne constitue pas une *thèse* : ni pour Aristote, ni, d'ailleurs, pour Hamelin qui critique, de son côté, les positions de l'empirisme dont la conception radicale constitue « une négation de tout savoir » (*Essai*, p. 5). Par là, ce n'est pas la méthode expérimentale que vise Hamelin, car entre empirisme et méthode expérimentale, il n'y a qu'une ressemblance nominale. Là où l'empirisme suppose une simple juxtaposition des faits, la méthode expérimentale, au contraire, établit l'ordre rationnel des faits. Quelle que soit l'interprétation que donne Hamelin et de Kant et d'Aristote — dans les détails de laquelle nous ne voulons pas entrer, car elle semble trop partiale — il n'en est pas moins vrai que Hamelin, se fondant sur la base de l'opposition et rejoignant en cela Aristote, voit en elle le « moment décisif » de sa méthode. Toutefois, tandis que Hegel invoque la contradiction, c'est la contrariété qui occupe Hamelin car il ne voit entre les propositions contradictoires et les propositions contraires qu'une distinction qui est « pure affaire de quantité » (*Essai*, p. 10). Aussi, selon Hamelin, « les propositions dites contraires sont donc, au fond, des contradictoires » (*ibid.*). Ainsi l'opposition que recherche Hamelin se distingue-t-elle de la contradiction : si les opposés s'unissent dans une synthèse, ce ne peuvent être des contradictoires, car il est impossible d'unir ceux-ci. C'est pourquoi

Hamelin rejette l'opposition absolue que représente la contradiction: «l'opposé y est la négation, sans réserves, du passé» (*op. cit.*, p. 11); tandis que la contrariété «est une opposition réelle» (*ibid.*). La notion *d'opposition relative et conciliable* est la notion *réelle* sur laquelle Hamelin table pour mettre en place une thèse et une anti-thèse qui ne soient pas l'une et l'autre affirmation pure et négative pure: elles ne s'excluent que comme moments d'un même genre, précisément l'opposition. La contrariété comme opposition réelle est garantie de fécondité. L'opposition des contraires est donc ici le «fait primitif» (*op. cit.*, p. 13), leur conciliation synthétique est ce qui devient possible ensuite; la pensée ne se constitue pas autrement, nous dit Hamelin.

L'idéalisme absolu a eu le mérite de prendre en considération, sous un aspect ou sous un autre, la négation, comme aucune autre théorie de la connaissance ne l'avait fait auparavant. L'idéalisme transcendantal lui a ouvert les voies, et non seulement pour l'importance qu'il accordait à la nécessité de la synthèse et de la position du problème de la synthèse (Hamelin, *op. cit.*, p. 22), mais encore pour la considération de la dialectique qui était la sienne: entre autres, avec l'idée kantienne de la nécessité de la contradiction comme détermination de la pensée, ainsi que Hegel même le reconnaît (*Science de la Logique*, Introduction, I, p. 43). Là où pèche l'idéalisme absolu, c'est dans son assimilation de la sensation au fait des consciences particulières, donc imparfaites par définition. Or, quant à la sensibilité, il y avait chez Kant une position plus satisfaisante et dans la *Critique de la Raison pure* et dans son *Anthropologie*: l'*Esthétique transcendantale* traite le problème de la sensibilité et de ses formes *a priori*, tandis que l'*Anthropologie* montre que les sens ont le primat sans qu'on puisse les rendre responsables de nos erreurs: ce qui nous trompe c'est le jugement de l'entendement à partir des sens; ces derniers ne *jugent pas*, mais informent: à nous de décider. Le divers de l'intuition a une large place chez Kant qui lui oppose l'unification qu'opèrent les jugements synthétiques.

Après Auguste Comte dans le *Cours de philosophie positive*, Ed. Morot-Sir insiste sur la nécessité de la méthode de l'abstraction en vue de la compréhension: même si les psychologues affirment que pour abstraire il faut d'abord généraliser, il n'en est pas moins vrai que pour généraliser, il faut d'abord abstraire selon une abstraction généralisante[80]: Si l'on tient compte de l'étude de Jean Laporte intitulée *Le problème de l'abstraction*, «l'abstraction consiste à penser à part ce qui ne peut être donné à part» (cité par Ed. Morot-Sir, *op. cit.*, p. 60). Quant à l'identification qui selon Meyerson serait l'idéal de la compréhension, elle passe par le *sentiment d'une différence*. «La logique du nom recouvre la logique du non»[81]. Dégager une identité sur la base de différences, et créer des différences inaperçues: c'est toujours comprendre; or, la compréhension passe avant tout par la *négation*: c'est ce qu'a montré Aristote, c'est aussi la théorie de la médiation hégélienne, et même hamelinienne. Ed. Morot-Sir a parfaitement raison d'avancer que, non seulement comme l'écrit Hegel «penser, c'est d'abord nier», mais encore qu'«être, c'est d'abord nier» (*op. cit.*, p. 63). Ce qui l'amène à dire que «toute négation suppose donc une compréhension antérieure dont elle peut se détacher et une compréhension nouvelle qui justifie ce détachement» (*op. cit.*, p. 64). De plus: «La négation pure et simple n'appartient pas exclusivement à la pensée» (*ibid.*). Et Morot-Sir rappelle que l'enfant dit *non* avant de dire *oui* et que l'adulte a toujours la possibilité d'une dialectique inverse: si le moi se pose en s'opposant et s'oppose en se posant, selon la formule fichtéenne, c'est non pas chronologiquement, mais simultanément. S'opposer ne suffit pas pour comprendre. La formule de Morot-Sir est que «l'opposition d'une conscience est commandée par la conscience d'une opposition» (*op. cit.*, p. 65). Comprendre ce n'est donc pas seulement «*poser*» une conscience. C'est «la conscience d'une opposition, et son unité, en tant qu'elle apparaît comme matrice d'une opération qui la résolve ou l'oriente de façon féconde» (*ibid.*). Il s'agit ici plus d'une conscience d'opposition que d'une opposition. Tout ordre contient autant d'interdictions que de permissions, de choses à faire et de choses à ne pas faire: on est ramené à l'alternative aristotélicienne qui commande le problème dialectique: même si la «thèse» est de faire quelque chose, exécuter ce qu'elle commande, c'est se représenter la possibilité de l'autre terme de l'alternative. L'antinomie kantienne est de même un diptyque exactement symétrique: deux alternatives s'opposent sans s'annuler.

Certes, toutes ces analyses, qui mettent l'opposition à l'honneur, n'en restent pas moins au niveau de la conscience claire et logique; et tel est leur mérite. Mais, si l'on interroge un niveau plus obscur de la psychè humaine, avec la psychanalyse freudienne, on voit combien tout cela est authentique. Par sa métaphore d'une tapisserie qui s'éclairerait progressivement, chaque détail prenant une précision inaperçue précédemment, Morot-Sir fait bien voir que comprendre implique tout ce qui ne peut être dit au moment où on le dit, une «prise» totale et entière; et cela est aussi connaître: «cette conclusion implique la présence simultanée, même lorsqu'ils sont sortis du champ de l'attention, de tous les éléments de compréhension qui l'autorisent» (*op. cit.*, p. 95). Même si la genèse logique préside à un exposé, et tel est le cas de l'*Essai* d'Hamelin, toutes les données sont néanmoins simultanément solidaires : ainsi Hamelin, passant logiquement et progressivement d'une catégorie à l'autre, de la *relation* jusqu'à la *personnalité*, implique connue cependant l'existence de la dernière catégorie pour permettre la position de la première. Il n'y a là, comme le faisait remarquer Hegel, qu'un procédé d'exposition. C'est dire la valeur relative des genèses, logique, psychologique et même historique : ce qui se développe *pouvait* se développer.

L'intérêt du point de vue aristotélicien réapparaît avec l'exposé de la dialectique, car Aristote lui donne un lieu central, orienté aussi bien vers la pratique de l'existence que vers la connaissance pure ou la vie théorique. Il y a, de même, chez Kant, comme nous l'avons démontré dans *la Symbolicité*, des bases suffisantes pour faire de l'homme qui appréhende la Loi morale, celui-là même qui formulera les lois scientifiques. Dès lors — et bien qu'il en soit médit chez Hamelin, Morot-Sir, et Hegel —, le formalisme prend à nos yeux une valeur nouvelle.

NOTES

[1] Ludwig Wittgenstein, *De la certitude*, coll. Idées, Gallimard, Paris, 1976, p. 119.
[2] Cf. Martin Heidegger, *Le principe de raison*, tr. A Préau, Gallimard, Paris, 1962, pp. 204-221 : « Le fond et la double *ratio* ».
[3] Cf. notre traduction dans *La Symbolicité*, pp. 225-229.
[4] Traduction de Diès : « J'ai bien peur que ce soit d'un tel entrelacement que l'être s'enlace au non-être, de la façon la plus bizarre » (240c). Cf. éd. Les Belles Lettres, Paris, 1950.
[5] *Ibid.*, 247 e.
[6] *Sein und Zeit*, p. 8, « Rück- oder Vorbezogenheit » des Gefragten (Sein) auf das Fragen als « Seinsmodus eines Seienden ». Cf. Max Niemeyer Verlag, Tübingen, 1953, 7e édition, 1re édition, 1927.
[7] Nietzsches Werke, Kröner, XVI, 708, (Gesamtausgabe in Grossoktav). Notre sigle : K.
[8] K, IX, p. 190.
[9] Cf. *La symbolicité ou le problème de la symbolisation*.
[10] K, IX, p. 224.
[11] Olof Gigon, *Der Ursprung der griechischen Philosophie*, Bâle, 1945.
[12] *Op. cit.*, p. 267 : « Aber Sein und Denken sind identisch, beide ohne Mangel und ohne Beimischung von Nichtsein ».
[13] Cf. Saul Kripke, *La logique des noms propres*, les Editions de Minuit, Paris, 1982, p. 111 : « Je présuppose qu'une vérité analytique dépend des *significations* au sens strict et qu'elle est par conséquent nécessaire et *a priori* ».

[14] K, IX, p. 196. Et la pensée est enracinée dans l'Etre (ce qui est parménidien comme le montre Uvo Hölscher, *Anfänglisches Fragen*, Göttingen, 1968).
[15] *Ibid.*, p. 194.
[16] K, XVI, 539.
[17] K, X, p. 128, 53. Voir notre article «Le 'terrain de l'art'. Une clé de lecture du texte nietzschéen» in *Nouvelles Lectures de Nietzsche,* Cahiers L'Age d'Homme, n° 1, Lausanne, 1985, pp. 61-69.
[18] Cf. *De la Vérité*, 5: «Même chose se donne à penser et à être (et c'est l'être)», traduction d'Yves Battistini, *Trois Contemporains, Héraclite, Parménide, Empédocte*, éd. Gallimard, 1955, p. 131.
[19] *Op. cit.*, p. 253: «Der Schein ist eine Vermischung von Sein und Nichtsein».
[20] Cf. *De la Vérité*, 7.
[21] K, X, p. 79.
[22] K, XVI, 708.
[23] Cf. *De la Vérité*, 11.
[24] *Zar*, p. 137 (Reclam-Verlag, Stuttgart, 1950).
[25] *De la nature*, 58.
[26] *Sein und Zeit*, p. 437: «Führt ein Weg von der ursprünglichen Zeit zum Sinn des Seins? Offenbart sich die Zeit selbst als Horizont des Seins?»
[27] *Holzwege*, p. 336: «Die Seinsvergessenheit ist die Vergessenheit des Unterschiedes des Seins zum Seienden»... «Die Vergessenheit des Seins gehört in das durch sie selbst verhüllt Wesen des Seins»... «die Geschichte des Seins beginnt mit der Seinsvergessenheit, damit, dass das Sein mit seinem Wesen, mit dem Unterschied zum Seienden, an sich hält». Vittorio Klostermann, Frankfurt am Main, 1952.
[28] *Sein und Zeit*, p. 84: «Bewandtnis ist das Sein des innerweltlichen Seienden».
[29] *Ibid.*, p. 3: «Der Begriff des «Sein» ist vielmehr der dunkelste».
[30] *Ibid.*, p. 4: «Beweist die grundsätzliche Notwendigkeit, die Frage nach dem Sinn von «Sein» zu wiederholen».
[31] *Ibid.*, p. 5: «Wir wissen nicht, was «Sein» besagt. Aber schon wenn wir fragen: «Was ist 'Sein'» balten wir uns in einem Verständnis des «ist», ohne dass wir begrifflich fixieren könnten, was das «ist», bedeutet.»
[32] Cf. *La Pensée de l'Existence*, p. 273: «Mais de quoi l'homme est-il réellement le gardien, quand on dit qu'il est le gardien de l'être ou le gardien de la vérité? Heidegger ne nous le dit pas, et peut-être ne peut-il pas nous le dire» (Flammarion, Paris, 1951).
[33] Cf. «Existence et vérité d'après Heidegger», in *Revue de Métaphysique et de Morale*, Phénoménologie et Existence, 1953, p. 142.
[34] Nous citons la traduction de S. Jankélévitch, Aubier, Paris, 1947 et 1949.
[35] *Loc. cit.*, p. 143.
[36] Cf. Denis Zaslawsky, *Analyse de l'Etre*, les Editions de Minuit, Paris, 1982, p. 178.
[37] Cf. *Über den Humanismus*, Vittorio Klostermann, Frankfurt a. Main, 1949.
[38] *Unterwegs zur Sprache*, Pfullingen, 1959.
[39] Cf. Freud, *Gesammelte Werke*, S. Fischer Verlag, XVII, pp. 59-62: «Die Ichspaltung im Abwehrvorgang».
[40] Angèle Kremer-Marietti, *Thèmes et structures dans l'œuvre de Nietzsche*, Paris, Lettres Modernes, 1957, p. 168.
[41] *Op. cit.*, p. 175.
[42] Cf. Paul Ricœur, *Temps et récit*, tome I, Ed. du Seuil, Paris, 1983, p. 289: «Ma thèse est que les événements historiques ne diffèrent pas radicalement des événements encadrés par une intrigue».
[43] *Idée d'une histoire au point de vue cosmopolitique*. Cf. Kant, *La Philosophie de l'histoire*, introd. trad. S. Piobletta, Aubier Montaigne, Paris, 1947, pp. 57-79.
[44] *Ou bien... Ou bien*, tr. de F. et O. Prior, et M.H. Guignot, éd. Gallimard, 1943, p. 51.

[45] *Op. cit.*, p. 62.
[46] *Op. cit.*, p. 65.
[47] *Op. cit.*, p. 66.
[48] *Op. cit.*, p. 69.
[49] *Op. cit.*, p. 101.
[50] *Le Concept de l'angoisse*, trad. Ferlov et Gateau, éd. Gallimard, 1935, p. 77.
[51] *Op. cit.*, p. 79.
[52] *Ou bien... Ou bien*, p. 75.
[53] *Op. cit.*, p. 77.
[54] *Op. cit.*, p. 78.
[55] *Op. cit.*, p. 79.
[56] *Op. cit.*, p. 101.
[57] *Le Concept de l'angoisse*, p. 61.
[58] *Op. cit.*, p. 87.
[59] *Op. cit.*, p. 95.
[60] *Op. cit.*, p. 107.
[61] Notion difficile à traduire et signifiant : ensemble dynamique d'effet ou ensemble d'influences. Cf. notre étude, *Wilhelm Dilthey et l'anthropologie historique*, éd. Seghers, Paris, 1971, pp. 81-88.
[62] Cf. Nietzsche, *Le Livre du philosophe*, bilingue Aubier-Flammarion, 1969, p. 201.
[63] Voir *la Dénégation*, in *la Symbolicité*.
[64] Cf. A. Kremer-Marietti, *Jaspers et la scission de l'être*, Seghers, 1967, p. 138 (texte de Jaspers inédit en français, extrait de *Von der Wahrheit*).
[65] Selon la distinction apportée par Comte dans la *Sommaire appréciation de l'ensemble du passé moderne* (1820). Aubier, Paris, 1971.
[66] Karl R. Popper, *La Logique de la découverte scientifique*, tr. de l'anglais par N. Thyssen-Rutten et Ph. Devaux. Préface de Jacques Monod, Payot, Paris, 1973, p. 38.
[67] *Organon*, I, *Catégories*, tr. Tricot, Vrin, Paris, 1959, p. 59. Voir *Organon* III, 1962.
[68] Cf. Paul Gochet, *Outline of a Nominalist Theory of Propositions*, Reidel, Dordrecht, Boston, London, 1980, p. 11.
[69] Antoinette Virieux-Reymond, *op. cit.*, Librairie de l'Université, Rouge et Cie, Lausanne, p. 179.
[70] *Aristotelian Society Supplementary Volume 9*, 1929. Knowledge, Experience and Realism, First Reprinting 1964, Johnson Corporation, U.S.A., voir : *Symposium : Negation*, by J.D. Mabbott, G. Ryle and H.H. Price, pp. 67-111.
[71] *Op. cit.*, p. 80, 95.
[72] *Op. cit.*, p. 104.
[73] Hegel, *Science de la Logique*, t. 1, Préface de la 1re édition, p. 8.
[74] *Logique* II, p. 101, Cf. *Parménide*, 132, b, c, coll. Budé, trad. Diès, «Les Belles Lettres», Paris, 1956.
[75] *Logique* I, p. 231, Cf. *Parménide*, 132, a.
[76] *Logique* I, p. 73, Cf. *Parménide*, 132 b.
[77] *Logique* I, p. 94, Cf. *Parménide*, 141 a, 142 a, 162 b.
[78] Cf. Pierre-Jean Labarrière, *Structures et mouvement dialectique dans la Phénoménologie de l'Esprit de Hegel*, Aubier, Paris, 1968, p. 309.
[79] O. Hamelin, *Essai sur les éléments principaux de la représentation*, 1925; Presses Universitaires de France, Paris, 4e édition, 1951.
[80] Cf. Suzanne K. Langer, *Mind: An Essay on Human Feeling*, The Johns Hopkins Press, Baltimore, Volume 1, 1967, p. 153.
[81] Fernando Gil, *La Logique du nom*, L'Herne, Paris, 1971, p. 247.

TROISIEME PARTIE
IV. CONDITION ORIGINAIRE : L'IMAGINAIRE DU TEMPS

1. Temps mythique, temps sensible et temps intelligible

Le temps (imaginaire) est notre fiction originaire. Aussi bien n'est-ce pas au «flux réel» du temps que nous devons notre considération mais à l'*imaginaire du temps*. Or, le temps se manifeste fondamentalement dans l'efficace du symbolique de la Loi. La procédure juridique des plus anciennes formes de la cité se conjugue au temps présent: la notion de preuve se présente comme une notion d'arme dans la loi de Gortyne: c'est au temps présent qu'une partie convainc ou vainc avec l'arme de la preuve. Le *serment*, procédure archaïque, «est» la substance sacrée avec laquelle celui qui jure entre en contact. La pensée archaïque, dans l'ordalie exclut l'enquête portant sur le passé et se maintient elle-même en elle-même dans un temps mythique. L'état du débiteur se prononce au présent: *spondeo;* ce n'est qu'ultérieurement qu'on parlera au futur: *dabo*, en suggérant une avance sur le futur impliquée dans le contrat tel que le conçoivent les modernes. Alors le juge ne pense cependant pas encore le temps dans un enchaînement objectif, sa technique reste adossée à un présent mystique. Mais, outre ce présent judiciaire épaulé par le temps mythique, sévit aussi le temps conçu comme *période*, qui est, nous dit Louis Gernet, «une partie concrète de temps hétérogène aux autres moments de la durée»[1]: c'est un temps rythmé qui commande une notion de durée *sui generis* éminente, par exemple liée à la durée symbolique du roi. Seule l'apparition du juge orientera imaginairement la pensée du temps; il y faudra l'avènement de la mémoire humaine dans le droit mais nantie d'une fonction sociale symbolique en la personne du *mnèmon*, personnage qui garde le souvenir sacré du passé en vue d'une décision de justice. Témoin public, il est la laïcisation d'un personnage religieux, serviteur du héros, le dépositaire des avertissements divins. Louis Gernet indique le moment précis où se superposent les deux pensées juridiques : l'ancienne qui s'en remet au sermon, la nouvelle qui s'en remet au témoin public du passé : c'est une loi d'Halicarnasse du début de Ve siècle avant notre ère réglementant la revendication d'immeubles après une période de troubles civiques.

Le passé comme passé et l'avenir comme avenir peuvent désormais intervenir dans le contrôle judiciaire et, avec lui, la maîtrise d'un temps orienté. Concrétisée, la norme est l'image même du temps vécu.

Comme témoin d'une conception archaïque, le *mnèmon* témoigne pour une mémoire sacralisée dans une tradition orale comme le fut la tradition de cette civilisation archaïque de la Grèce entre le XIIe et le XIIIe siècle, avant la diffusion de l'écriture. Mère des muses, *Mnèmosunè* sait «tout ce qui a été, tout ce qui est, tout ce qui sera». Elle jouit d'une omniscience, mais inspire le poète essentiellement sur le passé, le contenu de l'ancien temps, le temps originel. S'inspirant de *Mnèmosunè*, le poète est présent au passé, à l'origine même, dont il a une vision directe. La moitié du chant II de *l'Iliade* est consacrée au Catalogue des vaisseaux, à celui des meilleurs guerriers, à celui des meilleurs chevaux athéens, enfin à celui de l'armée troyenne. Cette succession sacrée de *noms propres* joue un rôle de première importance symbolique, constituant les archives d'une société sans écriture et mettant en ordre le monde des héros et des dieux. Mais, en même temps, ce que fait la poésie en *nommant,* c'est de consacrer par l'appel nominal : le pouvoir sacré du Symbolique passe par la nomination, par la récitation de noms sacrés. Il s'agit d'un savoir généalogique — plutôt que chronologique —; les rapports de filiation divine et royale impliquent le temps : chaque «race» (*genos*), c'est-à-dire chaque génération consacrée jouit d'un temps qui lui est propre; ainsi le passé est-il stratifié en «races» se succédant et qui forment l'ancien temps. *Mnèmosunè* ne réveille pas ce qui est révolu mais, au contraire, ce qui vit encore au tréfonds des êtres, éloigné du monde visible. Jetant un pont entre le monde des morts et celui des vivants, *Mnèmosunè* permet le contact avec un autre monde : le passé n'est ici qu'une dimension de l'au-delà. Le mystère de la réminiscence (*anamnèsis*) révèle à l'initié la vérité du devenir : l'un des enseignements de la *Théogonie* est celui de la disparité entre l'orientation du temps des dieux, allant vers la stabilité, et l'orientation du temps des hommes, basculant dans la mort. Mais les hommes peuvent trouver l'apaisement dans la vision privilégiée des temps anciens, libératrice des maux de la race de fer (l'humanité d'aujourd'hui). A *Mnèmosunè* se trouve associé *Lèthè,* l'Oubli. Buvant aux sources de *Lèthè,* l'initié oubliait toutes les choses de la vie humaine, et entrait alors dans le domaine de la Nuit; par l'eau de la fontaine *Mnèmosunè,* il devait à la fois garder mémoire de ce qu'il devait voir et entendre dans l'autre monde. Au retour, la révélation du passé et de l'avenir accomplissait sa connaissance du présent. Aussi le couple Mémoire/Oubli était-il au cœur des doctrines de réincarnation des âmes. D'un même côté se présente *Mômos* l'un des enfants de la Nuit, frère de *Lèthè,* dont le Blâme est le doublet, défini comme le Silence. De part et d'autre les opposés ne se contredisent pas. D'un autre côté viennent la Lumière, l'Eloge et la Mémoire, assistant la Vérité, *Alétheia* qui, selon le poète, «toujours triomphe». Le poète, inspiré par *Mnèmosunè,* est un maître de vérité. Il n'y a, cependant, ni «mensonge» ni «faux», seule l'opposition signifiée: *Alétheia/Lèthè.*

La sortie de cette mémoire mythique qu'obnubile l'oubli se fera par la voix du poète Simonide qui commencera par dévaloriser l'*Alétheia* mythique. De fonction religieuse, la mémoire devient simple faculté psychologique entretenue par le jeu d'une technique laïcisée. C'est alors que le «temps» acquiert le statut d'un cadre propre à l'activité profane. Si *Alétheia* subsiste, c'est effacée derrière *Apaté,* l'illusion, dont l'oeuvre est préférée, tout comme est mise en avant la *doxa,* l'opinion, valorisée dans la cité et politique par vocation:

«C'est la première fois, semble-t-il, qu'*Alétheia* s'oppose directement à la *doxa*; c'est ici que se noue un, conflit décisif qui va peser sur toute l'histoire de la philosophie grecque»[2].

Aussi une forme particulière de temps s'impose-t-elle avec la *doxa*: il s'agit du *kairos,* c'est-à-dire le temps opportun ou, selon la traduction de Pierre Aubenque, «le temps de l'action humaine possible».

La notion de *doxa* — dont la racine indo-européenne est *dek*, signifiant: se conformer à ce que l'on considère une norme sinon la Loi — signifie elle-même un choix valant en fonction des exigences de la situation. Aussi bien pour Platon que pour Aristote la *doxa* sera vue à la fois comme vraie (*alèthès*) et comme trompeuse (*pseudès*), car la norme politique n'est pas la Loi. Le slogan selon lequel «la cité fait l'homme» vient de Simonide qui, rompant avec toute la tradition poétique mythique, oppose le verbe *dokein,* terme technique de la décision politique, à l'*Alétheia* condamnée désormais au nom d'*Apaté,* qui est l'art de l'illusion ayant pour fonction de séduire au moyen des images. C'est ainsi que la poésie devient un mode de connaissance politique, et le moins religieux qui soit. Mais l'*Alétheia* condamnée n'est pas celle des philosophes, c'est celle des poètes religieux. Quant au poète Simonide, il est déjà le Sophiste. C'est qu'avec la prérogative de l'ambiguïté et de l'efficacité politiques entrent en scène rhétorique et sophistique. Se mouvant avec agilité dans la sphère du *kairos,* de la contingence, le sophiste est le type même du «prudent» (*phronimos*), comme le rhéteur qui réfléchit aussi sur le *logos* en tant qu'instrument de persuasion. Soit liée à la première démocratie, soit liée à la justice dialoguée, la rhétorique, comme la sophistique, tend à la *peithô*, la persuasion, à l'*Apaté*, la tromperie: son lieu est la *doxa* également. La mémoire est devenue «art». Quittant le domaine de l'ambiguïté mythique, l'*Alétheia* devient finalement le domaine de la réalité humaine vécue quotidiennement.

Au lieu d'une sphère spirituelle unique, se distribuent maintenant trois sphères différentes qui se partagent les notions anciennes et nouvelles: la sphère du mythe, celle de la politique et celle de la philosophie. Aux formes de pensée religieuse succèdent les techiques mentales de la rhétorique et de la sophistique, avant que ne se fasse publiquement reconnaître la «raison grecque». Ainsi, la pensée antérieure se regroupe dans une activité marginale entretenue par les sectes philosophico-religieuses pour lesquelles le temps humain gangrène la vie terrestre; aussi leurs conceptions dichotomiques visent-elles à séparer l'âme du corps au moyen de techniques psychophysiologiques. La marginalité des hommes d'*Alétheia* les place d'emblée par le miracle de la mémoire sur le même pied que celui de la justice (*Dikè*) et de la croyance (*Pistis*). En face de ce monde, *Lèthè* est le monde de l'Oubli: c'est-à-dire du Fluant, du Non-Etre. Si l'opposition *Alétheia/Lèthè* se poursuit, c'est à des niveaux différents. Les contraires ne sont plus, comme autrefois complémentaires, mais bien contradictoires. La pensée de l'alternative ne permet plus l'ambiguïté comme zone intermédiaire entre des termes antithétiques, comme elle l'était dans la pensée poético-religieuse de la Grèce archaïque, mais découvre la contradiction qui entre dans la réalité vécue, dans le monde politique de la *peithô* et de la *doxa*. Désormais, on peut dire qu'à la logique de l'ambivalence a succédé la logique de la contradiction. Aussi, en même temps, le rôle de la mémoire change car se posent les problèmes du «temps» et de l'âme: la mémoire ne déchiffre plus l'invisible caché au sein du visible, mais elle transcende le temps et sépare l'âme du corps. De même, la signification de l'*Alétheia* change car le plan du Réel qu'elle symbolise prend la forme d'une réalité intemporelle, l'Etre immuable et stable, tandis qu'elle s'oppose au *temps,* à la *mort,* à *Lèthè.* Si elle intervient comme valeur dans le Réel, c'est en tant qu'*Alétheia* désormais séparée de toute fonction sociale. Depuis l'extase d'Epiménide de Crète jusqu'à la pensée ontologique et linguistique de Parménide d'Elée, bien du chemin a été parcouru au-delà des affinités qui lient encore l'*Alétheia* à l'Etre, — ainsi qu'à *Dikè* et à *Pistis* — et qui rendent Parménide solidaire du passé mythique, il n'en est pas moins évident que le problème central pour lui porte sur la réalité du langage dans son rapport à l'Etre. Parménide interroge le verbe *être* de la langue grecque.

Le problématique de l'Un et du Multiple s'enracine dans la contradiction de la pratique sociale: d'une part, la Cité une, ou l'Etat un; de l'autre, la pluralité des groupes humains hétérogènes. Et Aristote devra réfléchir sur ce problème né d'une trop grande unité:

«Il est clair que rechercher une trop grande unité pour la cité n'est pas le meilleur: une famille se suffit mieux à elle-même qu'un individu, et une cité mieux qu'une famille, mais sa volonté d'être une cité apparaît vraiment dès que la masse associée arrive à se suffire elle-même; si donc une plus grande autarcie est préférable, une unité moindre est préférable à une plus grande»[3].

Mais, pour Parménide, l'ambivalence de l'Un et du Multiple offre une alternative: le choix semble encore possible puisqu'il existe deux chemoins possibles, soit celui d'*Alétheia,* soit celui des *Doxai.* Cette duplicité met Parménide devant deux routes, la route de la vérité et la route de l'opinion; il ne nie ni ne méconnaît l'une au détriment de l'autre. La duplicité de sa condition de philosophe s'y trouve inscrite; le philosophe n'est pas un marginal, son statut est celui d'un homme vivant dans la cité et qui soumet l'*Alethéia* à un contrôle logique pour la confronter avec l'illusion et l'opinion, mêlées de lumière et de nuit: *alèthès* et *pseudès* est la *doxa*! Le philosophe fait voisiner sans exclusion mythe, politique et philosophie, qui, se distinguant déjà, se mêlent encore. Platon, apôtre de cette triplicité, mettra en scène et en dialogue la vérité:

«Chaque fois que nous serons d'accord sur un point, ce point sera considéré comme suffisamment éprouvé de part et d'autre, sans qu'il y ait lieu de l'examiner à nouveau. Tu ne pouvais me l'accorder faute de science ni par excès de timidité, et tu ne saurais, en le faisant, vouloir me tromper; car tu es mon ami, dis-tu. Notre accord, par conséquent, prouvera réellement que nous aurons atteint la vérité»[4].

Platon intégrera donc les mythes de la mémoire à une théorie générale de la connaissance; il les conservera dans leur relation intemporelle à une croyance aux réincarnations. Pindare à évoqué ces âmes en expiation; et Empédocle l'avatar des âmes souillées atteignant au terme de leur périple les formes de devins, de poètes, de médecins et de conducteurs des hommes. Ce qu'Hésiode esquissait, c'est le pythagorisme qui le réalise : le temps fugace obtient son *telos* dans une initiation à un état nouveau, transformant radicalement l'expérience temporelle. Une attitude de refus à l'endroit de l'existence temporelle exalte encore la mémoire afin de la sortir du temps humain et de la faire revenir au divin. Seul est valorisé le temps absolu du commencement, *Chronos*, à l'origine du *Cosmos*. Seul est sacralisé le temps immortel, *Chronos*, serpent cerclé qui entoure le monde, et qui fait du cosmos une sphère unique et éternelle. Mais au VIIe siècle éclate la crise du «temps», avec l'incompatibilité dans la cité entre un temps cosmique et le temps humain : le temps du cruel CRONOS cède la place au temps de ZEUS qui rendra possible l'entrée dans l'ère du logos.

Le devenir circulaire ne peut demeurer le cadre des expériences individuelles affectives ni celui des tentatives collectives politiques. L'irréversibilité du temps humain affecte la poésie lyrique et la tragédie, et la fatalité de la mort domine le flux changeant du temps humain. La linéarité de ce temps usurpe l'éternité. *Mémoire,* qui s'impose dans le mythe comme source du savoir, deviendra avec Platon la réminiscence, non celle des vies antérieures, mais celle des vérités du seul monde réel, le monde intelligible : intériorisée, *Mnèmosunè* n'est plus alors que la faculté de connaître. L'ascèse ne porte plus contre la faute ou le crime mais contre le faux et l'erreur ; la mémoire est devenue un instrument de recherche du vrai rationnel : aussi la continuité transformée du temps mythique dans la pensée philosophique n'aboutit-elle pas à une pure pensée du temps, mais à la révélation d'un Etre immuable et éternel. L'humain et le divin s'unissent dans la mémoire ; le *daïmon*, qu'est pour tout homme son âme, est un double spirituel : l'âme de Socrate, c'est Socrate. La doctrine de la palingénésie est renouvelée par le *Phédon* :

«Les vivants ne proviennent absolument pas moins des morts que les morts des vivants. Or, cela étant, il y avait bien là, semblait-il, un indice suffisant de la nécessité d'admettre pour les âmes des morts qu'elles existent quelque part, et que c'est de là précisément qu'elles renaissent»[5].

Tout individu naissant possède l'âme d'un mort : le temps n'est pas seulement linéaire, de la naissance à la mort, mais encore circulaire, d'incarnation en incarnation ; et Platon réalise ce à quoi tendait le temps mythique relégué par le temps humain : à rétablir la continuité entre l'individu et le monde. Comme le pythagorisme, il relie la vie présente à l'ensemble des temps, à la totalité de l'Etre, la partie humaine au tout cosmique. Cette mémoire platonicienne, qui est remémoration du vrai, donne au savoir la forme du souvenir et à notre âme sa patrie perdue ; elle donne encore au temps humain son milieu divin. Cette mémoire, en fait, lutte contre le temps humain dans la préoccupation du salut individuel et, par l'*anamnèsis*, obtient la réintégration au tout. Mais à cette mémoire platonicienne est préjudiciable la découverte de l'écriture :

«Car cette connaissance aura, pour résultat, chez ceux qui l'auront acquise, de rendre leurs âmes oublieuses, parce qu'ils cesseront d'exercer leur mémoire : mettant en effet leur confiance dans l'écrit, c'est du dehors, grâce à des empreintes étrangères, non du dedans et grâce à eux-mêmes qu'ils se remémoreront les choses. Ce n'est donc pas pour la mémoire, c'est pour la remémoration que tu as découvert un remède. Quant à l'instruction, c'en est la semblance que tu procures à tes élèves, et non point la réalité : lorsqu'en effet avec ton aide ils regorgeront de connaissances sans avoir reçu d'enseignement, ils sembleront être bons à juger de mille choses, au lieu que la plupart du temps ils sont dénués de tout jugement ; et ils seront en outre insupportables, parce qu'ils seront des semblants d'hommes instruits, au lieu d'être des hommes instruits »[6].

La mémoire dans le livre de l'âme écrit et dessine comme sur une tablette de cire, loin des deux méfaits que sont la rhétorique et l'écriture.

Aussi la théorie philosophique du temps est-elle, dans le *Timée*, celle du commencement cosmique de tous les temps : ce que nous appelons alors le temps relève de l'imaginaire : c'est «une sorte d'image mobile de l'éternité» ou «une image à l'éternel déroulement rythmé par le nombre»[7].

Le ciel précède le Temps dont les modalités sont *il était, il sera ;* mais ces termes ne conviennent qu'au «devenir se déroulant dans le temps» (*Timée, 38 a*). Toutes ces modalités du devenir se réduisent néanmoins à l'Etre : «le devenu *est* devenu, le devenant *est* devenant, et encore l'avenir *est* à venir, et le non-être *est* non-être» (*Timée, 38 b*). Donc, le modèle du temps est l'éternité qui *est :* tandis que le temps, d'un bout à l'autre du temps dans sa totalité, a été, est et sera (*Timée, 38 c*). Aussi les planètes sont-elles les instruments destinés à réaliser le temps. Avec Aristote, plus rien ne rappelle la *Mnémosunè* mythique, car Mémoire est incluse dans le temps rebelle à l'intelligibilité : *Mnèmè* et *Anamnèsis* sont alors différenciées ; la première est le pouvoir de conserver le passé, la seconde est son rappel volontaire. L'une et l'autre sont enfin liées au passé et, impliquant une distanciation temporelle, elles forment l'organe de la perception du temps. Signe de notre incomplétude, la mémoire est donc fonction du temps, et elle est aussi la faible garantie de notre certitude. Aussi Aristote affirmera-t-il, dans sa *Physique* qui traite des choses mobiles et séparées, — et dont le livre IV traite du lieu, du vide et du temps selon la méthode inductive de l'être au connaître sur la base de l'étude des opinions de ceux qui l'ont précédé, — qu'*il n'y aurait pas de temps sans âme*. Mais le temps dont parle alors Aristote n'a aucun rapport avec l'idéalisme : c'est un temps mesuré, non pas le temps mesurant ; il est le nombre du mouvement et implique le mouvement même du monde. L'âme est dans le temps, non pas le temps dans l'âme. Certes, Platon n'est pas loin : nous restons encore dans le temps cosmique ; Platon est cependant dépassé, car ce temps cosmique mesurant ne relève plus de la métaphysique, mais de la physique et de l'astronomie. Toutefois, s'il n'est plus mythique ni cyclique, le temps cosmique de la science aristotélicienne n'en est pas moins encore un cercle : « car les choses engendrées sont un cercle ».

C'est au chapitre 10 du livre IV de la *Physique* qu'est abordée l'étude du temps. Faut-il placer le temps dans les êtres ou dans les non-êtres ? Si l'on s'en tient au *ne plus* et au *pas encore*, on le renvoie aux non-êtres (*218 a*) pour le priver de la participation à la substance (*ousia*). Mais une contradiction inhérente au temps fait qu'il est divisible, or une chose divisible a des parties qui existent, mais le temps est une chose divisible qui a des parties qui n'existent pas. L'instant est-il partie du temps ? Non, dit Aristote, puisqu'il n'est pas mesure du temps, et le temps n'est pas composé d'instants (*218 a, 7-8*). Intelligible, en tant qu'il est de nature fluante, le temps est d'essence contradictoire avec l'instant. L'articulation de deux instants ne se montre jamais à l'analyse : l'infinité d'instants qui séparent deux instants est telle que dans la continuité la substitution d'un instant à un autre est chose impossible à observer. Mais la rupture avec le temps mythique est consacrée :

« Si les choses antérieures et les postérieures sont dans cet instant, les événements vieux de dix mille ans coexisteront avec ceux d'aujourd'hui, et rien ne serait plus antérieur ni postérieur à rien ».[8]

Ainsi Aristote ignore-t-il le temps du *Timée* de Platon ainsi que la présence éternelle d'un temps hors du temps humain. Aristote part de ce que l'organe de la perception du temps lui donne à voir : c'est-à-dire la mémoire et la mémoration, mais il rejette que le temps soit le mouvement du tout, ou même que la sphère soit le temps ; il est vrai, toutefois, que « tout est dans le temps et dans la sphère du tout » (*218 b*). La sphère du tout n'est pas le temps : ce dernier paraît être un mouvement et un changement, mais il n'en est rien, car le mouvement est dans la chose. Cependant, *le temps n'est pas sans le mouvement*. Notre perception du temps est, en fait, liée à notre perception du mouvement, et un mouvement de l'âme nous fait connaître qu'un certain temps est passé ; mais cet élément du mouvement ne signifie pas que le temps dépende du mouvement : ce n'est que la représentation du temps qui nous représente ces moments successifs. Par la conscience du changement, j'ai la possibilité d'une représentation du temps ; *kinesis* et *metabolè*, mouvement et changement ont le même sens ; il peut s'agir des différentes formes que sont le devenir, la corruption, l'augmentation, la diminution, l'altération ou la translation. A partir de là, la définition du temps n'est possible que dans la relation perceptive de l'antérieur et du postérieur, et non dans la perception d'un instant unique et immobile. Aussi le temps se définit-il «le nombre du mouvement selon l'antérieur-postérieur» (*219 b, 1*). Mais l'antérieur-postérieur ne serait-il pas déjà impliqué dans la notion de temporalité ? Il n'en est rien puisque pour Aristote tout mouvement est orienté selon une finalité interne et non temporelle. Quand la puissance libère, toutefois, l'acte, l'antérieur-postérieur engendre une notion de temporalité liée à la croissance ou à l'actualisation.

Si l'on examine les notions platoniciennes du *Parménide* dans ce qu'elles affirment du temps, d'une part on constate que Platon ramène le tout du temps à l'identité, ce que ne fait pas Aristote ; mais, d'autre part on observe la possibilité d'un instant hors du temps, reprise par Aristote. Quant à la première constatation, nous voyons que Platon affirme que l'Etre participe de l'essence (*ousia*) avec un temps (*metà Chronou*) qui passe : ce qui *est* deviendrait ainsi plus vieux que soi-même ; en même temps une partie de lui-même serait plus jeune que lui-même. Mais Platon ramène la totalité de ce passage à un présent : l'un est toujours et devient toujours plus jeune et plus vieux que lui-même ; mais l'un est totalité et, de même, il ne naît qu'après coup. Le temps nous égare plutôt qu'il ne nous révèle ce dont il est l'image (c'est-à-dire le modèle éternel). Après la première hypothèse de l'absence de temps et de l'absence d'être, la seconde hypothèse a procédé au passage de l'être à l'existence du temps, mais sans jamais se départir du «maintenant» : «le maintenant est toujours présent à l'Un à travers tous les moments de son être ; car l'Un est maintenant, chaque fois qu'il est»[9]. La troisième hypothèse va trouer le temps, le dépasser, et laisser le devenir : il s'agit de résoudre certaines contradictions de la seconde hypothèse et de concilier celle-ci à la première. Il s'agit de l'instant qui troue le temps :

«Donc, par la même raison, quand il est en train de passer de l'Un au multiple et du multiple à l'Un, il n'est ni un ni multiple, il ne se divise ni ne se réunit. De même, en son passage du semblable au dissemblable, il n'est ni semblable ni dissemblable, ni en assimilation ni en désassimilation»[10].

Par la quatrième hypothèse, nous voyons que le monde est à la fois un et multiple, et, à la dernière hypothèse, nous apparaît l'un comme plusieurs choses, leur organisation, et son dépassement dans l'éternel.

En somme, Platon prend le temps «tout d'une pièce en entier», comme l'écrit Aristote.

Or, le temps pris tout d'une pièce en entier est le même. Mais en est-il vraiment ainsi? puisque le temps, comme le mouvement, est toujours autre. Là où Platon pense l'identité du temps, Aristote pense l'altérité de l'identité même: la perspective est différente, le premier ramène la pluralité à la totalité pour en faire une identité, tandis que le second pose la pluralité comme se détachant de la totalité et fait d'elle l'altérité du nombré (le temps) et non le moyen de nombrer (les unités de mesure du temps). Ayant rejeté la conception discrète du temps, Platon dans le *Parménide* recourt à une notion de l'instant hors du temps, que reprend Aristote. Mais la continuité du temps pour Aristote n'est pas celle de l'Etre immuable, c'est celle du mouvement:

«Pour Aristote, le temps participe de la continuité que le mouvement, dont il est le nombre, doit à ce qu'il y a d'infini dans la matière de l'étendue où il s'exécute; par suite, il est indivisible en acte, il n'est divisible qu'en puissance»[11].

Aristote ose penser l'altérité de l'identité, aussi l'instant est-il à la fois le même et l'autre. Son essence est celle du transporté. Pensant la diversité, Aristote use cependant de la notion d'identité pour préserver la continuité du temps qui dans l'hétérogénéité pure s'évanouirait. L'éternel présent ne dévore pas la distinction des instants impliqués dans la succession qui caractérise le temps. Le même en tant que sujet, l'instant est autre en tant qu'être: d'où l'identité *et* l'altérité du temps chez Aristote. Chez Platon, par un retour à l'Un identique qui est l'Etre par l'assimilation du Multiple de la diversité se résolvant dans l'Etre éternel, le devenir exclut l'être:

«Par l'idée d'instant on voit que ce qui devient «est» sans devenir; par l'idée de limite, pourtant liée à l'idée d'instant, on voit que ce qui est devient sans être»[12].

Pour Platon, temps et devenir sont synonymes de destruction et de décadence, c'est pourquoi il conçoit, selon l'expression d'Aristote, «un temps plus grand que ce qui est dans le temps». Mais pour Aristote à peu près les mêmes conclusions s'ensuivent puisque «le temps est en soi plutôt cause de destruction, puisqu'il est nombre du mouvement et que le mouvement défait ce qui est»[13]. Le temps comme le mouvement est illimité; à l'instar du cercle, «le temps sera toujours en train de commencer et de finir». Sans être la cause directe de la destruction, le temps enveloppe ce qui se corrompt, ce qui se meut, donc corruption et mouvement. La principale mesure est le transport circulaire, d'où Aristote tire que le temps est le mouvement de la sphère, parce que ce mouvement mesure tous les autres mouvements, et aussi mesure le temps lui-même (*223 b 21*). Le temps paraît être un «certain cercle»

(223 b 29). Il y a donc un cercle du temps, parce qu'il est mesuré par le mouvement circulaire. Ces rapprochements entre Platon et Aristote définissent les deux tendances soulignées par Etienne Gilson chez Aristote :

«celle, toute spontanée, qui lui fait situer le réel dans l'individuel concret et celle, héritée de Platon, qui l'invite à le situer dans la stabilité intelligible d'une essence une, qui reste toujours identique à elle-même malgré la pluralité des individus »[14].

C'est pour la première tendance qu'optent les Stoïciens, allant vers un universel individualisé indiqué aussi par Aristote. La substance, telle qu'elle est comprise par les Stoïciens, est un être concret formé par une matière qualifiée et individualisée. Le temps est un incorporel, comme le vide et le lieu; Chrysippe le définit «intervalle de mouvement», ou «intervalle accompagnant le mouvement du monde». Comme chez Aristote, c'est dans le temps que toutes choses se meuvent et existent. L'unité de temps stoïcienne se ramène aussi à celle du mouvement cosmique. Si, comme chez Platon, la totalité joue encore un rôle, le temps n'est cependant pas un présent illimité. Ce qui est infini, c'est le passé et le futur comme chez Aristote. Le «est» éternel du *Timée* est interprété par les Stoïciens de façon temporelle comme «présent». A la permanence circulaire du temps mythique, à ses incidences dans la pensée métaphysique chez Platon, et dans la pensée physique chez Aristote, s'oppose le temps linéaire de la vie émotive et de la représentation tragique, comme l'a montré Victor Goldschmidt qui, dans *Le système stoïcien et l'idée de temps,* revient sur la question pour affirmer que le temps vécu intéressait aussi les Anciens et même Platon :

«La conception platonicienne de la tragédie, imitation de la vie, enveloppe une analyse du temps vécu; de ce temps, ce n'est pas le cercle, mais la droite qui serait l'expression symbolique »[15].

La deuxième hypothèse de *Parménide* s'attache un instant à examiner la linéarité du temps. Un texte de Syrianus, évoqué par V. Goldschmidt, exprime les deux façons de voir le temps, soit à l'image du cercle, soit à l'image de la ligne droite. Il est vrai que la théorie du temps physique influence la théorie du temps vécu, le *Timée, 90 d,* l'affirme. Quant à la question du plaisir dans l'instant, elle fait problème chez Aristote, qui critique la théorie platonicienne du plaisir-genèse : toute genèse ne pouvant se placer que dans le temps, le plaisir étant soustrait au temps par son achèvement, l'instant de plaisir n'a rien à voir avec l'instant mathématique de la *Physique*.

Ces temps différents chez Platon et chez Aristote vont se trouver coordonnés par les Stoïciens. L'univers homogène du stoïcisme se trouve lié à la doctrine du bonheur. Le bonheur suppose à la fois une connaissance certaine et une vertu parfaite qui doivent nécessairement nous appartenir à un degré infime pour pouvoir se réaliser; c'est dire la nécessité des tendances: en effet, les Stoïciens placent le fait primitif, non pas, comme Platon et Aristote, dans la douleur et le plaisir, mais dans la tendance; tout comme le premier savoir se tient dans la représentation, non pas, comme chez Platon et Aristote, dans les sensations susceptibles d'erreur. Les lois rigoureuses du monde sublunaire, qui constituent la nécessité, et les lois hasardeuses de la vie humaine, qui constituent le hasard, ne sont pas, comme chez Platon et Aristote, disparates, mais en accord selon une Providence s'étendant sur l'ensemble de l'univers. Aussi le système est-il «l'ordre des raisons»[16], une progression méthodique et une genèse idéale du sage. La structure de la table des catégories représente cette même progression. Et cet ordre des raisons se ramène au *logos* compris dans sa totalité. Diogène Laërce explique pourquoi les Stoïciens voient trois parties dans la philosophie: «Ils comparent la philosophie à un animal: les os et les nerfs ce sont la logique, la chair c'est la morale, l'âme c'est la physique»[17]. Ces trois parties constituent une hiérarchie, une cohésion, une consonance, nullement un système déductif: c'est un système de la totalité donnant la primauté au temps. Un temps logique est d'abord impliqué, et qui commande, entre autres, le passage de la physique à l'éthique, la physique domine la morale et la contient: d'où l'exercice de la philosophie, qui est *ars vitae*. Une théorie physique du temps enveloppe la réalité unique du présent: «user du présent» (Marc-Aurèle, X, 1, 3). A chaque instant du temps, le *telos* peut être atteint, aussi le présent est-il l'unique temps du salut. Il faut accomplir l'action présente comme si c'était la dernière. Le passé est le lieu dépassé des passions et l'avenir est aboli. Platon, reconnaissant dans la tragédie une conception inexacte de la vie humaine et du temps, transpose en fait la tragédie par une substitution de textes. Au contraire, les Stoïciens prennent modèle sur l'acteur, banni chez Platon, et qui symbolise le sage acceptant son texte. Epictète évoque ce masque qui est devenu l'acteur même: Nietzsche fera l'apologie de la tragédie et du masque. Ce qui délimite le temps, c'est le processus de l'acte. Et même le temps physique n'est pas mathématique, c'est une *légalité vécue*. L'univers lui-même est «plongé dans la vie, le devenir, le temps»[18]. Le *logos* universel rend compte des moindres événements. Comme les choses extérieures, le temps menace notre autonomie. A part l'acte qui le détermine, l'instant est irréel, c'est ce que montre la méthode de division, mais il nous reste le pouvoir de délimiter l'instant présent. L'acte libre peut ainsi délimiter l'étendue du présent. Contrairement aux philosophies platonicienne et aristotélicienne, l'idée du bonheur est chez les Stoïciens étroitement liée à celle du temps : l'acte réalise le temps. Le sage jouit de la plénitude de l'instant opposé à la vie, de la plénitude de la vie opposée à la succession des siècles. Même l'éternité se fait temporelle dans cette perspective.

L'influence pythagoricienne sur Platon lui faisait concevoir la grande année, nombre parfait du temps. Aristote tentait de ramener le temps à un concept. Mais, pour Aristote, le temps n'est pas le nombre arithmétique du mouvement, c'est un nombre immanent au mouvement, dont l'unité de mesure n'est pas même physique : mais astronomique. Et Aristote revient aussi au langage du peuple pour qui le temps est soit un principe de vieillissement, soit le mouvement circulaire de la sphère du monde. Le temps éternel se trouve réintroduit et le livre VIII de la *Physique* nous parle du mouvement éternel. Cette éternité du mouvement prouve l'existence du premier moteur immobile. Par le temps indéfini, se fait le passage de la physique à la métaphysique. Et, comme Platon, Aristote voit l'univers se vider du temps. Partant du *Timée*, Plotin part de l'éternité pour atteindre le temps qui en est l'image, et critique la position d'Aristote qui, sur la vue du signe du temps qu'est le mouvement, conclut à l'essence du temps. Plotin pose les limites extrêmes que sont l'Un et la matière ; entre les deux, il y place pour le temps et pour l'éternité. Composant l'éternité avec des catégories sensibles, il en fait l'objet d'une sorte d'intuition. Au cœur de cet intelligible, l'existence temporelle va pouvoir s'expliquer par un soupçon d'instabilité : une chute infiniment petite va rompre cet équilibre et faire naître le temps. La *kinesis* est ici le mouvement du désir qui revient sur soi. Et, si le temps devient « image de l'éternité », c'est dans un sens intérieur : il est l'effet intérieur équivalent de l'éternité. A la fois, éloigné de Platon, qui fait du temps l'ordre du devenir, et d'Aristote, pour qui le temps est la propriété d'un univers se suffisant à lui-même, Plotin fait du temps un écart au sein de l'être, puisque le temps repose dans l'être avant de naître. Cet écart se traduit par un désir infini. Mais reprenant le schème circulaire et ternaire du *Politique* de Platon, Plotin fait que toute réalité sorte du principe et soit elle-même le principe, enfin revienne au principe, le tout dans un temps qui n'est pas successif, car tout coïncide. Ce temps n'a de réalité que par l'éternité qu'il traduit.

Placé entre l'Antiquité et les Temps modernes, saint Augustin fait la transition d'un monde à l'autre ; il en exprime toute la signification, proche qu'il est à la fois du premier et du second. Dans le *De Musica*, saint Augustin analyse la perception du temps à travers l'étude expérimentale de l'audition, surtout dans le livre VI. Il discerne ainsi plusieurs sortes de rythmes qui sont pour lui fondamentalement des mesures du temps; quant au temps appréhendé, il est comme la lumière pour la peinture, le moyen d'expression de la musique. Les rythmes ou les nombres (comme disent les Latins) peuvent être diversement calculés mais ils sont l'occasion de trouver Dieu à travers les choses corporelles, tout comme pour Pythagore ils étaient un prétexte pour faire de la cosmologie un système mystique. Tandis que le premier livre de ce traité de musique distingue grammaire et musique — celle-ci étudiant la valeur rythmique du langage — les livres suivants, du 2e au 5e compris, forment un immense traité de rythmique. Quand au livre VI, qui est le texte essentiel, il contient une esthétique rationnelle générale, après les thèmes particuliers abordés dans les livres précédents (les tons, les temps, les pauses, en tant que sensations ou phénomènes); l'art y est montré comme déterminant, du point de vue de l'âme, de Dieu, du cosmos, de l'ordre. De création divine, le nombre gouverne à la fois musique et cosmos, comme chez Pythagore, et permet l'acheminement vers la théologie. Encore sous l'effet de la théorie de la réminiscence, comme sous celui de la théorie pythagoricienne, c'est dans la musique, par excellence l'art du temps, que saint Augustin voit la connaissance la plus haute nécessaire pour parvenir à Dieu. Les nombres de jugement sont soumis aux limites du temps, mais ne sont pas atteints par l'oubli, comme les nombres de mémoire; ils ne se prolongent pas dans l'âme comme les nombres de progrès; ils ne s'étendent pas comme les nombres de réaction et ils ne durent pas à la façon des nombres sonores. Dans les *Confessions,* livre XI, saint Augustin s'interroge sur le présent, le passé, l'avenir : il se trouve ainsi ramené de l'analyse du langage à l'analyse de la conscience intérieure, de la dialectique discontinue à la continuité du vécu. Le présent du passé est la mémoire, le présent du présent est l'intuition, et le présent de l'avenir est l'attente. Si la mesure du temps ne peut se faire que par le secours des phénomènes qui s'accomplissent en lui, le temps n'en est pas cependant réductible à la quantité. Comme Plotin, saint Augustin annonce Bergson en distinguant le temps «réel» ou vécu par la conscience, du temps compté par le mouvement d'un corps. En fait, le temps se mesure par le temps lui-même : il est une extension spirituelle. De même, l'instant est un acte de l'esprit, et le temps est explicitement dans l'âme. Le présent, fait de tension et de détente, nous donne une idée de la vie morale. Tandis que le *De Musica* étudie le présent psychologique envisagé dans son devenir, les *Confessions (IX, 24; XI, 41)* nous initient au temps qui est tension et extase. De même, saint Augustin distingue deux mémoires : celle des choses passagères et celle des choses qui demeurent. Formé dans les écoles gréco-latines, saint Augustin avait l'âme chrétienne, aussi repoussait-il l'identification du temps avec l'éternité, qui était celle du mythe. Alors que Platon n'accordait pas une importance suffisante au temps humain, saint Augustin rend possible une histoire humaine intégrale avec la perspective de *la Cité de Dieu,* œuvre dans laquelle histoire et théologie se conjuguent. Platonicienne ou aristotélicienne, la doctrine de la perfection privilégie des points de durée et vicie en quelque sorte la notion du temps continu. A travers l'expérience morale chrétienne, saint Augustin acquiert une notion continue du temps qu'il place au cœur de l'histoire des hommes. Complétant la pensée latente de Plotin, qui notait que l'éternité se traduit dans l'âme par un désir, saint Augustin donne un sens à ce désir qu'est le temps humain, car la dissociation temporelle est source d'un progrès substantiel, le « sens historique » a sa téléologie. Le temps cyclique du mythe est perdu de vue au bénéfice d'un temps progressif fini se parachevant dans l'infini. A la faveur de la théologie, naît la notion d'histoire continue, orientée de la cité humaine vers la cité divine. Le temps de ZEUS, propre au logos, cède, à travers saint Augustin, la place au temps chrétien de DIEU.

2. Le traitement du temps dans la métaphysique traditionnelle

Une nouvelle perspective s'ouvre avec le temps chrétien orienté vers l'infini. Pour Descartes, la conscience de penser implique l'être, car «pour penser, il faut être». La troisième Méditation fait du «je pense» mon être propre, et cette conception de l'être prise en moi, je l'étends à la pierre et à toutes choses corporelles. Ainsi, en tant qu'il existe, mon être est *substance;* de même en tant qu'il continue d'exister, il est *durée;* en tant qu'il a des idées différentes, il est *nombre*. Ainsi, la substance, la durée et le nombre me concernent dans mon être même. Et l'expérience du morceau de cire de la IIe Méditation *dure* «cependant que je parle». Je puis imaginer la quantité continue, le nombre des parties d'une chose et ses mouvements; ceux-ci ont pour moi «toutes sortes de durées». Avec la Ve Méditation, par rapport au passé, l'attention que je porte dans l'instant sur les choses m'y fait découvrir des particularités qui étaient dans mon esprit: «Je me ressouviens de ce que je savais déjà auparavant». Mais si l'évidence actuelle peut confirmer une évidence remémorée, inversement, une évidence remémorée peut être contestée par l'évidence actuelle:

«Je me ressouviens d'avoir souvent estimé beaucoup de choses pour vraies et certaines, lesquelles par après d'autres raisons m'ont porté à juger absolument fausses»

Ce qui va trancher sur mon hésitation et me prémunir contre l'incertitude, c'est la connaissance de Dieu, qui établit une *continuité dans le temps de la certitude* de celui qui Le connaît : ce temps continu vient après la connaissance de Dieu, car il y a un temps *avant* et un temps *depuis* la connaissance de Dieu :

> « En sorte qu'avant que je le connusse je ne pouvais savoir parfaitement aucune autre chose. Et à présent que je le connais, j'ai le moyen d'acquérir une science parfaite touchant une infinité de choses, non seulement de celles qui sont en lui, mais aussi de celles qui appartiennent à la nature corporelle, en tant qu'elle peut servir d'objet aux démonstrations des Géomètres, lesquels n'ont point d'égard à son existence »[19].

Ainsi l'évidence de la connaissance divine va éviter à Descartes une pensée décomposée en actes ponctuels ; c'est aussi ce qui va lui éviter de se trouver avec un temps résolu en instants indivisibles : la ponctualité du « cogito » pourra se dynamiser et devenir science : « Et ainsi je reconnais très clairement que la certitude et la vérité de toute science, dépend de la seule connaissance du vrai Dieu ». Toutefois, il n'en reste pas moins, du fait de l'expérience de l'évidence actuelle et de l'évidence remémorée, que les parties du temps sont *séparables,* sans liaison nécessaire. Sur cette contingence de la continuité du temps, se fonde la nécessité d'une création continuée. En effet, « de ce que nous sommes maintenant, il ne s'ensuit pas nécessairement que nous soyons un moment après »[20].

Mais c'est cependant ce qu'il faut penser... « si quelque cause, à savoir la même qui nous a produit, ne continue à nous produire, c'est-à-dire ne conserve ». Ainsi, toutes les preuves disposées le long du temps du raisonnement peuvent être ramassées et appréhendées en une évidence présente dans leur totalité. Ce qui est à l'origine du temps, et en même temps la source de sa continuation, c'est l'instant de création se continuant, et qui n'est pas lui-même temporel : c'est l'éternité, autre nom pour Descartes de l'immutabilité et de la constance divines, garantissant la conservation de la même quantité de mouvement. Ainsi, le temps est « causé » par Dieu et toute « la seule durée de notre vie suffit pour montrer que Dieu est »[21]. Dans cette perspective, l'avenir n'est plus qu'une translation du présent, et le présent une conséquence de l'éternité. Exister, c'est durer, mais durer, c'est obéir au principe d'inertie, « première loi de la nature » : « Chaque chose demeure en l'effet qu'elle est, pendant que rien ne la change ». Ce principe n'est lui-même qu'une extension du principe précédemment évoqué (« la seule durée de notre vie suffit pour montrer que Dieu est »). La causalité du *cogito,* ou du repos et du mouvement, reste la même : Dieu, prouvé par la durée de notre vie, pour laquelle nous ne possédons pas en nous de force particulière de permanence, tout entière celle de Dieu, car « force, durée, existence sont une seule et même chose (le *conatus*) sous trois aspects différents et les trois s'identifient dans l'action instantanée par laquelle la substance corporelle *existe*, dure, c'est-à-dire possède la force qui la pose dans l'existence ou durée »[22]. Comme le montre Yvon Belaval, les raisons de Descartes ne sont pas que logiques mais aussi ontologiques, l'immutabilité du Créateur tirée de la nature divine. L'avenir est à Dieu.

A ce temps causé, s'oppose le temps finalisé que permet de concevoir la philosophie leibnizienne : le premier est pensé sur le schéma du mouvement local, le second sur celui du mouvement-processus, propre à la mécanique leibnizienne. Pour Leibniz, l'origine du mouvement-processus est douée d'une orientation selon la fonction qu'elle doit remplir dans la création. La permanence est orientée une fois pour toutes et réalisée dans la ligne du mouvement. De même, là où Descartes pense une psychologie mécaniste, Leibniz conçoit une psychologie des tendances. Descartes obéit, en effet, au préjugé selon lequel la géométrie seule est objet d'une idée claire et distincte ; c'est pourquoi il élimine du Réel toute intervention de la virtualité, c'est-à-dire du caractère virtuel du *conatus*; pour lui, « l'inclination à se mouvoir doit suivre les même règles que le mouvement local ». Au contraire, Leibniz attache une grande importance à la vitesse et au temps. Le mouvement actuel n'est pas transmis instantanément, mais engendré dans une infinie progression, et le mouvement instantané résulte globalement d'une somme d'éléments infinitésimaux : Leibniz subit en cela l'influence de Galilée pour qui la décroissance à l'infini de la vitesse est justifiée par la divisibilité à l'infini du temps ; au contraire, Descartes considérait la vitesse élémentaire comme un indivisible actuel. D'un point de vue plus général, on peut donc dire avec Y. Belaval : « Tandis que le temps, chez Descartes, se confond avec la création librement continuée, il est, chez Leibniz, un ordre de rapports logiques que la création libre maintient dans l'existence »[23]. Il s'agit d'une finalité des raisons et d'une rationalité absolue propres au leibnizianisme, au lieu d'une rationalité hypothétique propre au cartésianisme. En matière d'éternité, Leibniz reprend la thèse aristotélicienne : elle est d'une autre essence que la durée créée. Une éternité parfaite et vraie est compatible avec une autre éternité imparfaite, celle d'une chose gagnant perpétuellement une durée nouvelle. Sur le problème même du temps, Leibniz est plus explicite que Descartes et que Malebranche. Dans la lettre à de Volder (décembre 1700), Leibniz dit ce que le temps n'est pas : il n'est pas une substance ; il n'est pas, à proprement parler, réel ; il n'est pas l'attribut d'une substance : les instants ne sont rien en dehors de ce qui change, et le temps qui est l'ensemble de tous les instants n'est pas un être complet, n'est pas une réalité substantielle. Reprenant l'argument néo-platonicien, sur l'absurdité de la création du temps, Leibniz en tire l'absurdité de la supposition d'un temps substantiel : et si le temps subsistait en soi, il y aurait éternité du temps ; Aristote évoquait dans le livre IV de la *Physique* (ch. 10, 218, a) un argument analogue contre l'existence substantielle du temps. Pour Leibniz, comme pour Aristote, le temps est inséparable du changement. Avec saint Augustin et toute la scolastique chrétienne, Leibniz admet la coexistence du temps aux créatures. Le temps ne peut donc donc appartenir qu'à la catégorie des relations. Il existe des relations de succession, ou de position temporelle, analogues aux relations de position spatiale. De même que l'espace est l'ensemble de toutes les places possibles, le temps est l'ensemble de tous les instants possibles : le premier est le cadre continu et homogène de la matière, le second prend la forme d'un devenir qui enveloppe la totalité des changements ; le temps n'est que le système de tous les rapports possibles de succession. Aussi est-il une essence éternelle, une idée, qui se trouve dans l'entendement divin. C'est une condition du devenir, qui n'est qu'idéale, non en soi. Proche de Malebranche, et préparant Kant par sa conception idéaliste du temps, Leibniz en précise cependant la nature conceptuelle et rationnelle. Leibniz utilise parfois improprement les termes *durée* et *temps* ; mais un point est indiscutable : la durée, pour Leibniz, est une propriété des substances, et chaque substance a sa durée propre[24]. Aristote identifiait la durée du tout au temps ; chez Leibniz, il n'y a pas de durée commune à plusieurs substances. Tandis que le temps est un concept, la durée individuelle est une perception concrète intellectualisée grâce au concept de temps idéal. Notre durée est subjective en nous et objective en Dieu. Le changement est réel dans la monade et s'impose comme ordre qualitatif avant d'être chronologique. Le changement crée un ordre de rapports dont la perception constitue la durée ou le temps vécu, qui est, comme pour Aristote, un aspect du changement et qui, en outre, suppose, chez Leibniz, un esprit se représentant ce changement. Apparentée à la théorie cartésienne par ce qu'elle offre de discontinuité entre les instants successifs, la théorie de Leibniz, comme celle de saint Augustin, fait de la durée quelque chose de subjectif, «extension de l'âme», détente, *distentio animi,* disait saint Augustin.

Evoquant la fausseté de la physique d'Aristote, Malebranche explicite à son insu une théorie de la vérité temporelle et historique :

«Au temps où nous sommes, le monde est plus âgé de deux mille ans, (...) il doit être plus éclairé, et c'est la vieillesse du monde et l'expérience qui font découvrir la vérité»[25].

Mais pour faire avancer l'expérience de la vérité, Malebranche fait taire l'être charnel en lui, et fixe uniquement son attention sur «l'idée vaste et immense de l'être infiniment parfait »[26]. Et cette éternité divine n'est pas attribuable aux créatures: Spinoza a ridiculement éparpillé l'Etre infiniment parfait dans une multitude d'êtres imparfaits, que sont les créatures; de même, Aristote prétend soutenir par des raisons «qui n'ont aucune force», «que le monde est de toute éternité »[27]. Et dans le même chapitre de la *Recherche de la vérité,* Malebranche pense ne pas reprendre Aristote «*de ce qu'il n'a pas su que Dieu a créé le monde dans le temps*». Alors que saint Thomas dit que la création du monde dans le temps ne peut se déduire de la considération du monde, ni de la considération de la volonté divine, Malebranche affirme le contraire, dans le *Traité de la Nature et de la Grâce*:

«Comme les créatures ne font point partie de son être, il se suffit tellement à lui-même que rien ne l'oblige à les produire; il est très indifférent ou très libre à leur égard. Et c'est pour cela qu'il a fait le monde dans le temps; car cette circonstance fait bien voir que les créatures ne sont point des émanations nécessaires de la divinité et qu'elles sont essentiellement dépendantes, volonté libre du Créateur »[28].

Tout s'explique, et le temps aussi, par le pépin de pomme: la théorie de l'emboîtement des germes rend compte de l'acte de création et de la permanence du temps humain: «On pourrait dire que dans un seul pépin il y aurait des pommiers, des pommes et des semences de pommiers pour des siècles infinis »[29]. Cette création, qui prend place dans le temps, a eu lieu en un instant qui n'est point passé et la conservation du monde relève d'une volonté générale pratique:

«Il veut sans cesse, mais sans variété, sans succession... tout ce qu'il fera dans la suite des temps »[30].

C'est pourquoi Dieu est l'unique cause de tout ce qui se fait, comme dans la cinquième Méditation cartésienne. Mais là où Descartes cherche l'ordre des causes, Malebranche cherche l'ordre des fins. Dans le *1er éclaircissement*, Malebranche affirme notre prédétermination physique vers le bien en général. L'idée-réalité est un être représentatif, tandis que la perception de l'idée est une modification de l'esprit: la première habite en nous, et l'homme est uni à Dieu par sa volonté, «amour de Dieu», et par sa raison, «connaissance ou vision en Dieu». Le *Xe éclaircissement* reproduit les raisons de saint Augustin étape par étape; partant, comme saint Augustin, des vérités mathématiques, et des vérités morales, qui s'imposent à nous, Malebranche aboutit à la conclusion que nous sommes unis à la raison universelle. Il y a bien en Dieu l'étendue intelligible, qui est immobile; mais, dans les hommes, la logique des idées se fait dans le temps et dans l'espace; elle est vécue. C'est dans le *Xe éclaircissement* que l'étendue intelligible est définie pour la première fois: notre âme n'a point en elle l'étendue intelligible. Malebanche transpose l'idée augustinienne de l'étendue infinie pour en faire l'idée par excellence, immuable et nécessaire, et qui fonde l'existence d'un monde intelligible et d'un Dieu très sage. Ainsi, l'étendue intelligible est l'archétype de l'univers matériel qui demeure dans l'intelligence du Créateur avant que sa volonté lui ait conféré son être. Dieu voit l'étendue en lui et c'est en lui que nous la voyons. Pour saint Thomas, les idées des corps qui sont dans l'entendement divin sont des exemplaires dont les formes substantielles sont les corps; pour Malebranche, ce sont des essences géométriques, ainsi se passe-t-il des formes substantielles, mais, comme saint Thomas, il croit à la pluralité des idées. La finitude de l'homme l'empêche de comprendre que la matière est divisible à l'infini, mais elle lui permet de comprendre les démonstrations qui la prouvent. Ainsi, écrit Malebranche, «la vitesse, la durée, l'étendue sont telles qu'on peut en connaître exactement les rapports commensurables, parce que ces rapports sont des grandeurs finies qu'expriment des idées finies: mais nul esprit fini ne peut comprendre ces grandeurs en elles-mêmes et prises absolument»[31].

Quant à la durée, par laquelle nous connaissons le mouvement, elle ne nous est pas connue directement: le «temps» entre dans la vitesse du mouvement avec le transport d'un corps d'un lieu à un autre. On peut connaître la longueur du chemin parcouru, mais on ne peut connaître, de quelque façon, le temps ni la grandeur de la durée. Cette impossibilité de connaître le temps vient de ce que la perception du temps varie d'un instant à l'autre; le temps peut sembler plus ou moins long. Ce texte de Malebranche de la *Recherche de la vérité*, livre I, chapitre VIII, introduit ce que l'on pourrait appeler le temps de l'âme avec saint Augustin: «une seule heure» peut nous paraître «des siècles». Malebranche nie l'existence des instants dans la durée; il n'y a pas plus d'instants qu'il n'y a d'atomes:

«et de même que la plus petite partie de la matière se peut diviser à l'infini, on peut aussi donner des parties de durée plus petites et plus petites à l'infini, comme il est facile de le démontrer»[32].

Il est donc impossible de connaître la grandeur absolue de la durée ni la grandeur absolue du mouvement. Mais on peut connaître des rapports de durées ou de temps (Malebranche emploie aussi un mot pour l'autre), ainsi que des rapports de mouvement: la grandeur relative du temps et du mouvement nous est connaissable. Nous voyons toutes choses en Dieu, même le temps ou la durée: l'esprit aperçoit l'infini, quoiqu'il ne le comprenne pas.

A propos du mouvement Spinoza évoque le *temps infini* dans lequel la série infinie des mouvements devrait être parcourue pour que le philosophe atteigne le concept adéquat de corps: dans le lemme III de la proposition XIII de l'*Ethique II,* Spinoza explique la multiplicité infinie des choses finies par la multiplicité infinie des proportions dans lesquelles le repos et le mouvement se combinent. C'est le mouvement qui explique la diversité des corps: cette proportion du mouvement et du repos n'est nulle part définie par Spinoza: l'essence du corps est telle quantité de mouvement, à définir. Ce qui permet d'expliquer rationnellement le mouvement, c'est un système clos de corps mus simulanément[33]. La simultanéité s'impose à ces mouvements dans un système clos. Le mouvement infini des existences du monde garantit le monde contre une décroissance possible de l'énergie: cette «constance du mouvement» fait que le monde ne peut ni s'accroître ni décroître. L'idée n'est pas une représentation statique et inerte, elle est dynamique en plus d'être représentative, puisque, selon la formule spinoziste, «Ordo et connexio idearum idem est ac ordo et connexio rerum»[34]. Mais la série empirique des phénomènes est interminable, tandis que la série causale est considérée mathématiquement: les choses ne sont pas perçues dans la succession temporelle (*sub duratione*), mais sous l'immuable aspect de l'éternité (*sub quadam aeternitatis specie*). Les lois éternelles expliquent pleinement les choses. La relation entre la cause et l'effet est une pure relation conceptuelle. Certes, les causes phénoménales peuvent s'ajouter pour Spinoza à ces causes éternelles; les corps ont une efficacité causale dans la production des idées des choses familières, ainsi que l'affirme le *Court Traité*, livre 1, chapitre 3; si les modes manifestent réellement la substance et son activité, leur causalité n'est pas absolument indépendante, mais «per accidens» (selon les définitions 3-5 de l'*Ethique* I): extérieure, elle concerne les *causae fiendi*[35]. Le rôle de principe d'individuation joué par le mouvement n'implique-t-il pas une succession? Le mouvement local, successif, se concilie cependant avec l'indivisibilité absolue et la simplicité de la substance dont découle le mouvement éternel. Tandis que Descartes maintient l'unité de pensée malgré le caractère insaisissable de l'instant, dans un temps divisible à l'infini, — et cela parce que, si je suis, comme un instant mathématique, inséré dans le temps, intrinsèquement, au contraire, du point de vue du pouvoir, je suis un instant dynamique: le moi est présent tout entier à chaque portion du temps, si petite soit-elle; — Spinoza, qui considère le créationnisme comme une coupure complète entre le Créateur et ses créatures, fait de la Nature une sphère qui se referme sur elle-même; on pourra parler sans restriction de *causa sui* seulement dans les rapports du Naturant et du Naturé. La Nature alors épuise l'Etre, hors duquel rien n'existe.

Dans la substance, l'essence comme chose et la chose dont elle est l'essence se confondent. Mais, du point de vue du mode, l'essence et la chose dont elle est l'essence sont différentes: plus précisément, l'essence n'est autre que la chose en tant qu'elle est contenue dans les attributs de Dieu, en tant qu'elle est aussi virtualité d'existence et de manifestation dans la durée. L'essence du mode n'est pas une possibilité en idée, mais une possibilité réelle, une puissance susceptible de se prolonger dans la durée, et en continuité avec la chose qui dure. D'une part, «dans l'éternité, il n'y a d'ailleurs ni *quand*, ni *avant*, ni *après*; il suit donc de là, c'est-à-dire de la seule perfection de Dieu, que Dieu ne peut ni n'a pu jamais décréter autre chose»[36]; d'autre part, «nous ne pouvons avoir de la durée de notre propre corps qu'une connaissance extrêmement inadéquate»[37]. «La durée de notre Corps, continue Spinoza, ne dépend pas de son essence (...) non plus de la nature de Dieu (...) (elle) dépend de l'ordre commun de la Nature et de la constitution des choses»[38]. Pas davantage, nous ne connaissons la «durée des choses singulières», qui sont «contingentes et corruptibles»[39]; «sauf cela, il n'y a rien de contingent»[40]. La connaissance du troisième genre pose l'âme dans l'éternité, c'est-à-dire hors du temps: aussi n'a-t-elle pas de commencement temporel et ne doit-on pas penser une durée infinie, mais une existence dénuée de temps. Ainsi, tandis que le temps est séparé totalement de l'Etre, et que sa possibilité elle-même dans l'Etre n'est pas encore décidée, au contraire l'espace est un attribut de Dieu et compte parmi les vérités éternelles. On voit chez Locke le contraire, puisque l'infini est un mode simple fait de la répétition de l'unité homogène de nombre, de durée ou d'espace: aucune limite ne lui est assignée, c'est en quoi il se distingue du fini, car «l'éternité n'est pas cette durée sans fin que nous concevons»[41].

Alors que pour Descartes je suis une chose qui pense, quelle que soit l'objet de ma pensée, pour Berkeley ce qui est posé en premier, ce n'est pas le sujet pensant, mais c'est la table pensée, perçue: en réfléchissant sur ce qui est perçu, il est possible de se replier sur l'être qui perçoit. Comme Malebranche, Berkeley pense que l'âme ne peut être pensée par l'idée. Pour l'esprit — dont la vie est durée — «être, c'est percevoir». C'est dans le IIIe *Dialogue d'Hylas et Philonous* que Berkeley traite du temps d'un point de vue psychologique en s'appuyant sur la Bible. En effet, un problème particulier attend Berkeley: les Ecritures posent la loi des commencements, comment concilier cette loi et l'éternité de Dieu? Dieu a pu connaître et percevoir de toute éternité le monde, mais ce monde n'a pu commencer à exister pour la créature qu'au moment où elle a pu le percevoir. C'est le truchement de la perception qui peut concilier la loi des commencements et l'éternité de Dieu. Le temps, ainsi que le mouvement, est tributaire de l'esprit par le phénomène de la succession, puisque le temps s'écoule d'un événement à l'autre; on peut, d'ailleurs, le représenter linéairement: une ligne orientée sur laquelle se déplace un mobile selon des positions successives. Pour constater le mouvement, il est nécessaire de comparer deux mobiles, ou un mobile et un point fixe, et duquel le mobile s'éloigne ou se rapproche: des positions sont successivement occupées par ce mobile. Dans les deux cas du temps et du mouvement il y a succession. Cette succession est succession de perceptions et délimitation entre le commencement et la fin, donc relativité du temps et du mouvement. Les «idées», représentatives, pour Berkeley[42], du sensible et des objets, non de l'esprit, duquel nous avons des «notions», sont les idées du présent vécu, celles de la mémoire, c'est-à-dire *l'idée de temps*, ainsi que les idées ou sensations des choses tangibles ou visibles se déplaçant par rapport à nous ou les unes par rapport aux autres, c'est-à-dire *l'idée du mouvement,* elles nous sont données par des successions de perceptions. Les perceptions qui servent à l'appréciation du temps sont les mêmes que celles qui servent à l'appréciation du mouvement: aussi la théorie de la vision est-elle utilisable (impressions visuelles et impressions tactiles se coordonnent). Les positions différentes des objets en mouvement supposent des moments différents de la durée. Le temps se ramène à une succession d'événements que nous suivons en les vivant et en les contemplant. Ces événements sont visuels, tangibles, etc. Par la génétique de l'espace que Berkeley développe dans sa théorie de la vision, il repousse donc toutes les interprétations d'espace abstrait, — qu'il s'agisse de l'*espace euclidien* à trois dimensions qui permet la définition géométrique des corps, et de l'étendue cartésienne définissant les corps en les délimitant par la figure et les dimensions, ou que ce soit l'*espace infini* de Locke — ou l'espace absolu — comme celui de Newton qui est absolu, infini, le *sensorium* de Dieu —: il dissocie les étendues hétérogènes et concrètes. Dans la première partie des *Commentaires philosophiques*, Berkeley définit les notions d'espace et de temps dans une perspective de dépendance de la matière à l'égard de l'esprit. Les premières notes de ce fameux *Common Book* portent sur le temps, la durée, l'éternité: le temps est la succession des idées qui se suivent les unes les autres; la durée ne se distingue pas de l'existence; être, c'est durer, puisque c'est être le siège d'une suite de perceptions, d'idées.

L'esprit existe tant qu'il perçoit et il perçoit tant qu'il existe. Mais «l'objet d'un sens ne peut pas être perçu par un autre sens», selon le

3ᵉ *Dialogue d'Hylas et Philonous* : et le mot « objet » désigne, en fait, l'acte même de sentir ou de voir, l'impression que fait cet acte sur la conscience ; mais le Moi n'est pas spatial, il est vision, audition, toucher, odorat, goût, également durée, succession, contingence. La comparaison des sensations se complète de la comparaison des attitudes : je suis le même qu'il y a un an, mais seulement dans ce que je fais et quand je pense à ce que je fais. Commentant une page de Locke sur l'identité du Moi, Berkeley montre comment l'esprit intervient pour regrouper les sensations. De même, Platon dans le *Théétète (185 a - 185 e)* examinait quel est l'organe qui peut comparer deux sensations entre elles, et la réponse était déjà celle que reprendra Berkeley : « C'est l'âme qui, elle-même et par elle-même, m'apparaît faire, en tous objets, cet examen des communs »[43]. Le 3ᵉ *Dialogue d'Hylas et Philonous* montre comment l'esprit intervient pour regrouper les sensations :

« Les hommes agencent plusieurs idées, saisies par différents sens à des moments différents, ou en différentes circonstances mais observées en tout cas comme ayant quelque connexion par leur nature, ou relativement à leur coexistence ou à leur succession ; pour le tout ils se reportent à un nom, et considèrent que c'est une chose »[44].

L'esprit est actif, et l'expérience de la perception active est la plus simple idée que nous ayons d'un sens interne selon Locke, dans l'*Essai philosophique concernant l'entendement humain*. Mais Berkeley ignore l'expression de « sens interne » et d'« idée » en ce qui concerne le sujet actif qui produit l'acte de penser. La coexistence des idées de la vue et du toucher permet la consistance spatiale et la constance temporelle : la matière perçue est un discontinu, puisqu'il existe un *minimum sensible*, dont la conception exclut la divisibilité à l'infini de la matière. Berkeley reste confronté à l'expérience : la succession reste la meilleure conception possible pour comprendre le temps et le mouvement ; et cette réflexion n'exclut pas l'interprétation mathématique. Les notions de temps et de mouvement peuvent se dédoubler en concrets et abstraits. On a l'intuition d'un mouvement ou d'une durée vécue, les deux également échappent à toute appréciation précise ; le même mouvement et le même temps peuvent être réalité incommensurable ou réalité mesurable : selon que l'on vit ou se voit vivre. Mais la perception immédiate pour Berkeley définit suffisamment le temps et le mouvement, or il ne s'agit pas d'une perception simple. C'est ce qui va permettre le relativisme psychologique et moral, selon lequel tout dépend de l'esprit percevant ; tandis que, pour Descartes, existent des qualités premières et des qualités secondes, qui déterminent la relativité. Alors que tous les philosophes se trouvent embarrassés par l'idée de temps, à laquelle ils font un sort même lorsqu'ils en font un cas, comme les Stoïciens ou les Chrétiens avec saint Augustin, alors qu'à la limite ils suppriment le temps et les problèmes qu'il comporte, ou, du moins le pensent dans le contexte réparateur de l'éternité, Berkeley ignore aussi bien éternité qu'infinité à propos du temps et du mouvement : temps et mouvement commencent et finissent, tel est l'apport de notre expérience quotidienne.

Le *Traité de la nature humaine* de Hume, dont les deux premiers volumes parurent en 1739 et le 3ᵉ en 1740, étudie dans la 2ᵉ partie du livre 1, «les idées d'espace et de temps», dont il ne sera plus question de la même façon dans les *Essais philosophiques sur l'entendement humain* datant de 1751. Pour Hume, l'idée est représentative d'une impression, comme chez Berkeley, elle en est la copie. Comme Berkeley également, Hume refuse à l'idée générale d'être dans notre esprit; et, comme lui, il affirme l'idée générale comme singulière. Les jugements sur les faits perçus énoncent quelque chose à propos de l'existence, mais n'impliquent aucune nécessité. Notre connaissance de certaines qualités des choses ne nous permettent pas d'inférer d'autres qualités comme leurs conséquences. Ainsi, le lien de la cause à l'effet n'est pas *a priori*. Le refus de la substance ou du substrat, qu'il partage avec Berkeley, sera la pierre de touche du positivisme, auquel Hume prépare. Hume critique Locke au sujet de la formation des idées complexes à partir des idées simples, et il recherche par expérience quelles voies suit cette formation. Il se retrouve donc sur les mêmes principes indiqués par Malebranche, et par Platon et Aristote, à savoir que si deux idées se ressemblent, ou bien les impressions dont elles sont les copies ont été contiguës, ou bien l'une représente une cause et l'autre l'effet; telles sont les lois que suivent nos idées. Le *Parménide* de Platon énonçait cette évidence: «n'est-il pas de toute nécessité que et le semblable et son semblable participent à quelque chose d'un, identique pour tous deux?»[45]; et, de toute manière, les organes des sens sont les instruments de l'âme, selon le *Théétète*, 184 d. D'ailleurs, ces associations par connexions sont causes de la plupart de nos erreurs: le *Parménide* freine ces enchaînements d'associations: «Il est donc impossible ou qu'autre chose à la forme ou qu'à autre chose la forme soit semblable. Autrement, par-delà la forme, une autre forme, toujours surgira, et, si celle-ci ressemble à quoi que ce soit, une autre encore, et jamais ne cessera cette éclosion indéfinie de nouvelles formes si la forme devient semblable à son participant»[46]. Mais, par là, Hume complète la construction de Locke, en montrant la connexion comme l'intermédiaire entre l'idée simple et l'idée complexe:

«Tels sont donc, écrit Hume, les principes d'union ou de cohésion de nos idées simples; ils tiennent la place dans l'imagination de cette connexion indissoluble qui les unit dans notre mémoire. Il y a une espèce d'*attraction* qui, trouvera-t-on, a dans le monde de l'esprit d'aussi extraordinaires effets que dans le monde de la nature et qui se révèle sous autant de formes et aussi variées »[47].

En matière de conception temporelle, Hume, comme Berkeley, refuse la divisibilité à l'infini. Par Hume, si on affirme l'existence d'un nombre, on doit, par là même, affirmer l'existence des unités. Le temps est fait de parties se succédant les unes les autres : deux d'entre elles ne peuvent jamais coexister, un moment se distingue d'un autre, il lui est antérieur ou postérieur. Il s'ensuit que « le temps, tel qu'il existe, doit se composer de moments indivisibles. Car, si, dans le temps, nous ne pouvions jamais parvenir au terme de la division et si chaque moment, en tant qu'il succède à un autre, n'était pas parfaitement simple et indivisible, il y aurait un nombre infini de moments coexistants, ou de parties coexistantes du temps; on admettra, je pense, que c'est une contradiction flagrante »[48]. Il en va de l'espace comme il en va du temps. L'idée d'étendue me vient des impressions semblables à l'idée d'étendue ou des impressions internes, c'est-à-dire, nos passions, nos émotions, nos désirs et nos aversions. Pour l'idée de temps, « nous formons l'idée de temps de la succession des idées et des impressions; et il est impossible que le temps puisse jamais se présenter ou que l'esprit le perçoive isolément »[49]. La notion de temps m'échappe quand je dors; et si mes perceptions se succèdent plus ou moins vite mon impression temporelle sera différente. Chaque fois cette impression est une impression de succession. C'est dans « une succession *perceptible* d'objets changeants » qu'on découvre le temps, jamais isolément. D'où l'évidence que le temps ou la durée se compose de différentes parties. Hume se demande si on peut percevoir le temps dans l'imagination comme idée distincte. Mais aucune impression particulière séparée des autres ne me donne l'idée du temps, ni une impression mêlée aux autres :

« Cinq notes jouées sur une flûte nous donnent l'impression et l'idée du temps, bien que le temps ne soit pas une sixième impression qui se présente à l'ouïe ou à un autre sens »[50].

Ainsi peut-on appliquer l'idée de durée aux objets parfaitement immuables, comme le pensent certains philosophes? Mais, pour Hume cette opinion est fausse, car l'idée de durée ne peut se dériver d'un tel objet, puisqu'elle dérive toujours, au contraire, « d'une succession d'objets changeants ». Hume, un peu plus loin dans son développement, expliquera pourquoi cette fiction est accréditée : comme notre esprit subit une continuité de changements, à tout instant, toujours l'idée du temps est contemporaine en nous avec d'autres idées: un même objet, immuable, à des moments du temps nous paraîtra avoir subi l'effet du temps; en fait, il y a eu, par exemple, deux présentations de l'objet, éloignées l'une de l'autre; à ces deux présentations, nous ajoutons l'idée que l'objet pouvait changer ou que ses qualités pouvaient changer, comme c'est habituellement le cas. En somme, nous projetons une expérience habituelle mais qui, en ce cas, n'a pas eu lieu. Le caractère indivisible de l'espace s'impose par les sens du toucher et de la vue, comme il en était également chez Berkeley. Qu'il s'agisse de l'espace ou du temps, il faut que quelque objet réel remplisse l'un ou l'autre, pour que nous ayons l'impression d'étendue ou de succession. Ainsi, tant vaut l'esprit, tant vaut l'espace, tant vaut le temps, à savoir que les idées d'étendue et de durée, comme notre esprit, sont elles-mêmes finies: les parties étant en nombre fini, elles sont simples et indivisibles.

Les idées d'espace et de temps ne sont pas distinctes; elles nous atteignent à travers l'existence d'objets et par l'existence de la matière: à ce propos, Hume répond à un certain nombre d'objections, comme la divisibilité à l'infini de l'étendue et l'existence de points mathématiques. Mais, ces objections, qu'il réfute sur la base de l'opinion humaine courante, c'est-à-dire des impressions et des idées, résisteraient-elles devant des instruments d'observation plus puissants que nos sens? En fait, Hume pare à une telle éventualité, puisque une dictinction est la sienne et qui porte sur «*immensément* plus petits» au lieu de «*infiniment* plus petits», or nous devons admettre qu'il y a des corps «immensément plus petits» que ceux que nous voyons, et non «infiniment plus petits»; en effet, «nous percevons clairement que nous ne possédons pas d'instrument, ni de procédé de mesure qui puisse nous garantir de toute erreur et incertitude»[51]. Il n'en reste pas moins que les idées les plus essentielles de la géométrie «sont loin d'être rigoureuses et déterminées selon notre manière courante de les concevoir»[52]. En fait, «aucune idée de quantité n'est infiniment divisible»[53], pourquoi essayer de prouver que la quantité est infiniment divisible? Il s'agit d'une absurdité. On voit que la prudence qui joint l'idée à l'impression, éloigne Hume des extrapolations idéalistes. Hume réunit deux conceptions du temps: une conception d'un temps physique doté de la même structure que l'espace physique, puisqu'une ligne ou une suite linéaire peut représenter le temps dans sa continuité, et une conception plus proprement psychologique et humaine, puisque c'est dans l'âme, dans le présent des impressions que se produit l'expérience du temps: en cela, de Hume aussi, saint Augustin est précurseur. Surtout, Hume s'en rapporte à l'expérience vérifiable par tous, sans faire appel à aucune notion de métaphysique: d'ailleurs, cette métaphysique se trouve être mise en question par la position de Hume, et rejetée par le fait du relativisme de sa pensée empirique, fondée sur l'inférence de l'impression à l'idée. En tout cas, comme Berkeley, Hume s'oppose à un temps absolu tel que Newton le présuppose, autant qu'à un « milieu » immobile de tous les changements, pas moins que ne le fera Kant, contrairement à certaine interprétation de sa pensée; pour Hume, il n'y a pas un « milieu » qui serait le temps, encore moins un milieu statique. Le temps demeure une idée inférée à partir d'impressions de succession.

3. Kant et le problème du fondement épistémologique

Kant succède à Hume, en ce sens qu'il hérite des problèmes soulevés par la mise en question humienne. Mais il ne fait pas que succéder à Hume, entendant sa leçon, il procède à la révolution criticiste, encore minimisée de nos jours par les interprétations qu'elle a pu susciter, alors qu'elle dépasse, même à l'heure actuelle, tout ce qu'on a bien voulu y voir. Cette révolution consiste à mettre le temps au cœur du système, c'est-à-dire, en posant la finitude humaine en soi et par soi, à le poser au cœur même de l'être sans pour autant en faire ni une chose ni un caractère des choses, tout comme chez Hume. Le temps permet à Kant l'organisation des phénomènes conformément aux lois de l'entendement; il est placé, en outre, comme médiation nécessaire entre les objets et l'entendement: les caractères de l'espace en dérivent. Le temps joue donc inopinément un rôle essentiel dans la constitution de l'acte constituant du sujet épistémologique. Cet acte lui-même s'apparaît à lui-même comme phénomène successif débouchant normalement sur une appréhension du psychique comme « phénoménologique », c'est-à-dire liée au *phenomenon*, autrement dit sur une *phenomenologia generalis*.

La *Dissertation de 1770* qui part de la notion du monde en général, titre de la première section, explique le rejet des notions de continu et d'infini par le fait que ces notions sont irreprésentables. Elle apporte une exigence nouvelle : il faut tenir compte de la sensibilité qui est la réceptivité du sujet. Matière et forme dont est composée la notion de monde se rattachent à la connaissance sensible, qui constitue par elle-même une science propédeutique, précédant la métaphysique ou philosophie première contenant les principes de l'usage de l'entendement pur. Quant au domaine des intelligibles, l'homme n'en a pas d'intuition : en fait, sa connaissance n'est autre que symbolique, c'est la connaissance symbolique des intelligibles : cette découverte de la *Dissertation* sera confirmé par le paragraphe 59 de la *Critique du jugement* : au-delà des deux premières *Critiques*. Le principe formel de l'espace et du temps, telle est la condition de la connaissance sensible : ce principe formel contient aussi « la raison du lien universel de toutes choses en tant qu'elles sont des phénomènes »[54]. Ainsi, ce sont les sens qui présupposent l'idée de temps, que l'on peut définir comme « la série des actuels qui existent les uns *après* les autres ». Même l'« après » présuppose déjà l'idée de temps : la succession implique des temps différents comme la simultanéité implique le même temps. Donc la prétendue expérience de la succession présuppose l'idée de temps et celle-ci est déjà supposée par les sens avant même toute démonstration : et si la succession n'engendre pas le concept du temps, du moins elle fait appel à lui. L'idée de temps, en outre, n'est pas générale, mais singulière comme l'affirmaient Berkeley et Hume. L'expression « dans le temps » ne renvoie pas à l'inclusion dans une notion générale, parce qu'elle ne comprend un temps quelconque que comme partie d'un temps unique, « immense » : dans cette notion d'*immense*, qu'employait aussi Clarke écrivant à Leibniz, on aura reconnu l'expression même de Hume, la préférant à celle d'infini. De toute façon, le temps est une *intuition pure*, c'est-à-dire est avant toute sensation et donc pas d'origine sensible comme le croyaient Berkeley et Hume en le réhabilitant au discours philosophique, ou les métaphysiciens en l'en excluant. Plutôt que d'écouter la *doxa* qui mentionnait le facteur temps sur la base du vieillissement, Platon l'ignorait au bénéfice de l'éternité, de même Spinoza, alors que Descartes et Malebranche assimilaient l'instant à l'éternité dans l'acte de création du monde, et que Leibniz, le pensant comme un ordre de rapports, l'affirmait comme n'étant pas réel mais conceptuel. Si, jusqu'à ce moment, le temps échappait au discours philosophique comme ce qu'il est enfin pour Kant, une *intuition pure*, c'est bien précisément parce qu'il était, en *punctum caecum*, la condition *sine qua non* de ce même discours, qui, aveuglément, prenait appui sur cette invisible intuition pure d'une « quantité continue », sur ce « principe des lois de continuité dans les changements de l'univers »[55]. Cette « loi métaphysique de continuité », dans la *Disserta-*

tion de 1770, deviendra une anticipation de la perception, dans la *Critique de la Raison pure.* Ne donnant que des rapports et non des objets rapportés, ce « principe » se présente encore comme une loi de Leibniz dans la *Dissertation* qui se rattache beaucoup à la pensée leibnizienne selon laquelle le temps n'est ni substance, ni accident, mais tout en refusant qu'il soit cependant ce qu'y voyait Leibniz, une relation ; la proposition « le temps n'est rien d'objectif ni de réel » reste possible à condition de maintenir les points de vue de Berkeley et de Hume, et de les concilier avec celui de Leibniz. Mais Berkeley et Hume sont, eux, sensibles aux expériences de la succession qui déjà impliquent le temps et donc ne le révèlent pas intrinsèquement.

Opposée à la notion du « flux » (il n'y aura donc pas de phénoménologie du temps), la *Dissertation* insiste déjà sur la *loi interne de l'esprit* qui n'est pas « innée », et selon laquelle la coordination des sensations est provoquée par les sensations elles-mêmes. Surtout, dès ce moment, il faut noter la nature *imaginaire* du temps :

« Bien que le *temps,* posé en soi et absolument, soit un être imaginaire, toutefois, en tant qu'il concerne la loi immuable des sensibles comme tels, il est un concept très véridique et une condition de la représentation intuitive s'étendant à l'infini à tous les objets possibles des sens »[56].

Bien que ce « concept » soit prématurément invoqué dans la *Dissertation,* notons donc cet « imaginaire », auquel nous relions le « symbolique » de la connaissance qui va s'appuyer sur lui, puisque, en tant que rationnelle, toute connaissance est fondamentalement symbolique. Qu'ont fait la plupart des philosophes avant Kant ? Ils ont dû « armer la raison contre les premiers postulats du temps pur », selon ce qu'écrit Kant lui-même. Même le principe de contradiction se réfère au facteur temps, qui est ici encore vu comme « concept », à la fois primitif et originaire : « car *A* et *non A* ne sont *contradictoires* que si on les pense *simultanément* (c'est-à-dire en même temps), *du même sujet,* mais si on les pense *l'un après l'autre* (en des temps différents) ils *peuvent convenir* à ce même sujet »[57]. Aussi ce concept contient-il la forme universelle des phénomènes.

Notons encore que sa nature d'« être imaginaire » ne l'empêche pas de jouer le rôle d'un « concept très véridique », c'est-à-dire, en suivant la pensée et la terminologie kantiennes, le rôle d'un élément « symbolique » : la même « chose », tout imaginaire qu'elle soit, a donc vocation symbolique. Et il s'agit de l'imaginaire du temps, « *principe formel du monde sensible* absolument premier » en tant qu'il joue un rôle symbolique dans la connaissance du monde sensible, faisant de ce dernier ce qu'il est en tant que « tout formel », c'est-à-dire « le monde phénoménal»: phénoménologiquement, c'est du temps imaginaire, par conséquent, que naît pour nous la représentation du monde phénoménal. La *Dissertation* passant ensuite à l'espace reprend d'identiques affirmations: «le concept d'espace n'est pas abstrait des sensations externes»[58], il est une «représentation singulière», une «intuition pure», et «n'est pas quelque chose d'objectif ni de réel»: en outre, imaginaire, il est applicable au monde sensible. Le corollaire de la section III sur les «principes formels du monde sensible» précise qu'il ne s'agit pas de «concepts généraux», mais d'«intuitions singulières», «pures», qui défient les lois de la raison, dans la mesure où les parties simples et les limites ont leur raison contenue dans l'infini: «Car ce n'est que parce qu'est donnée l'infinité tant de l'espace que du temps, qu'un espace et un temps quelconque défini est assignable par limitation»[59].

Déjà, dans la *Dissertation*, par rapport à l'espace, le temps est privilégié, il y est dit approcher davantage d'un concept universel et rationnel: il forme en outre «les conditions principales à la faveur desquelles l'esprit peut comparer ses notions selon les lois de la raison»[60]. Non seulement le principe de contradiction en dépend, mais encore le principe de causalité, et enfin la notion même de nombre; de plus, comme «concept universel et rationnel», acquis de l'action même de l'esprit, le temps embrasse tout dans ses rapports, y compris l'espace et les pensées de l'âme.

Ainsi, le parallélisme des expressions kantiennes touchant l'espace et le temps ne peut guère un instant laisser l'ombre d'un doute, pas plus dans la *Dissertation* que dans la *Critique de la raison pure,* sur la priorité de ce facteur temps sur l'espace même. Entre l'espace, que la *Critique* verra comme la forme du sens externe, et le temps, dont elle fera la forme du sens interne, ce qui est essentiel à retenir, c'est le fait *interne* du sens dont le temps est la forme. Contrairement à ce qu'avaient cru Berkeley et Hume, le temps n'étant pas un concept empirique, il est *avant* même notre perception de la simultanéité et de la succession, en tant que représentation *a priori* et fondement de cette perception, selon l'*Esthétique transcendantale*, § 4 de la section II sur le temps, au début de la *Critique de la raison pure*. Dans tous les cas, même en l'absence de perception de succession, il s'agit d'un temps, qu'il soit autre ou le même: l'altérité signifie la succession, et l'identité signifie la simultanéité. C'est ainsi que le temps est la «représentation nécessaire qui sert de fondement à toutes les intuitions»[61]. Il est donc impossible de supprimer le temps dont l'unidimensionnalité est *a priori* et nécessaire. Et cette nécessité *a priori* fonde des principes apodictiques qui ne peuvent pas venir de l'expérience. C'est pourquoi le temps n'est pas un concept discursif ni général, mais une forme pure de l'intuition sensible. Quant à l'infinité du temps, elle ne signifie rien d'autre que ceci: toute quantité finie de temps n'est possible que sur un fond unique, mais non compris comme «milieu», et que nous limitons chaque fois que nous nous le représentons.

Telle est, dans la *Critique de la raison pure,* l'exposition métaphysique du concept de temps au niveau de l'*Esthétique transcendantale;* quant à l'exposition transcendantale, elle renvoie aux principes apodictiques déjà annoncés, et qui sont à la base même des notions de changement et de mouvement. Le temps n'est pas «réel», il n'est que la «condition subjective de toutes les intuitions que nous pouvons avoir»[62]. Autrement dit, il n'est rien d'autre que «la forme du sens interne, c'est-à-dire de l'intuition de nous-mêmes et de notre état intérieur»; c'est dans notre état intérieur qu'il agit sur le rapport des représentations, aussi la représentation linéaire n'est-elle pas appropriée, faite qu'elle est sur le modèle de l'espace et elle ne rend compte que de la succession, ce qui est insuffisant. Du fait de son rôle fondamental, cette intuition ou ce sens interne est, pour nous, «la condition formelle *a priori* de tous les phénomènes en général»[63].

A propos des phénomènes extérieurs, il faut dire que ce qui s'y ajoute, n'est autre que la forme pure de toute intuition externe, mais *pour tous* joue le temps: «tous les phénomènes en général, c'est-à-dire tous les objets des sens, sont dans le temps et (...) ils sont nécessairement soumis aux relations du temps»[64], qui n'est donc autre chose qu'une «condition subjective de notre (humaine) intuition». Si l'on peut encore parler de la réalité empirique du temps, en tant qu'il a valeur objective sur les objets que nous percevons, il n'est pas possible de parler d'une réalité absolue comme s'il était la condition des choses. Son idéalité transcendantale nous permet d'affirmer qu'il n'est ni substance, ni qualité des choses. L'objection contre Kant était d'évoquer l'existence de changements réels: les changements réels ne sont possibles que dans le temps, *donc* le temps est un objet réel. Mais, de *réel,* le temps n'a que la *forme* de l'intuition interne: «il n'est point inhérent aux choses mêmes, mais seulement au sujet qui les perçoit»[65]. Aussi Kant dénonce-t-il le phénoménisme inhérent à l'idéalisme même, à l'insu d'ailleurs des idéalistes, qui ignorent que, non seulement les objets extérieurs sont des phénomènes, mais encore leur propre conscience, le *cogito* qui les représente. Quels qu'ils soient, les phénomènes ne peuvent être considérés comme des «choses en soi».

La connaissance reste certaine et la certitude expérimentale reste possible même si les formes de l'espace et du temps ne sont attribuées qu'à notre intuition des choses et non pas aux choses. En fait, il faut bien que quelque chose change dans le temps et que, comme le pensaient Berkeley et Hume, les perceptions jouent un certain rôle pour que se découvre à nous l'idée de temps. En fait, les propriétés que nous prêtons aux choses ne peuvent exister en soi et n'existent qu'en nous. Aussi il s'ensuit que la nature des objets en eux-mêmes nous demeure inconnue. Le temps est le premier inséparable, l'inséparable *sine qua non*, non seulement de notre perception, mais encore de notre pensée, et de toute connaissance. C'est l'inséparable de notre finitude. Avec sa découverte se trouve énoncé le principe relativiste :

>« tout ce qui dans notre connaissance appartient à l'intuition (...) ne contient que de simples rapports, des rapports de lieux dans une intuition (étendue), des rapports de changements de lieu (mouvement), et des lois qui déterminent ce changement (forces motrices) »[66].

Auguste Comte ne dira pas autre chose quand il affirmera que « tout est relatif » et que ce que nous saisissons des choses, ce ne sont que des rapports et des lois, la cause étant rejetée comme suspecte par la croyance qu'elle implique dans l'absolu de la réalité des choses. En droit, nous regardons comme « quelque chose de donné » pour Kant et pour Comte les objets du phénomène; mais en fait, ce « donné » n'est qu'*attribué* par la facture de notre esprit : Kant et Comte relativisent l'objet (et la connaissance que nous en avons) aux lois de notre entendement et aux limites de notre perception. Mais dans ces limites il n'y a rien qui entame la vérité scientifique, puisque celle-ci n'est qu'un élément du système symbolique de la connaissance, chez Kant; et, chez Comte, elle entre dans la logique des signes utilisée pour traduire le Réel. Or, Kant a le mérite de souligner explicitement que le Réel reste une *chose en soi* que nous ne pouvons atteindre que *symboliquement*. La sémiologie comtienne, comme la connaissance symbolique kantienne, touche un *donné du phénomène*, qui n'est pas le Réel absolu, mais qui n'est pas non plus l'apparence méprisée par les idéalistes suspectant l'existence du monde extérieur : tel a été le cas de Berkeley, mais il ne niait ni les sensations ni les idées qu'elles permettaient.

Un certain nombre de remarques touchant à certains « glissements » de la pensée de Kant s'imposent; et, tout d'abord, en ce qui concerne le passage théorique de Kant de la *Dissertation* de 1770 à la *Critique de la raison pure*. Car Gérard Granel montre qu'à l'époque de la *Dissertation* il existait pour Kant la possibilité, d'une part, d'édifier une « phénoménologie générale », et, d'autre part, de poursuivre l'œuvre métaphysique comme connaissance de ce qui «est». Ces deux présuppositions ne se démarqueraient pas alors de la tradition qui donne l'homme comme un sujet représentant et qui, par la distinction sensible/intelligible, renvoie à cette classique distinction apparence/réalité dont la disparition va être l'une des réalisations kantiennes. Par rapport à cette position, la lettre à Marcus Herz du 21 février 1772 va indiquer un tournant décisif, en mettant en question la métaphysique même et en faisant de la représentation quelque chose d'incompréhensible à la pensée. Et le long silence qui sépare la *Dissertation* de la première édition de la *Critique de la raison pure,* prenant place en 1781, s'explique alors par cette lettre de 1772 dans laquelle Kant semble devoir renoncer à établir cette phénoménologie annoncée à Lambert, et à prolonger une entreprise métaphysique dont Kant évoque le mystère et la clef cachée à elle-même. C'est pourquoi il faut se demander si l'*Esthétique transcendantale,* qui concerne le sensible, ne comporte pas, comme le suggère G. Granel, une équivoque ontologique: le discours critique se place-t-il au dessus de l'oppostion apparence/phénoménalité, dont le sens des termes n'est pas encore bien déterminé? Tout à la fois, forme, continuité, et infini, le sensible s'impose comme *a priori,* une composition et un rien, une «universitas» comme l'affirmait la *Dissertation* à propos du monde, qui est en même temps un rien qui ne lui ôte pas l'être, c'est-à-dire que cet être est un *ens imaginarium*, ce qui n'est ni l'Impossible (le *nihil negativum)* ni le manque (le *nihil privativum*). L'être-rien ici est une pensée de la phénoménalité du phénomène. L'être est ce quelque chose de réellement donné dans le temps, ce qui veut dire que la même chose est l'être et l'apparence de ce donné. Le langage de la phénoménalité ne se laisse pas reconnaître directement lui-même dans cet *ens imaginarium,* dans ce mode imaginaire de la conscience dans son opération d'appréhension du monde: il s'agit bien de l'interne et du subjectif, comme un singulier universel de la pensée précédant le général universel de la connaissance, mais un singulier universel qui serait en même temps une *négation d'objet* précédant la *constitution d'objet.*

La continuité du sensible dans l'indétermination s'élève au-dessus de la perception et, par là, disparaît de notre examen. L'infinité du sensible est donnée comme une continuité s'opposant aussi à l'apparence et ce n'est que dans le langage du sujet représentant qu'apparaît l'ontologie nous découvrant l'être-monde du monde dont l'*Esthétique transcendantale* porte l'entrevision de l'horizon. Et il est possible, en effet, de considérer les niveaux passés en revue par la *Critique de la raison pure* comme ceux du sujet de la science expérimentant le Réel en tant que, d'abord, il analyse l'apparence ou se situe dans l'*intuition,* et qu'ensuite il analyse l'objet-dans-l'apparence ou se situe dans l'*entendement*, et qu'enfin il analyse l'objet ou se situe dans la *raison*. Et, placée entre l'intuition et la raison, prend place l'expérience à laquelle se raccroche l'entendement. Il en découle que la raison est comme un entendement sans expérience, c'est-à-dire aussi sans perception, c'est ce que l'on peut déjà induire de Kant et ce que confirme l'école de Husserl. Or, la perception, ce n'est autre que le sensible avec la détermination de l'objet et le problème est alors de concilier cette dernière avec le sensible ou le sens interne du temps. D'une part, l'intuition ne contient pas l'objet qu'elle représente; d'autre part, l'entendement n'est autre que la pensée de l'objet dans le phénomène, c'est-à-dire dans l'inobjet:

« Le jugement est donc la conscience médiate d'un objet, par conséquent la représentation d'une représentation de cet objet... Tous les jugements sont donc des fonctions qui consistent à ramener nos représentations à l'unité, en substituant à une représentation immédiate une représentation plus élevée qui comprend la première avec beaucoup d'autres et qui sert à la connaissance de l'objet, et en réunissant ainsi beaucoup de connaissances possibles en une seule »[67].

C'est donc ainsi que l'entendement est la possibilité d'être du non-être ou la condition de la fiction de l'être, en tant qu'il constitue l'expérience comme le royaume de l'apparence. L'Imaginaire possibilise son être au niveau du Symbolique qui le fait être. Aussi l'*Analytique transcendantale* fait-elle retour à l'*Esthétique* en tant qu'elle poursuit ni plus ni moins l'exposition de l'intuition en exposant l'unité du divers. Ainsi la déduction de l'entendement ne peut se comprendre que par son mouvement d'enracinement de l'objet dans le phénomène où elle montre le paraître même du paraissant, selon l'expression intéressante de G. Granel. A partir de là, le passage théorique entre l'intuition et l'entendement, où certains ont vu un problème, celui du temps précisément, n'est pas aussi incompréhensible qu'on a voulu le dire.

Il faut à la fois admettre l'extériorité réciproque des trois ordres que sont la sensibilité, l'entendement et la raison, et l'annuler du fait d'une équivoque ontologique qui pour nous est signifiante dans le triangle transcendantal qui répartit dynamiquement ici le *Réel* à connaître (aussi bien inconnaissable en tant que chose en soi que connaissable en tant que réalité empirique), un *imaginaire* opérant et médiateur, enfin du *symbolique* parachevant et limitant ce qui peut être connu. Cette tripartition est dynamique et même orientée dans son premier mouvement de symbolisation, très précisément et clairement observable. En effet, l'imaginaire qu'est le temps *informe* (puisqu'il est la première forme *a priori*) la réalité possible (la réalité empirique), qu'à son tour façonne l'autre imaginaire qu'est l'espace. Ce complexe imaginaire spatio-temporel de la réalité empirique, informé et façonné par les formes *a priori* de la sensibilité, donc informé par le sens interne et façonné par le sens externe, est ensuite *symbolisé* par la triple opération de l'imagination transcendantale, de l'entendement schématique et de la raison symbolique. La symbolisation opère en fait au commencement en l'absence d'intuition du concept et à la fin dans l'au-delà de l'entendement et de son concept.

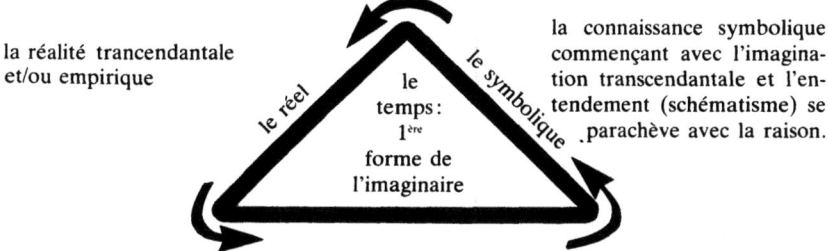

la réalité trancendantale et/ou empirique

le temps : 1ère forme de l'imaginaire

la connaissance symbolique commençant avec l'imagination transcendantale et l'entendement (schématisme) se parachève avec la raison.

A vrai dire on ne peut s'étonner qu'il n'y ait pas eu de véritable problématique du temps avant Kant, puisque l'éternité seule constituait pour les métaphysiciens traditionnels le fond permanent de la philosophie, faisant du temps une ombre (ce en quoi ils n'avaient pas tout à fait tort) mais une ombre misérable que les analyses de Hume ne pouvaient sauver du mépris. Il a donc fallu que la finitude s'implantât au cœur de la philosophie avec Kant et que l'homme enfin l'acceptât et s'acceptât en elle, pour que le temps devienne digne d'être relié aux universaux même s'il n'est qu'un être imaginaire. De tous les éléments de la pensée, c'était le moins supprimable, véritable inséparable, l'inaperçu imperceptible, présent antérieur et intérieur à l'acte constituant le sujet connaissant, et nécessaire imaginaire. Comme l'espace, le temps jouit donc d'une réalité empirique et d'une idéalité transcendantale. Tandis que l'espace est la « représentation nécessaire qui sert de fondement à toutes les intuitions extérieures »[68], le temps sert de fondement à *toutes les intuitions*. Il n'y a rien qui ne soit pensé à travers le temps : l'espace même. Ce rapport à la véritable origine épistémologique et aux principes de toute pensée, pensant le pensé et se pensant soi-même, exclut de poser l'absolu d'une pensée, mais délimite dans son acte même cette pensée qui ne prend appui que sur elle-même et ne trouve garantie de son processus de pensée qu'en elle-même ; d'où la justification d'une nécessaire « théorie transcendantale des éléments ».

Certains ont critiqué la prétendue intemporalité de l'entendement chez Kant qui, ainsi que l'écrit Jacques Havet, constituerait « intemporellement le monde phénoménal qui se révèle historiquement à la conscience empirique»[69]. Voulant poser, quant à lui, la temporalité de l'acte constituant, le commentateur veut opposer à l'interprétation «formaliste» faite au kantisme une interprétation «actualiste»; aussi aborde-t-il l'étude du transcendantal par la *Déduction subjective* supprimée par Kant dans la 2ᵉ édition de la *Critique de la raison pure*: ce texte avait pour fin de permettre la déduction du pouvoir de l'entendement de se rapporter à des objets. Or, si l'on ignore que le point de vue de l'*Analytique* n'est pas celui de l'acquisition, *de fait*, de certains concepts, mais celui de leur légitimité, *de droit*, on peut ainsi commettre cette erreur d'un positivisme transcendantal dont la première philosophie de Hermann Cohen est un illustre exemple. Vouloir supposer un temps spécifique de l'acte constituant, c'est tout simplement oublier les avertissements de l'*Esthétique,* à savoir que le temps n'est rien et qu'il n'origine pas l'*objet* mais le *phénomène de l'objet* — ce que nous appelons un inobjet et que, par conséquent, on ne peut parler d'une réalité transcendantale du temps, mais bien de son idéalité transcendantale, c'est-à-dire de son être imaginaire symboliquement validé. Aussi est-il non originaire, en ce sens qu'il ne crée pas l'objet, et pour autant, ce n'est pas avec l'apparence qu'il nous relie, mais avec le phénomène; néanmoins, cette «sensibilité» temporelle, préliminaire à toute scientificité, en tant qu'idéalité transcendantale porte «*sur l'origine et le contenu du fond*». A cette volonté de faire du temps envers et contre tout une «réalité objective», Kant a répondu par avance: le temps serait ce réel objectif s'il était quelque chose d'*actif,* du moins au niveau transcendantal. Mais Kant montre que, s'il en était ainsi, on convertirait tout le perçu, le pensé et le connu en «pure apparence», puisque, de deux *choses* infinies que seraient l'espace et le temps, on dirait qu'elles existent indépendamment des choses existantes: notre propre existence elle-même dépendrait curieusement d'un «non-être tel que le temps»[70] et ne serait donc que pure apparence comme le temps lui-même. Il est indéniable que le temps déborde, par sa signification, l'espace, mais si l'on peut admettre avec Cohen que le temps est la vérité de l'espace (dans un sens non hégélien), il n'en est pas pour cela réduit à une pure négativité portant sur «l'impossibilité apriorique d'une analyse transcendantale élémentaire», selon la juste expression de Jules Vuillemin, et qui ferait appel à un autre principe pour le fonder lui-même ainsi que l'espace, dès lors, pour leur fournir «la réalité objective possible, unique objet de la recherche kantienne»[70]! Mais on oublie alors que le problème du statut du «sujet transcendantal» assoit ce point de vue qui met en doute le fondement de la «théorie transcendantale des éléments» qu'était pour Kant l'*Esthétique,* comme Heidegger saura le montrer; et ce statut lui-même s'appuie sur la détermination comme sur le principe suprême transcendantal. Par un double jeu négatif/positif, par le jeu du sens négatif de la chose en soi et par celui du sens positif de ce prétendu principe suprême, Hermann Cohen verrait le passage de la signification métaphysique de l'espace et du temps à leur signification transcendantale, et nantirait la sensibilité d'une *activité* propre: le temps serait «actif» et pas seulement «passif». De là, ensuite, à insinuer, dans la trame de notre intuition interne, des concepts, il n'y a qu'un pas que franchit aisément Cohen:

«La forme de cette trame, la loi pour donner figure à cette multiplicité interne, est le Temps, qui comprend l'Espace. On ne doit donc pas demander pourquoi on ne reconnaît pas également l'Espace comme schème; car le dessin spatial du concept pur est en tant que schématisme, non en tant que représentation imagée, un dessin uniquement temporel»[71].

Donc, voilà valorisé le temps comme schème transcendantal! Le moment de l'interprétation positiviste de Kant, qu'illustrent Cohen et Natorp, est le second moment historique, selon la juste analyse à laquelle procède Jules Vuillemin: le premier moment étant celui de Fichte s'appuyant, lui, non pas sur l'*Analytique*, mais sur la *Dialectique transcendantale* et la théorie des idées. L'interprétation de Cohen sur la base de l'*Analytique* et sur celle de la théorie des principes prétendait réagir contre celle de Fichte péchant par un psychologisme subjectif, lui-même destiné à répondre au problème de l'idéalisme allemand: «comment peut-on passer de la conscience de soi à la conscience d'objet?». Ce problème reste insoluble dans l'horizon d'un idéalisme fichtéen, et, pour Cohen, il implique la déduction des éléments de cette conscience de soi elle-même, comme rappelant leur origine transcendantale, «c'est-à-dire leur signification dans le système des sciences»[72]. Telle est la finalité de Cohen! Fichte et Cohen systématisent Kant, chacun à partir d'un élément privilégié; cependant, ni le postkantisme de Fichte, ni le néo-kantisme de Cohen (ni même le néo-kantisme français) ne réussissent à retrouver le noyau du kantisme qui doit avoir raison de la critique hégélienne.

La dualité kantienne sur laquelle Hegel a mis le doigt et qui, sous le couvert d'une parfaite unité, faisait problème aux interprètes, — forts de comprendre Kant mieux que Kant, — consiste en ce que, travaillant à l'édification de la subjectivité dans son processus authentique par rapport à l'objet qu'elle pose originairement, Kant, cependant, en permettant que, déductivement, le sujet se fasse être «liberté», fait intervenir l'identité de la Loi et du Moi mais en tant que la Loi est immédiate et en tant que la liberté est, au contraire, médiate:

au niveau du Moi une séparation se produit donc entre nature et liberté. Tandis que l'*Analytique de la raison pure pratique*, dans la *Critique de la raison pratique*, pose l'indépendance de la nature et de la liberté, il ressort que la *Dialectique de la raison pure pratique* pose, au contraire, la dépendance de la nature par rapport à la liberté, et la conséquence en serait que le système moral contredirait finalement l'édifice criticiste, comme l'écrit Jules Vuillemin :

> « Celui-là ne fait qu'exprimer plus clairement celui-ci et la difficulté qu'il rencontre de définir le phénomène, sans faire implicitement appel à ce que le phénomène, en tant qu'identité du sujet et de l'objet dans l'immanence de la consciene transcendantale, rejetait absolument : la chose en soi, l'altérité de l'absolu »[73].

Nous savons, en effet, la difficulté que cette intervention, fondamentale, de la Loi a pu soulever; et ce n'est pas la perspective hégélienne qui peut à elle seule suffisamment faire voir la difficulté pour y apporter une solution d'un point de vue kantien; il s'en faut! Mais que cette difficulté d'interprétation ait marqué les interprétations ultérieures, cela est indéniable, aussi l'étude de Jules Vuillemin le montre assez. Il restait à montrer toutefois la solution à apporter à cette intervention « intempestive », — c'est le mot, — de la Loi. Nous en verrons une solution convenable précisément dans la considération adéquate du facteur temps, dont on ne saisit décidément pas assez l'impact sur le phénomène, ni sur le sujet moral qui en est affecté le tout premier, comme nous l'avons montré dans *la Symbolicité* et dans *la Morale*.

Aussi ce que Jules Vuillemin découvre au niveau de *la Phénoménologie de l'Esprit*, il faut dire qu'au niveau de la *logique* cela s'éclaire d'une interprétation, encore inadéquate, de Hegel : tout d'abord, la notion même de « réel » distingue Hegel de Kant qui admet une réalité « empirique » et non « transcendantale » du temps, alors que Hegel croit reconnaître dans Kant une identité de pensée suffisante avec son point de vue et, par là, se croit autorisé de dénoncer une incompréhension manifeste du kantisme :

> « C'est une des idées le plus profondes et les plus justes de la *Critique de la Raison pure* que celle d'après laquelle l'unité, qui est l'essence du concept, serait l'unité primitivement synthétique de l'aperception, l'unité du : *Je pense*, ou de la conscience de soi. Cette proposition forme la déduction transcendantale de la catégorie »[74].

Mais Kant entre-t-il si nettement dans les vues hégéliennes et donne-t-il au concept le contenu de l'intuition pour faire du concept l'objet, comme Hegel l'attend? Car cette proposition que Hegel trouve essentielle dans le kantisme, s'y trouve-t-elle réellement, à savoir, selon les termes de Hegel : « les concepts sans intuition sont des concepts vides et ne sont valables qu'en tant que rapports entre les divers éléments fournis par l'intuition (...), le concept est déclaré comme étant l'élément objectif de la connaissance, c'est-à-dire comme la *vérité*»[75]? Certes, cette affirmation n'est pas tissée sans qu'un fil ne la relie au «fond» de la pensée kantienne: mais avant tout elle confond concepts de l'entendement et concepts de la raison; ses propres glissements sont évidents dans le: «c'est-à-dire comme la *vérité*», mais subreptices dans la multiple identité: *concept = contenu de l'intuition = objet = vérité*. Rien de plus éloigné de Kant que cette affirmation péremptoire de Hegel: «Tout ce qui est réel ne l'est que pour autant qu'il contient et exprime l'Idée»[76]

Reprenons donc le fil de ces interprétations auxquelles le temps est loin de rester étranger: la difficulté du temps intelligible soulevée par Jacques Havet avait été largement exposée déjà par Fichte qui voulait partir de l'idéalité de l'objet pour atteindre indirectement celle du temps, afin d'éviter le dogmatisme empirique, et surtout pour montrer que le moi engendre le divers de l'espace et du temps, dans le passage de la conscience empirique de soi à la conscience pure de l'intuition intellectuelle. Pour Cohen, Fichte était prisonnier de l'analyse métaphysique dont il ne sortait pas, alors que lui-même pensait accéder à l'analyse transcendantale. Au premier déplacement conceptuel, Cohen substitue le sien propre qui fait de l'analyse transcendantale l'instauratrice de la valeur de toutes les sources de connaissance. Et le caractère architectonique de l'analyse transcendantale permet l'examen de l'unité de l'expérience possible dans la connaissance. Ainsi, par conséquent, le principe suprême de l'expérience possible, approfondi comme il se doit, conduit de l'espace au temps, et du temps au schème: quant à ce dernier, il apparaît alors comme le lien de la forme de synthèse du *Je transcendantal* et en même temps de la forme synoptique de l'espace et du temps. Il est vrai qu'un résultat s'avère à l'actif de Cohen, et c'est celui de sauver l'inconditionnalité de la pensée philosophique sans avoir à recourir aux sciences positives pour en déterminer le contenu. Mais ce que Cohen n'évite pas, — et qu'il voulait éviter pour l'avoir reproché à Fichte — c'est la métaphysique de l'infini, avec les apories et les déplacements qu'elle implique et qu'il critique chez Fichte. En effet, pour justifier, dans la théorie du droit, la norme fondamentale, et, dans la théorie des sciences, le calcul infinitésimal, Cohen se voit impliquer le recours à un postulat, et qui est celui qui commanderait la réduction du transcendantal au positif, par là même érigé en absolu. Ce passage curieux, du noumène au phénomène, débouche ni plus ni moins sur une métaphysique de l'infini, sur ce que Cohen voulait éviter à tout prix, c'est-à-dire sur quelque chose comme le Moi fini de Fichte se déplaçant en Dieu. A juste raison Heidegger pourra accuser le positivisme de Cohen d'être une métaphysique de l'Esprit qui s'ignore.

Comme le montre si justement Jules Vuillemin, ce qui se dégage de l'histoire des interprétations faites à Kant, par le passage de la *Dialectique*, avec la mainmise de Fichte, à l'*Analytique*, avec la mainmise de Cohen, et de celle-ci à l'appréhension heideggerienne de l'*Esthétique*, c'est le déplacement successif des intérêts prodigués à la *Critique de la raison pure*, progressivement indiquant l'approfondissement corrélatif du concept de finitude chez ces auteurs attachés à la difficulté inhérente au kantisme. Ce qui est manifeste, c'est que l'idéalisme de Fichte et le positivisme de Cohen ont en commun le parti de s'éloigner de la notion kantienne de la chose en soi. En effet, les trois mentions de l'«objet», qui interviennent dans l'*Esthétique*, doivent être maintenues, à savoir: d'une part, l'*objet donné,* qui, chez Cohen, veut faire oublier cet *objet comme manifestation de lui-même* et cet *objet comme objet en soi*. L'*Esthétique* donne l'une des connaissances requises pour résoudre le problème de la philosophie transcendantale: «comment des propositions synthétiques *a priori* sont-elles possibles?»
— En effet, la démarche *vers* l'*Esthétique* découvre qu'une analyse transcendantale y commence à partir d'un «donné» qu'est le jugement: sortant du concept, nous découvrons que l'*a priori* de l'intuition est lié synthétiquement au concept. Donc, la démarche indiquée par l'ordonnance des parties de la *Critique* et qui est la démarche *à partir de* l'*Esthétique* n'empêche nullement aussi la démarche *vers* elle. Et, dans l'*Esthétique* même, rien n'empêche que la démarche *vers* la conclusion ne s'inverse elle-même en démarche *de* la conclusion *vers* la première phrase, si brillamment analysée par Heidegger, car il a vu qu'elle pose ses bases inébranlables qu'il ne faudrait pas oublier et qui sont:

«De quelque manière et par quelque moyen qu'une connaissance puisse se rapporter à des objets, le mode par lequel la connaissance se rapporte immédiatement à des objets et que toute pensée se propose comme moyen, est l'*intuition*»[77].

Avec *Kant et le problème de la métaphysique* — ouvrage qui réunit un ensemble de conférences de l'hiver 1925-1926, revu en 1928 et publié en 1929, qui devait constituer une première approche de la seconde parie de *Sein und Zeit*, jamais écrite, — Heidegger explique la *Critique de la raison pure* en tant qu'instauration du *fondement* de la métaphysique, c'est-à-dire du point de vue d'une ontologie fondamentale nécessaire pour rendre la métaphysique possible. Il s'agit de déterminer concrètement le fondement de l'essence.

C'est donc avec l'interprétation de Heidegger que commence l'appréhension ouverte de la finitude, car ce que Heidegger vise à travers Kant c'est Hegel, et, d'une manière générale, une métaphysique de l'Absolu. Par rapport à Platon et à Aristote, Heidegger met en question l'ontologie, et cela par la question kantienne: «comment les jugements synthétiques *a priori* sont-ils possibles ? » Dès lors, synthétiques sont tous les jugements — même les jugements analytiques —, en tant qu'ils lient sujet et prédicat, mais les jugements synthétiques sont, en outre, ceux dont la légitimité est tirée de l'étant lui-même; et *a priori* concerne une autre synthèse qui apporte à propos de l'étant quelque chose d'autre qui ne peut être tiré de l'expérience : transcendantale est une connaissance qui traite de la manière de connaître les objets; en tant que ce mode de connaître doit être possible *a priori*, c'est un examen de la possibilité de la compréhension préalable de l'Etre. L'ancienne métaphysique générale devient pour Kant, dans la perspective heideggerienne, philosophie transcendantale; et la *Critique de la raison pure* cherche l'articulation totale et complète et les contours de l'ontologie. Ainsi n'est-elle ni une théorie de l'expérience ni une théorie des sciences positives, ni même une pure théorie de la connaissance. Ou bien, on peut dire qu'elle est une théorie de la connaissance *ontologique,* pas ontique (ou liée à l'expérience). Le problème de l'ontologie est ramené à une place centrale, car l'ontique se conforme nécessairement à l'ontologique. Le premier problème qui ne laisse plus aucune présupposition avant sa position, est bel et bien celui de la possibilité de la vérité ontologique. Il faudra développer la connaissance à partir de ses germes originels. Après ce point de départ, nous voyons le développement de l'instauration, et c'est à ce propos que Heidegger analyse la première phrase du corps de l'*Esthétique* et qui porte sur l'intuition : Donc, connaître, c'est premièrement intuitionner. Le terme générique entre pensée et intuition, c'est celui de *représentation* : la connaissance comme représentation peut être soit intuition, soit concept; la première est immédiate, le second est médiat. Cette définition rend compte de la finitude de la connaissance. Avec la deuxième phrase, un éclaircissement intervient : elle dit : « Mais l'intuition n'a lieu qu'autant qu'un objet nous est donné, et, à son tour, un objet ne peut nous être donné qu'à la condition d'affecter l'esprit d'une certaine manière »[78]. C'est ce que Heidegger traduit en affirmant le nouveau rapport dégagé par Kant : non pas celui qui va des organes des sens à l'intuition humaine sensible, mais inversement, celui qui va de notre existence finie au milieu de l'étant vers l'annonce qu'elle doit en faire : les organes des sens sont tels parce qu'ils appartiennent à l'intuition sensible, finie; ainsi, la sensibilité trouve-t-elle son concept ontologique, non sensualisable. « L'essence de la sensibilité se trouve dans la finitude de l'intuition »[79]. La structure même du connaître explicite la finitude.

Ainsi, d'abord comme intuition, la connaissance est déjà un acte de représentation effective et opérative, qui immédiatement *présente* l'étant lui-même. Mais, pour communiquer, c'est-à-dire rendre compréhensible à autrui l'objet de l'intuition, la détermination intervient comme représentation par concept comprenant une diversité sous une unité, le multiple sous la maîtrise de l'un. Donc, en tant qu'acte déterminant, représenter n'est autre que *représenter le représenté*, autrement dit, l'acte déterminant de la représentation est représentation (concept) d'une représentation (intuition), à travers le procès linguistique d'une énonciation (*Aussagen*) de quelque chose à propos de quelque chose. Cette capture par le concept linguistique, qui universalise et médiatise l'intuition, a été prévue par Kant — c'est ce que Nietzsche «indique» dans ce qu'il nomme, dans *la Naissance de la tragédie*, «apparence de l'apparence» — et c'est ce que Michel Foucault ramène à l'image réfractée dans un miroir, qui joue le rôle objectivant du concept, et qui renvoie à autrui l'image que l'intuition peut voir sans la renvoyer; et c'est pourquoi il prend comme modèle d'articulation le fameux tableau de Velasquez, qui, sous forme muette, montre ce processus de «représentation» en nous cachant l'objet représenté: nous ne voyons que l'image de l'intuition telle que le miroir-concept nous la délivre et à laquelle, par une sorte d'effraction-réfraction, il nous fait participer. Ainsi, la détermination s'ordonne à l'intuition à laquelle s'unit la pensée pour la servir. Et, de la sorte, tout jugement est fonction de l'unité qui est, en dernier ressort, l'unité structurelle de la synthèse, présidant à l'englobement nécessaire de la synthèse prédicative, d'une part, et de la synthèse apophantique, d'autre part, et dans la synthèse véritative finale. «En dehors de nous» est l'étant en tant que chose en soi... ou le Réel. A mesure que se développent les étapes de cette instauration, le *temps* se place davantage au centre du problème et dévoile sa propre essence de manière plus originelle encore que ne le manifestait l'*Esthétique,* qui cependant est à l'origine de tous les processus, mais qui, dès lors, fait figure de description provisoire. Par sa limitation aux représentations de l'intuition et du concept, le temps (vécu) élargit, en fait, le domaine dans lequel il peut se développer en tant que mode préalable d'intuition. En effet, tout tombe dans le temps: l'acte même de représenter et l'état du représenté dans cette représentation. Très justement, Heidegger distingue à ce propos, outre la temporalité (ou intratemporalité) de l'acte de représenter, qui est immédiate, une intratemporalité médiate du représenté déterminé par le sens externe. Comme événement psychique, cette dernière se répercute sur l'intratemporalité de l'intuitionné. Et, contrairement à la méfiance des philosophies dogmatiques dont le règne évinçait l'assise temporelle, il s'avère, tout autrement, que plus le temps concerne le sujet, plus celui-ci est capable de sortir de ses limites originelles. Si, dès le début de la *Critique de la raison pure* et, corrélativement, — puisqu'il s'agit d'une description transcendantale — dès le début de cette instauration, le «temps» se voit attribuer une *fonction ontologique universelle,* il faut admettre que cette fonction se trouve justifiée dans le même rapport qu'elle nous met à même de déterminer plus originellement l'essence de la subjectivité.

En effet, si l'Etre de l'étant — pour reprendre la terminologie heideggerienne — est découvert *a priori* dans l'*Esthétique,* au lieu d'éliminer l'*Esthétique* comme l'ont fait les premiers interprètes de la *Critique de la raison pure,* il faut, bien au contraire, non seulement la conserver, mais encore préciser ses questions. Et cette précision n'intervient que dans le discours ultérieur qui pose, après le temps, les autres éléments purs de la connaissance que sont les notions. L'unité de la connaissance pure est caractérisée par Kant comme «l'unité essentielle originelle des éléments purs»[80], selon la troisième section du premier chapitre de l'*Analytque des concepts.* C'est précisément dans la partie intitulée «Des concepts purs de l'entendement ou des catégories» que l'unité essentielle de la connaissance pure s'établit. Et Heidegger affirme de ce paragraphe qu'il est la clé de la compréhension de la *Critique de la raison pure* en tant qu'il instaure le fondement de la métaphysique. Kant, en effet, y établit que «l'espace et le temps (font) partie des conditions de la réceptivité de notre esprit, c'est-à-dire des conditions sans lesquelles il ne peut recevoir de représentations des objets, et qui par conséquent en doivent nécessairement aussi affecter le concept»[81]. La pensée pure s'ordonne au pur divers; et celui-ci, d'après la finitude de notre esprit, doit obéir à la pensée elle-même qui est déterminante par la voie du concept. La connaissance *a priori* s'avère donc possible, si, et seulement si, d'abord, se produit le divers de l'intuition, avec ensuite la synthèse de ce divers par l'imagination, et avec enfin la détermination des concepts fournissant l'unité nécessaire à cette synthèse, puisque les concepts consistent dans la représentation de cette unité synthétique nécessaire.

La finalité de l'*Analytique des concepts* est alors claire, c'est l'unité ontologique; et, par là même, se trouve restituée l'activité qui semblait faire défaut au Moi. Or, cette révélation de l'unité du divers et de l'activité du Moi transcendantal, comme étant actuelles, est l'opération du jeu de l'imagination qui opère une synthèse transcendantale. Car, sous l'effet de la synthèse transcendantale de l'imagination, l'entendement produit la liaison du divers en affectant le sens intérieur. C'est pourquoi l'imagination transcendantale est à juste titre considérée par Heidegger comme «le centre de constitution de la connaissance ontologique».

Ce qui est ainsi dégagé par l'*Analytique des concepts*, c'est le schématisme en tant qu'il opère la possibilité de l'expérience. L'imagination est donc elle-même déterminante; tandis que l'image est le produit de l'imagination productive, le schème est le produit monogrammatique de l'imagination pure *a priori*, qui elle-même rend possibles les images adéquates au concept pour leur être reliées, et qui, en outre, opère cette synthèse pure qu'est le schème en suivant les règles d'unité, en conformité aux concepts et inhérentes aux catégories. Ainsi le schème détermine le sens intérieur conformément aux conditions de la forme reconnue du temps et il est donc une détermination *a priori* du temps, selon le chapitre premier de l'*Analytique des principes*. A quoi s'ordonne cette détermination *a priori* du temps opérée par le schème? Il faut chercher dans les opérations antérieures explicitées par l'*Analytique des concepts* pour voir que cette détermination s'ordonne aux catégories ou concepts purs de l'entendement :

quantité : unité, pluralité, totalité;
qualité : réalité, négation, limitation;
relation : substance et accident, causalité et dépendance, communauté ou réciprocité;
modalité : possibilité/impossibilité,
existence/non-existence,
nécessité/contingence.

Et ces catégories elles-mêmes ne sont pas sans correspondre aux fonctions logiques dont le tableau a été précédemment étudié par Kant :

quantité des jugements : généraux, particuliers, singuliers;
qualité : affirmatifs, négatifs, indéfinis;
relation : catégoriques, hypothétiques, disjonctifs;
modalité : problématiques, assertoriques, apodictiques.

Cette détermination *a priori* du temps, opérée, par la synthèse transcendantale de l'imagination varie selon les schèmes différents; la condition réelle du schématisme est donc le temps imaginaire :
- le schème de la *quantité* est le nombre qui introduit le *temps* dans l'appréhension de l'intuition : il représente la production du temps dans l'appréhension successive d'un objet;
- le schème de la *qualité*, comme réalité, est ce dont le concept indique en soi une existence dans le *temps*; comme négation, il est ce dont le concept indique une non-existence dans le *temps*; en tant qu'il est le passage de la réalité à la négation, il est un *quantum*, quantité de quelque chose qui remplit le *temps*, c'est-à-dire une production progressive de la réalité dans le *temps*, où l'on descend *temporellement* d'un degré de la sensation jusqu'à son degré zéro, où l'on monte *temporellement* de la négation de la sensation à une quantité de cette sensation; ainsi, le schème de la qualité représente la synthèse de la

sensation avec la représentation du *temps*, ou bien on peut dire qu'il représente le *temps* avec son contenu;
- le schème de la *relation*, en tant que schème de la substance, est la permanence du Réel dans le *temps* en tant qu'il représente ce qui demeure alors que s'écoule le «changeant» dans le *temps*: en tant que schème de la causalité, il représente la succession des éléments divers, soumise à une règle; en tant que schème de la réciprocité, il représente la simultanéité des déterminations d'une substance avec celle des autres; dans l'ensemble, le schème de la relation représente le rapport qui unit les perceptions suivant une règle de la détermination du *temps*;
- le schème de la *modalité*, enfin, représente «le temps lui-même comme corrélatif de l'acte qui consiste à déterminer si et comment un objet appartient au temps»: en tant que schème de la possibilité, il accorde la synthèse des représentations diverses avec les conditions du *temps*; en tant que schème de la réalité, ce n'est autre que l'existence dans un *temps* déterminé; en tant que schème de la nécessité, il représente l'existence d'un objet en tout *temps*. — L'«unité de tous les éléments divers de l'intuition dans le sens intérieur» est ce que signifie le schématisme de l'entendement qui, dans cette finalité, accuse la constance du *facteur temps*.

Dès lors, il est facile de voir — comme nous l'avons montré en suivant pas à pas le chapitre premier de l'*Analytique des principes* — que le temps joue un rôle essentiel dans l'instauration de la réalité objective d'une connaissance, selon ce qu'annonce la deuxième section du chapitre deuxième de l'*Analytique des principes*: «Du principe suprême de tous les jugements synthétiques», principe qui est donc que «tout objet est soumis aux conditions nécessaires de l'unité synthétique des éléments divers de l'intuition au sein d'une expérience possible»[82]. Ce qui veut dire que la condition du temps telle qu'elle a été admise, donne aussi avec elle la possibilité de l'expérience; le principe des axiomes de l'intuition («*toutes les intuitions sont des quantités extensives*»[83]) affirme le fondement *a priori* que constituent l'espace et le temps pour tous les phénomènes; le principe des anticipations de la perception («*dans tous les phénomènes, le réel, qui est un objet de sensation, a une quantité intensive, un degré*»[84]) affirme, outre l'intuition, la matière de quelque objet en général existant dans l'espace et le temps; le principe des analogies de l'expérience («*l'expérience n'est possible que par la représentation d'une liaison nécessaire des perceptions*»[85]) établit que, pour déterminer l'existence des objets dans le temps, il faut les lier dans le temps en général, au moyen de concepts les unissant *a priori*. Trois lois règlent les rapports chronologiques des phénomènes et déterminent l'existence de chacun d'eux par rapport à l'unité de tout temps : le principe de ces trois lois est fondé sur « l'*unité* nécessaire de l'aperception par rapport à toute conscience empirique possible (de la perception) *dans chaque temps*, et par conséquent, puisque cette unité est un fondement *a priori*, sur l'unité synthétique de tous les phénomènes au point de vue de leur rapport dans le temps »[86]. En effet, les trois analogies de l'expérience montrent que, si le temps ne peut être perçu en lui-même, le présupposé de la permanence de la substance est ce qui exprime le temps (principe de la permanence de la substance), et que, sur le fond inaperçu de ce temps unique présupposé, se déroule l'ordre des perceptions successives (principe de la succession dans le temps suivant la loi de la causalité), tout comme, sur la supposition d'une action réciproque, se fait connaître la simultanéité des substances dans l'espace (principe de la simultanéité suivant la loi de l'action réciproque ou de la communauté). Tels sont donc les principes présupposés servant à déterminer l'existence des phénomènes dans le temps.

L'être imaginaire (*ens imaginarium*) qu'est le temps pur (comme l'espace pur) de notre sensibilité — c'est-à-dire l'intuition = 0 — en un mot l'*inobjet* qu'est le temps pur (et l'espace pur), tel est notre présupposé incontournable ; telle est notre origine épistémologique, objet imaginé d'où nous tirons, pour ainsi dire, l'objet de l'expérience, comme de son principe et de sa cause ; nous reprenons ici l'affirmation suggestive de l'*Appendice de la Dialectique transcendantale* :

« *indem man den Gegenstand der Erfahrung gleichsam von dem eingebildeten Gegenstand dieser Idee als seinem Grund oder Ursache ableitet* »[87].

Ce que Kant peut exprimer à ce niveau d'élaboration de la connaissance ontologique par laquelle l'être de l'apparence se structure, peut aussi, en effet, concerner, pour le processus de constitution, le niveau tout à fait originaire : car, à toutes les étapes de la *Critique de la raison pure*, nous nous trouvons toujours dans un processus originaire, entre le non-être et l'être, entre l'*a priori* et le réel ; et ce « réel » n'est jamais « le même », selon qu'il est plus ou moins élaboré dans la topique transcendantale déterminant la place qu'il convient à chaque concept suivant l'usage qui lui est propre, et précisant les règles à suivre pour déterminer ce lieu, soit dans la sensibilité, soit dans l'entendement pur : il ne faut pas confondre l'objet pur de l'entendement avec le phénomène. Kant cite Leibniz pour n'avoir pas reconnu comme originaires les conditions de l'intuition sensible ; de même, il cite Locke pour n'avoir pas aperçu les concepts de l'entendement pur et les avoir assimilés à des concepts empiriques abstraits. Leibniz et Locke illustrent l'amphibolie des concepts de réflexion, c'est-à-dire la confusion de l'usage empirique de l'entendement avec son usage transcendantal, à travers la confusion de l'objet sensible du phénomène avec son concept pur, ou la confusion inverse. Comme dans cette *Remarque sur l'amphibolie des concepts de réflexion*, il est question dans l'*Appendice de la Dialectique transcendantale* du processus originaire de la connaissance de l'entendement, mais du point de vue de l'usage des idées transcendantales de la raison: usage non constitutif mais régulateur; et cet usage régulateur est soit un usage apodictique de la raison avec l'aide de la subsomption entreprise par le jugement, soit un usage hypothétique avec l'aide du principe transcendantal de la raison permettant l'application à la nature des principes logiques de *diversité*, d'*affinité*, et d'*unité*[88]. Si l'usage de la raison n'est pas constitutif, c'est parce que ses principes ne peuvent avoir aucun objet *in concreto*, puisque la subsomption opérée par le schématisme ne la concerne pas et qu'aucun schème correspondant de la sensibilité n'est donné à ses principes. Mais l'idée de la raison peut être cependant l'analogue d'un schème de la sensibilité, en ce sens que, de cette idée, ou plutôt de l'objet imaginaire de cette idée, comme l'explicite Kant, « on dérive en quelque sorte l'objet de l'expérience (...) comme de son principe ou de sa cause »[89]. Mais le processus originaire de l'objet d'expérience doit avoir été possible dans «l'origine et le contenu du fond »[90] grâce à la condition originaire du temps pur et sous la condition ultérieure de la détermination *a priori* du temps (le schème), comme nous l'avons présenté.

Nous avons vu, en effet, que le temps joue un rôle essentiel dans la constitution de la réalité objective d'une connaissance. Et cela, soit qu'elle réponde aux conditions formelles de l'expérience (alors la connaissance sera possible), soit qu'elle réponde aux conditions matérielles de l'expérience (alors la connaissance sera réelle), soit qu'elle réponde aux conditions générales de l'expérience (alors la connaissance sera nécessaire). Le «réel» est donc ce que nous pouvons concevoir comme détermination, sinon comme pure réflexion. La connaissance de la réalité des choses exige une perception, c'est-à-dire une sensation accompagnée de conscience, étant donné que la réalité d'une chose est — outre sa possibilité par rapport à l'usage empirique de l'entendement qui est sa position — la «liaison de cette chose avec la perception »[91]. Catégories et principes nous ramènent toujours aux conditions de la sensibilité, hors des bornes de laquelle l'entendement ne peut sortir. Les formes de la pensée ne sont pas des formes d'intuition comme l'espace et le temps, aussi sont-elles applicables au-delà de la sensibilité, non seulement aux phénomènes, mais encore aux noumènes; alors si la représentation d'un objet en soi est possible, l'entendement ne peut se faire de concept d'un tel objet. Car les noumènes au sens positif, en tant qu'objets d'une intuition non sensible, ne sont pas de notre ressort: nous n'avons pas d'intuition intellectuelle! Au contraire, les noumènes au sens négatif signifient que ce sont des choses qui ne sont pas les objets de notre intuition sensible: l'entendement les conçoit en dehors du rapport à l'intuition, comme *choses en soi*, non comme des phénomènes. Les catégories ne jouent pas dans le rapport à ces noumènes, pour la raison simple que dans le noumène ne joue pas l'*unité de temps*. L'absence de temps sensible et *a priori* interdit tout usage et même toute signification des catégories, car «la possibilité des choses qui doivent répondre aux catégories ne se laissent pas apercevoir»[92]. Le concept limitatif de noumène en tant que négatif limite donc le champ auquel s'applique notre entendement de façon assertorique, alors que problématiquement il peut dépasser cette limite mais sans recours possible à la sensibilité. Le champ même de notre sensibilité se confirme donc comme limité: il n'est autre que ce que délimitent, d'une part, la forme pure du sens interne, le *temps*, notre imaginaire implicite, et, d'autre part, le *noumène*. Telles sont les deux inobjets, les deux négations qui délimitent le niveau de l'entendement et des connaissances qu'il nous octroie sous la régulation de la raison.

La question complémentaire à celle d'une connaissance objective est celle concernant le rôle du temps dans la connaissance subjective. Le «*ich denke*» (je pense) est analysé par Kant qui met en lumière l'indissolubilité du temps et du sujet pensant. Le temps et le «je pense» ne sont pas inconciliables, ils ne sont même pas différents, enfin ils sont même identiques: les mêmes prédicats essentiels concernent en effet le «je pense» et le temps. Heidegger se réfère à la déduction transcendantale pour souligner cette identité tacite présente chez Kant qui parle alors du Moi comme de quelque chose de fixe et de permanent; comme il se réfère aussi au chapitre du schématisme où Kant affirme la permanence du temps, «qui ne coule pas»:

«On répondra que cette coïncidence des prédicats essentiels est fort naturelle. Kant, en usant de ce langage, veut précisément dire que ni le moi ni même le temps ne sont «dans le temps». Certes, mais s'ensuit-il que le moi n'est pas temporel ou faut-il aller jusqu'à conclure que le moi est «temporel» au point d'être le temps lui-même, et que le moi n'est possible, quant à sa nature propre, qu'en s'identifiant à lui?»[93].

En effet, comme le temps, le Moi est le corrélatif de toutes nos représentations: la relation opérée ici n'est pas seulement une *visée vers*, mais encore une *rétrovisée vers soi*; or, Kant ne vise, quant à lui, aucune âme-substance, ni même il ne regarde le Moi comme éternel dans cette analyse, opposée à la topique de la psychologie rationnelle qui énonçait:

1. L'âme est substance,
2. simple, quant à sa qualité,
3. numériquement identique, c'est-à-dire unité quant aux différents temps où elle existe,
4. en rapport avec des objets possibles dans l'espace.

Le «je pense» est, en fait, pour Kant, l'unique texte à retenir de la psychologie rationnelle. Aussi faut-il passer de l'âme au «je pense» et poser:
1. je pense,
2. comme sujet,
3. comme sujet simple,
4. comme sujet identique.

Et c'est dans le sujet que «la représentation du temps a originellement son fondement», mais le sujet «ne peut déterminer par là sa propre existence dans le temps». La même preuve apparaît chez Kant quand il établit qu'«Etre n'est évidemment pas un prédicat réel, c'est-à-dire un concept de quelque chose qui puisse s'ajouter au concept d'une chose». Du point de vue *symbolique*, cent thalers réels et cent thalers imaginaires sont purement identiques, ainsi que Kant l'explicite dans la *Dialectique transcendantale*: «De l'impossibilité d'une preuve ontologique». D'une part le sujet fonde la *représentation* du temps, d'autre part nous savons que la forme d'intuition du temps fonde également la représentation du temps, et *ni le sujet ni le temps ne sont dans le temps*. Conçu comme raison, le sujet se réduit à une faculté non soumise au temps, dont nous avons vu dans *la Symbolicité* quelle est la topique. Et nous découvrons justement qu'aux questions transcendantales correspondent des réponses transcendantales: uniquement fondées «sur des concepts *a priori*, sans le moindre mélange empirique».

Si, à propos de l'*amphibolie des concepts de réflexion*, Kant traite de l'illusion transcendantale qui fut le lot de Leibniz, et s'il nous met en garde contre nos raisonnements sur des objets comparés entre eux du seul point de vue de l'entendement, il nous affirme en même temps que le noumène, ainsi déterminé par de simples concepts, peut être conçu *problématiquement*: «c'est la représentation d'une chose dont nous ne pouvons dire ni qu'elle est possible ni qu'elle est impossible, puisque nous ne connaissons pas d'autre espèce d'intuition que notre intuition sensible, et d'autres espèces de concepts que les catégories, et que ni celle-ci ni celles-là ne sont appropriées à un objet extra-sensible»[94]. Même ce que nous sommes nous-mêmes ne peut nous apparaître «objet du sens intérieur» que comme un «*j'existe* pensant», c'est-à-dire par une proposition déterminant cette existence au point de vue de ses représentations dans le temps. S'il nous est impossible de nous connaître comme noumène, il nous reste «une occasion de nous supposer tout à fait *à priori* dictant des lois à notre propre *existence* et même déterminant cette existence (...) une spontanéité qui nous servirait à déterminer notre réalité»[95]. Sans, pour autant, servir la psychologie rationnelle. Car, si le temps absolu n'est pas un objet de perception, de toute manière le temps peut, par contre, constituer la structure essentielle de la subjectivité qui, dans le processus originaire de *symbolisation*, se verra emprunter une nouvelle orientation sous l'effet du principe régulateur de la raison, appliqué, non pas directement au Réel, impossible, mais à l'Imaginaire *que nous sommes* se reconnaissant une légalité vivante.

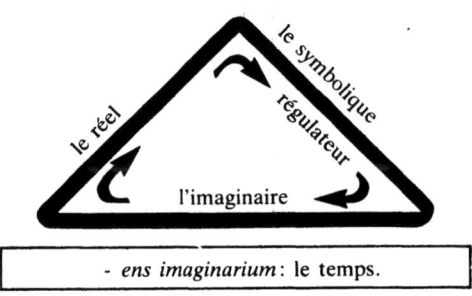

- *ens imaginarium*: le temps.

NOTES

[1] Cf. Louis Gernet, *Anthropologie de la Grèce antique*, Maspero, Paris, 1968, p. 281.
[2] Cf. Marcel Détienne, *Les maîtres de vérité dans la Grèce ancienne*, Maspero, Paris, 1973, p. 112.
[3] *Politique*, tr. J. Aubonnet, Les Belles Lettres, Paris, 1968, II, 1261 b 10, p. 54.
[4] *Gorgias*, tr. A. Croiset, Les Belles Lettres, Paris, 1955, 487 b, p. 167.
[5] *Phédon*, tr. L. Robin, Les Belles Lettres, Paris, 1957, 72 a, p. 25.
[6] *Phèdre*, tr. L. Robin, Les Belles Lettres, Paris, 1957 a b, p. 88.
[7] Cf. in *Œuvres complètes de Platon: Timée*, tr. J. Moreau, Gallimart, Paris, 1950, 37 d.
[8] *Physique*, tr. H. Carteron, Les Belles Lettres, Paris, 1952, IV, 218 a 29, p. 148.
[9] *Parménide*, tr. A. Diès, Les Belles Lettres, Paris, 1956, 152 a, p. 94.
[10] *Parménide*, 157 a, *op. cit.*, p. 101.
[11] Cf. P.M. Schuhl, «Note sur le discontinu dans la philosophie grecque», in *Etudes platoniciennes*, P.U.F., Paris, 1960, p. 143.

[12] Cf. Jean Wahl, *Etudes sur le Parménide de Platon*, Vrin, Paris, 1951, p. 161.
[13] *Physique*, IV, 221 b 1-3.
[14] Cf. Etienne Gilson, *L'être et l'essence*, Vrin, Paris, 1948, 2ᵉ éd. 1962.
[15] Cf. Victor Goldschmidt, *Le système stoïcien et l'idée de temps*, Vrin, Paris, 1977, p. 52.
[16] Cf. G. Rodier, *Etudes de philosophie grecque*, Vrin, Paris, 1926, pp. 254-255; 3ᵉ éd. 1969.
[17] Cf. Diogène Laërce, VII, 138: *Sustema*, système du monde.
[18] Cf. V. Goldschmidt, *op. cit.*, p. 189.
[19] Cf. *Méditations métaphysiques*, Vrin, Paris, 1946, p. 69.
[20] Cf. *Principes de la philosophie*, Iᵉʳᵉ Partie, § XXI, Belin, Paris, 1898, p. 52-53.
[21] Cf. Titre de la Proposition XXI de la Iᵉʳᵉ Partie des *Principes*.
[22] Cf. M. Guéroult, «Métaphysique et physique de la force chez Descartes et chez Malebranche», in *Revue de Métaphysique et de Morale*, 1954, nᵒ 1, p. 5.
[23] Cf. Y. Belaval, *Leibniz critique de Descartes*, Gallimard, Paris, 1960, p. 423.
[24] Cf. *Cinquième Lettre à Clarke*, § 47.
[25] *De la Recherche de la vérité*, Livre II, chapitre III, Vrin, Paris, 1962, p. 150.
[26] *Réponse à une Dissertation*, ch. X, § 9. Cf. Malebranche, *Œuvres complètes*, tomes VI, VII, VIII, IX, *Recueil de toutes les réponses à M. Arnaud*.
[27] *Recherche de la vérité*, VI, 2, ch. 5.
[28] *Traité de la nature et de la grâce*, II, article LII.
[29] *Recherche de la vérité*, I, ch. 6.
[30] *Entretiens sur la métaphysique et la religion*, VII, § 9.
[31] *Recherche de la vérité*, I, ch. 8.
[32] *Recherche de la vérité*, III, 2, ch. 6.
[33] Cf. *Les principes de la philosophie de Descartes*, II, proposition VIII, corollaire, in *Œuvres de Spinoza*, tr. ch. Appuhn, Garnier Flammarion, Paris 1964, t. I, p. 296.
[34] *Ethique*, tr. ch. Appuhn, Garnier, 1925, Livre II, proposition 7.
[35] Lettre LVIII, in *Œuvres* IV, Paris, 1966, p. 304.
[36] *Ethique*, I, prop. XXXIII, scolie II.
[37] *Ethique*, II, prop. XXX.
[38] *Ibid*.
[39] *Ethique*, II, prop. XXXI, corollaire.
[40] *Ibid*.
[41] *Essai philosophique concernant l'entendement humain*, II, ch. XXVII, Vrin, Paris, 1972.
[42] *The Common Place Book*, 660. Voir *Cahiers de notes*, tr. A. Leroy, Aubier Montaigne, Paris, 1970.
[43] *Théétète*, tr. A. Diès, Les Belles Lettres, Paris, 1950, p. 222, 185 e.
[44] Berkeley, *Trois dialogues entre Hylas et Philonous*, tr. A. Leroy, Aubier Montaigne, Paris, 1970, II, ch. 1-4, ch. 6.
[45] *Parménide*, 132 d.
[46] *Parménide*, 133 a.
[47] *Traité de la nature humaine*, tr. A. Leroy, Aubier, Paris, 1946, t. I, p. 77.
[48] *Op. cit.*, p. 99.
[49] *Op. cit.*, p. 103.
[50] *Op. cit.*, p. 104.
[51] *Op. cit.*, p. 117.
[52] *Op. cit.*, p. 120.
[53] *Op. cit.*, p. 122.
[54] *La Dissertation de 1770*, tr. P. Mouy, Vrin, Paris, 1951, p. 43 (§ 13).
[55] *Op. cit.*, p. 45.
[56] *Op. cit.*, p. 50.

[57] *Ibid.*
[58] *Op. cit.*, p. 51.
[59] *Op. cit.*, p. 58.
[60] *Op. cit.*, p. 59.
[61] *Critique de la raison pure*, tome I, tr. J. Barni, p. 71: *Esthétique*, § 4, 2.
[62] *Loc. cit.*, p. 73: *E*, § 6, A.
[63] *Loc. cit.*, p. 74: *E*, § 6, C.
[64] *Loc. cit.*, p. 76: *E*, § 7.
[65] *Loc. cit.*, p. 77: *E*, § 7.
[66] *Loc. cit.*, p. 85: *E*, § 8, II (a).
[67] Cf. *Critique de la raison pure, Logique transcendantale: Analytique transcendantale, Analytique des concepts*, ch. 1er, 1ère section; *loc. cit.*, p. 105.
[68] *Loc. cit.*, p. 65: *E*, § 2, 2.
[69] Cf. Jacques Havet, *Le problème du temps chez Kant*, Gallimard, Paris, 1946, p. 14.
[70] Cf. Jules Vuillemin, *L'héritage kantien et la révolution copernicienne*, P.U.F., Paris, 1954, p. 173-174.
[71] *Kants Begründung der Ethik*, p. 386, citée par J. Vuillemin.
[72] Cf. J. Vuillemin, *op. cit.*, p. 141.
[73] *Ibid.*
[74] *Op. cit.*, p. 4.
[75] G.W.F. Hegel, *Science de la logique*, t. II, p. 252.
[76] *Op. cit.*, p. 463.
[77] Cf. *Critique de la raison pure*, I, p. 61.
[78] *Ibid.*
[79] Cf. M. Heidegger, *Kant et le problème de la métaphysique*, tr. A. de Waelhens et W. Bienel, Gallimard, Paris, 1953, p. 87. Sigle *K.M.*.
[80] *K.M.*, p. 117.
[81] *Critique de la raison pure*, I, p. 111, *Analytique des concepts*, § 10.
[82] *Loc. cit., Analytique des principes*, ch. 2: Système de tous les principes de l'entendement pur.
[83] *Loc. cit.*, p. 179.
[84] *Loc. cit.*, p. 182.
[85] *Loc. cit.*, p. 190.
[86] *Loc. cit.*, p. 191.
[87] Kant, *Kritik der reinen Vernunft*, herausgegeben von Dr. Karl Vorländer, Halle, 1899, p. 559.
[88] *Op. cit.*, p. 542.
[89] *Critique de la raison pure*, II, p. 168.
[90] *Op. cit.*, I, p. 82.
[91] *Op. cit.*, I, *Analytique des principes*, p. 239.
[92] *Loc. cit.*, p. 255.
[93] Heidegger, *K.M.*, p. 246. Cf. Kant, *loc. cit.*, p. 166: «Ce n'est pas le temps qui s'écoule, mais en lui l'existence du changeant».
[94] Kant, *loc. cit.*, p. 278.
[95] *Loc. cit.*, p. 335.

V. OUVERTURE A UNE GENEALOGIE DE LA RAISON MODERNE

1. Perspectives

Tandis que Nietzsche a fait une généalogie de la logique et de nos valeurs[1], Freud a diagnostiqué le malaise de notre civilisation, et Husserl dénoncé l'étouffement de la transcendantalité sous le développement unilatéral de la rationalité. Si aujourd'hui le terme de «postmodernité» signifie quelque chose, c'est sans doute, dans cette extrémité de l'analyse philosophique, l'idée d'une plate-forme sans issue, idée-fantôme ou fantasme de fin de siècle, ou plutôt reflux de la fin d'un millénaire! Non pas fin des temps mais fin du temps linéaire comme l'explique le physicien John Wheeler épiloguant, dans le premier numéro de *Krisis* paru à Houston, sur le fameux «trou noir» que contemple la physique contemporaine. Aussi le pas décisif accompli par l'ontologie de Parménide à l'aurore de notre civilisation reste-t-il très remarquable, en ce sens qu'il se résume à cette «identité remarquable», et féconde: *Pensée = Etre*. Même si ses voies viennent se perdre précisément sur la plate-forme de la postmodernité, Parménide nous a fait néanmoins assister à une apparition de l'Etre duquel la disparition a été homologuée par Heidegger. Désormais, au-delà de Heidegger — et quel que soit son acharnement à dévoiler l'Etre voilé — pour nous l'Etre est le *n'Etre-plus*.

Mais la négation n'est ni la fin ni la destruction du monde! Bien au contraire, puisque celui qui a mis en carrière la pensée occidentale vers son destin scientifique, Aristote, avait remarqué la nécessité de la négation pour que l'être logique, à tout le moins, puisse être. Qui plus est, l'opération de la négation de la négation demeure un instrument euristique et polémique efficace. Et s'il reste quelque espoir à l'aventure philosophique, il se tient certainement dans l'évidence nécessaire du problème philosophique de la symbolisation. Sans doute est-il une manière de poser et de résoudre le vieux problème de l'origine, mais il ne s'agit plus de l'être métaphysique; il s'agit de l'origine de l'être qui nous conduit à la postmodernité, de l'origine épistémologique qui procède de l'être scientifique; questionnant ainsi, il est évident que nous questionnons l'*être que nous sommes*.

Nombre de jalons incontournables nous sont apportés par la *Krisis*, l'œuvre ultime qui remet en question les travaux antérieurs de Husserl et qui s'aventure du côté de la *Lebenswelt*, le «monde vital» hors duquel notre civilisation a débouché vers la science moderne. Heidegger lui-même a senti la profondeur du problème par son souci manifeste du «sol natal», à travers le brouillard qui entoure l'essence de la science moderne, et qui constitue donc cette souche à restituer par une genèse existentiale permettant d'aller au fond, ou seulement à la *ratio*, c'est-à-dire au compte et au décompte tout à la fois du mot, du signe et de la chose. Husserl avait conclu, non pas à la possibilité de l'ontologie, à son impossibilité. Je pense, en effet, qu'il faut se rendre à l'évidence de la *fiction de l'Etre*, mais aussi à l'évidence de la *nécessité de l'Imaginaire de l'Etre* — imaginaire par excellence, qui est le temps, et dont nous devons accepter le caractère positif sur sa base négative. De cet imaginaire notre histoire et même toute historicité est pénétrée; mieux : elle est née. Et la démonstration passe par un retour obligé à Kant, non au Kant classique, mais à un Kant que nous redécouvrons dans ce qu'il nous apporte aujourd'hui avec les trois incontournables de notre origine épistémologique fondamentale : 1° le «noumène» — c'est-à-dire le Réel inconnu —, 2° l'imaginaire du temps — y compris ses accidents existentiels et ses visées intentionnelles —, et 3° la légitimité et/ou la symbolicité.

Nous nous retrouvons alors sur les chemins d'une Critique de la raison moderne. Chemins de nulle part? ou labyrinthe d'une vérité radicale? C'est la question qui peut-être nous dévorera! Devrons-nous assumer le monde comme erreur à cause de la vérité? Devrons-nous assumer le monde comme vérité à cause de l'erreur? Cette contradiction devient l'ambivalence postmoderne.

Malgré les séductions de ce monde de la vie, qui se présente comme la nostalgie de Husserl devant les rigueurs et les sacrifices de la scientificité, nous devons constater qu'il y a une spécificité de l'affectif et du sensible, et surtout que la connaissance intellectuelle est irréductible à la conscience affective, et vice versa[2]; même si l'une et l'autre sont imprégnées l'une de l'autre. Le savoir qui concerne la conscience affective peut ouvrir vers une ontologie indicible dans le langage de la raison, d'où la nécessité des *Idées esthétiques*, inadéquates à de purs concepts, et que Kant oppose aux *Idées rationnelles*, inadéquates à l'intuition. L'imagination esthétique *représente* sans concepts *déterminants*: telle est l'œuvre de l'art dont il est clair qu'on peut rapprocher les concepts qu'aucune intuition ne peut rendre, et qui est l'œuvre *a priori* de ce que Kant appelle «raison pure». Cette dernière opère toujours en tout homme quel qu'il soit, à quelque moment qu'on le prenne dans son histoire, à quelque lieu qu'on le trouve dans son existence. On peut dès lors soupçonner que les *Idées esthétiques* et les *Idées rationnelles* étaient faites pour se rencontrer et s'équivaloir dans ce que Hegel a désigné par l'expression d'«art symbolique», c'est-à-dire l'art aux idées muettes figées dans les blocs de pierre qui les symbolisent pour l'éternité, mais aussi pour le silence de notre compréhension puisque nous ne connaissons pas les mots qui pourraient nous les expliquer, ni les intuitions qui nous permettraient de les comprendre.

Eu égard à une conscience affective faite de sensibilité, de mémoire et d'imagination, et qui peut, à coup sûr, par bien des côtés nous rester inconsciente pour l'essentiel (puisqu'elle n'est que la face visible de l'iceberg), Sigmund Freud a désigné, du terme de «frustration», «le fait qu'un instinct ne soit pas satisfait», du terme d'«interdiction», «le moyen par lequel cette frustration est imposée», et, du terme de «privation», «l'état que produit l'interdiction»[3]. Ces agressions faites à l'affectivité, à la sensibilité, sont imposées par la Loi formelle en nous, par la culture et par la civilisation réelles. Privation imposée, en effet, par toute civilisation, souffrance occasionnée par les autres hommes (et avant tout par la Loi formelle en nous), auxquelles s'ajoutent les maux infligés par la nature, telles sont les raisons qui poussent les hommes vers une consolation surnaturelle du type «rien n'est en vain» (ou «tout a son prix»), et qui relègue le sens dans la puissance d'un être supérieur, qui nous fait penser que sur chacun de nous veille une Providence bienveillante qui n'est sévère (dans la Loi formelle) qu'en apparence. Telle est la revanche affective et imaginative offerte par la relation aux frustrations dont nous souffrons, dont nous sommes à la fois le théâtre et la victime. C'est ainsi que la religion a partie liée avec la raison.

Selon un mouvement d'équilibration réciproque entre raison et civilisation, mouvement qui est fonction de la nature d'une société, la *raison dans la civilisation* prévoit les aspirations et les compensations de la conscience affective — qui peut être douée d'une forte capacité ontologique — en rationalisant jusqu'à un certain point l'irrationnel, du moins en lui donnant un débouché superlatif et un sens éminent, suivant le type rationnel dont peut disposer une civilisation en un temps et un lieu déterminés, et inversement aussi suivant le type de civilisation dont dispose ce qu'on nomme couramment une raison. Auguste Comte avait vu, en effet, la corrélation s'établissant entre les deux pôles, spirituel et temporel, d'une même société, en rattachant au type de civilisation accompli le type de raison approprié. La vocation universelle de la raison passe par les formes réalisées de la société : l'évolution des deux instances étant corrélatives. Car même le fétichisme implique les virtualités positives de la raison. Si l'on considère que la religion constitue un élément rationalisateur, il est facile d'apercevoir comment Freud, dans la perspective de *l'Avenir d'une illusion*, déracine, de son point de vue, cette rationalisation constituée objectivement par la religion : ainsi, le père, un « danger » dans le rapport de l'enfant à sa mère (elle-même la première garantie naturelle contre l'angoisse) mais encore une protection reconnue face aux grands danger de l'existence, devient, pour ainsi dire, l'Ancêtre, le modèle des puissances supérieures « divines » à la fois dignes d'amour, de crainte et d'admiration. A travers une interprétation dont nous retiendrons le schème à partir de nos sociétés, Freud rattache les idées religieuses à leurs racines dans des « faits » exigeant notre foi. Tandis que les Pères de l'Eglise enseignaient le *credo quia absurdum*, les philosophes s'accommodèrent de la ressource du « comme si » dont l'idée a été explicitée par Vaihinger dans sa *Philosophie du comme si* (*Die Philosophie des Als Ob*) à partir des positions kantiennes concernant l'impossibilité des trois preuves — ontologique, cosmologique et physico-théologique — de l'existence de Dieu : impossibilité établie par Kant dans la *Critique de la raison pure*[4].

Seule, la loi morale aperçue par Kant (la Loi confirmée par Lacan) se découvre à nous comme une finalité suprasensible. En tant que le suprasensible est final, à travers le jugement esthétique, dans le beau se trouve le symbole (et rien que le symbole) du bien moral puisque la finalité est alors absolument *a priori*. Si elle n'est que purement symbolique, notre « connaissance » de Dieu pourtant décide pratiquement de ce que l'Idée de l'objet doit être pour notre jugement réfléchissant, et dans son usage final ; mais cette connaissance n'est en rien susceptible d'être prise pour déterminante ni schématique, car elle serait absolument incapable de déterminer théoriquement ce que l'objet est en soi : ce faisant, nous tomberions, en effet, comme le pense justement Kant, dans l'anthropomorphisme selon la *Critique du juge-*

ment (§ 59) en confondant « le schème pour le concept » avec le « symbole pour la réflexion ».

Il a été suffisamment démontré dans *la Symbolicité* que l'édifice de la *Critique de la raison pure* présuppose son propre fondement et, en particulier, le fondement du sujet transcendantal dont elle est le cadre, dans les assertions ultérieures de la *Critique de la raison pratique*, qui découvrent ce qui est effectivement « premier » au niveau de la sensibilité et de la connaissance, autrement dit le *Factum* de la loi morale[5] qui est le point de départ de tout le processus véritablement originaire de la sensibilité humaine appelée à intervenir dans la connaissance scientifique ou « déterminante », c'est-à-dire qui est précisément le point de départ du sentiment au niveau réflexif de la raison pratique, et la base des intuitions *a priori* de l'espace et du temps au niveau déterminatif de la raison théorique. Mais, déjà, en relisant la *Critique de la raison pure*, j'avais été frappée par le recours aux équivalences auxquelles Kant faisait allusion en traitant de la raison pure théorique : de semblables équivalences se retrouvent aussi lorsqu'il traite de la raison pure pratique, dans la *Critique de la raison pratique*, puisque Kant y affirme que la « liberté » *équivaut* à la « conscience du pratique inconditionné », et même à la « conscience d'une raison pure pratique ». Outre ce caractère nettement analogique, que Kant fait ainsi ressortir, j'avais également souligné le caractère intemporel de la raison pure (théorique et pratique) qui, néanmoins, est apte à rappeler, quand il est nécessaire, en particulier la notion imaginaire de temps à la sensibilité dans le sentiment moral de la faute, c'est-à-dire remords et repentir, et à autoriser dans la synthèse transcendantale la détermination *a priori* du temps en tablant sur les intuitions a priori — le privilège ontologique allant à l'intuition *a priori* du temps. Aussi voudrais-je surtout insister — dans cette recherche de l'origine épistémologique — sur le privilège du statut imaginaire du temps dans le processus originaire de la connaissance, déclenché qu'il est à partir du statut symbolique de la Loi. Tout cela a déjà été démontré dans *la Symbolicité*; j'y reviens donc sous un nouvel angle d'approche lié au problème de l'origine épistémologique concernant les conditions de possibilité de l'activité scientifique sur le fond temporel-fictionnel de la sensibilité. Du point de vue de la sensibilité, en effet, deux pressions existentielles concurremment et originairement travaillent effectivement sur nous, la Loi et la pulsion : chacune a été caractérisée respectivement par Kant et par Freud comme étant coercition (*Zwang*); toutes deux sont ignorantes du temps et, dans leur présence effective au cœur de l'existence, elles nous renvoient sous l'égide du temps, toutefois, à notre double origine, morale et épistémologique : la première déterminant la dernière. Quoi et où que l'on cherchât de Kant à Lacan, il s'est avéré impossible d'établir un fait transcendantal qui fût antérieur à la Loi, véritable ancrage en nous du symbolique et/ou du rationnel: topique archétypale destinée à maîtriser tous les *sensibilia* réels et tous les *data* virtuels. Aussi, pour nous apparaître dans la conscience en tant que le «pratique inconditionné», la Loi est elle-même en tant que coercition en nous la virtualité de toute raison théorique. C'est pourquoi là où le Génie de l'art présente ses Idées esthétiques inadéquates à de purs concepts, ce que Kant appelle la Raison, de son côté, présente ses Idées rationnelles, inadéquates à l'intuition. Tout à la fois le Symbolique de la raison pure participe au statut des Idées esthétiques et des Idées rationnelles qui «s'équivalent» en tant que concepts ou intuitions déchargés de la mission de constitution de l'objet.

Le problème majeur d'une philosophie transcendantale, pour Kant, ou d'une phénoménologie transcendantale, pour Husserl, est d'examiner, là, les conditions de possibilité ou de validité de la connaissance du sujet transcendantal construisant le monde réel, ici, l'origine épistémologique au sein d'une co-subjectivité transcendantale l'intuitionnant originairement; alors la solution de ce qui se confirme comme le problème central d'une *philosophie fondamentale sans thèse*, c'est-à-dire la solution du problème de la symbolisation doit pouvoir mettre au jour, dans une démarche régressive, un en-deçà ou un préalable imaginaire, sinon *originant* (car il y faut la sensation) du moins *à l'origine*. Dans sa logique des signes, Husserl, comme nous l'avons montré, avait parfaitement prouvé que la pensée symbolique contient l'énigme de l'agencement des signes à partir de représentations impropres accompagnant des concepts avec l'adjonction de représentations de suppléances. Tandis que les premières peuvent *tenir lieu* de concepts, les secondes donnent lieu à des concepts supérieurs et *sans intuition de contenu*, qu'elle soit immédiate ou définitive. Toute une architectonique de «signes de signes» — expression par laquelle Kant désignait d'ailleurs le symbole ou «*l'intuition analogique*»[6] — constitue de proche en proche la pensée dans la «logique des signes» telle que Husserl l'expose. Et si, en dernière instance, l'architectonique humaine repose, il est vrai, sur un «art caché», celui de la Raison pure et/ou du Génie, véritable jeu symbolique inspirant le schématisme de l'entendement, ce dernier agit d'après sa loi propre à travers une «imagination transcendantale» et sa connaissance provient donc du concept après *quelque action* présupposée sur la sensibilité. L'unité dans la détermination de la sensibilité est donc assurée par l'imagination dans la perspective de la connaissance des phénomènes ou de la construction des objets naissant *avec* l'expérience.

La réalité singulière qui présente l'objet dans la naissance de la connaissance peut donc être soit le *schème*, soit le *symbole*. Mais examinons les deux cas: d'abord, le premier. Du fait de «l'art caché» de la connaissance, le schème est tributaire du symbole, et le symbolique précède le schématique, car si le symbolique est nécessaire au schématique, le schématique ne l'est pas au symbolique! Il faut donc, dans le premier cas de présentation de l'objet, souligner et invoquer quelle détermination peut et doit *jouer* (et nous insistons sur cette opération de «bascule»). Or, il ressort que la détermination *a priori* du temps, varie selon les schèmes différents, mais toujours dans une opération impliquant l'un des schèmes possibles selon les conditions. Quant au symbole, qui constitue l'autre cas de présentation de l'objet, il faut bien admettre qu'il est l'*archè*, étant fondamental, «signe de signe» équivalent des Idées esthétiques (sans concept) et des Idées rationnelles (sans intuition): on voit que le rationnel peut, à travers le symbolique, s'inscrire dans le Réel pour «présenter» *un* objet représentant *l*'objet, et que le symbolique (esthétique parce qu'il est sans concept déterminé, ou rationnel parce qu'il est sans intuition déterminée) peut être un mode du rationnel comme le rationnel peut être un mode du symbolique: l'ambiguïté et l'ambivalence étant ici plus prononcées qu'on ne l'a jamais souligné. Il faut évidemment nous départir du préjugé suivant lequel le symbolique est seulement pré-rationnel: là nous rejoignons pleinement Dan Sperber[7]. Egalement, nous devons abandonner cet autre préjugé concernant la «représentation» et le procès qui lui est fait par le recours à la «coupure» entre les philosophies de la représentation et les autres philosophies opératives sur le type de la dialectique hégélienne.

Donc le symbolique est loin d'exclure le rationnel puisque, au contraire, il peut s'identifier au rationnel et que, de toute manière, il le précède et le fonde dans la mesure où il lui ouvre la voie nécessaire. Le symbole de la Loi est clair et net dans son essence, car il ne relève pas du temps: ni du temps comme concept, ni du temps comme intuition *a priori*, ni enfin du temps comme sentiment. Mais il a une emprise sur le temps qu'il jalonne et constitue dans la fiction. Le symbole avec lequel Platon présente le temps comme «une sorte d'image mobile de l'éternité» (*Timée*, 37d) est devenu grâce à Kant l'image mobile de la perfection, et si cette image se présente par un symbole, elle ne porte pas le symbole avec elle; c'est, au contraire, le symbole qui l'autorise en tant qu'il fait la loi: chez Platon, du point de commande de l'éternité et, chez Kant, du point de commande de la perfection, les deux modèles fixes et immuables auxquels s'aligne, dans les deux mobilités platonicienne et kantienne, le temps en tant qu'*image*. Une telle présentation opérée par le symbole d'une *image* (*un* objet) représentant activement, et nullement passivement, *l*'objet (éternité ou perfection) est, certes, une présentation indirecte de l'Idée, mais la médiation du symbole fait loi, car pour ne pas venir *de* l'expérience ni *dans* l'intuition, elle n'en est pas moins nécessaire et fondamentale; telle est dans la *Critique de la raison pure* (cf. *Des Idées en général*) l'Idée de vertu chrétienne qui s'impose selon la présentation d'un nécessaire fondement devant orienter tous les «progrès» (moraux et épistémologiques), et qui est d'abord la présentation du nécessaire fondement du progrès vers la «perfection». L'éthique chrétienne déterminant le type même de notre savoir et, par là, de la modernité.

Il va de soi qu'une idée rationnelle, par définition privée d'une intuition adéquate comme de toute expérience, soit fondamentalement privée du *temps imaginaire* ou de l'image du temps dont se réclame toute expérience *se déroulant* sur la base des intuitions *a priori* et surtout sur la base primordiale de l'intuition *a priori* du temps. Or, puisque nous ne comprenons, comme l'écrit Kant, que ce «qui implique dans l'intuition quelque chose qui corresponde à nos mots» (*Critique de la raison pure*: Remarque sur *l'amphibolie des concepts de réflexion*), il faut bien que nous usions de symboles (mots ou équivalents de mots ou plutôt de paroles) au niveau esthétique ou même au niveau des Idées rationnelles, c'est-à-dire à la fois du point de vue de l'intuition et du point de vue du sens des mots eux-mêmes ou de leurs équivalents; intuition et langage nous sont indispensables pour comprendre effectivement, et auxquels nous acceptons de substituer toujours autre chose, c'est-à-dire du symbolique, car telle est la loi du symbole. Ainsi, avant même d'*imaginer* le curseur mobile qui court sur le temps imaginaire de notre vie en fonction de quoi nous penserons avant tout que *nous pensons*, il faut bien que les concepts transcendantaux de la raison, c'est-à-dire les Idées, fournissent «au fond et en secret», comme l'écrit finement Kant, à l'entendement «un canon qui lui permette d'étendre et d'accorder son usage» (cf. *Des Idées transcendantales*). En effet, quant à elle, pour conclure ses raisonnements, la raison pure théorique n'a guère besoin de penser la série causale ni même la progression mathématique, c'est-à-dire ce qui pour nous relève du statut du temps imaginaire que nous ne pouvons penser directement, mais *sans lequel nous ne pourrions rien penser du tout*: série et progression relevant directement de la fonction de l'entendement ajusté à l'expérience sensible et à l'expérience scientifique (*experientia* et *experimentum*). Cependant, la raison pure théorique n'en impose pas moins elle-même un temps symbolique, ainsi que firent Kant et Platon avec l'image mobile de l'éternité ou de la perfection, temps symbolique fondamental et originaire qui, en d'autres termes, s'énonce dans la faculté platonicienne de la dialectique ascendante et dans la liberté kantienne contemporaine de la Loi.

Seulement *analogue* d'un schème de la sensibilité, non adéquate ni identique, l'Idée de la Raison, dont l'usage est non constitutif mais régulateur, ne peut facilement *se formuler*; du moins avons-nous du mal à la formuler; aussi pour elle devons-nous parfois forger de nouveaux mots et organiser des discours nouveaux sur des mots anciens et dans la brèche des discours anciens. Dès qu'on nomme une Idée, «on dit beaucoup, ainsi que l'écrit justement Kant, eu égard à l'objet (comme objet de l'entendement) mais on dit très peu eu égard au sujet (c'est-à-dire relativement à sa réalité sous des conditions empiriques)» (cf. *Des Idées transcendantales*). En effet, on peut comprendre que le concept d'un maximum ne puisse se donner «*in concreto* dans une intuition adéquate» (*ibid.*). Or, c'est bien par de tels concepts «maximaux» que toutes les civilisations humaines ont voulu commencer, ainsi que Comte, par ailleurs, le remarque à propos des grandes questions métaphysiques ou théologiques. Concepts maximaux ou symboles essentiellement sont les intuitions inadéquates de toutes les grandes pensées symboliques des premiers temps (si nous admettons la chronologie occidentale pour laquelle «autrefois» et «maintenant» s'opposent comme la *doxa* et l'*épistémé*, présente pour nous, alors que cette dernière était pour Platon seulement future). C'est pourquoi — et nous revenons à ce que nous avancions dans *la Symbolicité* —, de même que la *Critique de la raison pure* trouve son fondement, après coup, dans la *Critique de la raison pratique* — ce qui rend dépendante, en quelque sorte, la science de la morale—, de même il semble que nous puissions aussi affirmer maintenant que ces deux *Critiques*, considérées du point de vue épistémologique, c'est-à-dire du point de vue de l'origine épistémologique, donnent à chercher leur fondement dans la *Critique du jugement*, puisque celle-ci s'attarde longuement à dépeindre le jeu libre de la poéticité sans laquelle la symbolicité ne saurait elle-même remplir le rôle d'une légitimité originaire. Dès lors, on peut donc dire que tous les éléments théoriques nécessaires sont réunis pour l'appréhension symbolique de ce que l'on peut appeler, quels que soient les lieux et les temps, un «système de pensée» se présentant à nous comme un «système de signes», au niveau anthropologique d'une *philosophie fondamentale sans thèse* à la recherche de notre origine épistémologique. Le schématisme déterminant de la science se confirme bien alors comme un art caché, un symbolisme originaire.

2. Rationalité

Car, l'enjeu épistémologique nouveau, — au-delà de Descartes pour qui l'objet scientifique est amorphe, au-delà de Bachelard pour qui l'objet scientifique est un corps à déformations continues issu de la physique du XIXᵉ siècle, — constitue, ainsi que l'écrit Michel Serres[8], un «troisième état» des corps qui accumule les deux premiers en faisant ou tentant de faire la synthèse du simple et du complexe; car la raison est essentiellement plastique. En effet, tandis qu'Aristote avait la difficulté de passer des principes premiers aux objets singuliers, de la nécessité du monde intelligible à la nécessité du monde sensible, Descartes rencontre une autre difficulté avec le cogito «nécessaire», relevant d'une nécessité, non plus logique, mais de fait et ontologique. Le problème est chaque fois celui d'identifier des plans différents de nécessité; or, ces plans de nécessité varient d'Aristote à Descartes. A l'identification *logique* qu'effectue Aristote entre la nécessité intelligible et la nécessité sensible, succède l'identification *réelle* du cogito avec le monde intelligible qu'opère Descartes sans découvrir cette autre *nécessité* qui permettra de passer de la nécessité *réelle* à la nécessité *logique*. Spinoza va poser la nécessité du monde existant et la nécessité du monde intelligible, et les identifier. La démarche d'identification demeure dans tous les cas. L'ontologie disparaît dans le rationalisme moderne mais les principes régulateurs se maintiennent, réduits au minimum, tout comme les *objets constitués* au nombre desquels désormais on compte aussi bien la *relation*, les *signes* eux-mêmes compris comme objets d'opération sans aucun souci d'ontologie. La finalité épistémologique de Descartes est la recherche et la conquête des « explications ultimes », selon l'expression de Popper [9]. Au contraire de ce qu'affirmait Descartes : « Plus nous en apprenons relativement aux théories et aux lois de la nature, moins elles nous rappellent les truismes cartésiens explicatifs en soi ou les définitions essentialistes » [10]. La plasticité de la raison implique le maintien d'un conventionalisme d'identification, en même temps qu'elle privilégie une recherche de rationalité du type plutôt « causal », c'est-à-dire opérationnel, que du type simplement « identitaire ». Le *sens* vient de la perspective d'un champ opératoire. Aussi, bien plus que de « raison », on parle plus justement aujourd'hui de « langage scientifique » ; déjà, on chercherait en vain dans l'œuvre d'Auguste Comte l'emploi et surtout la définition du terme « raison ».

En conséquence, ce qu'il faut éclaircir maintenant, plutôt que la raison, c'est la rationalité et partant le rationnel : à la fois ce qui légitime ou ce qui structure la *légitimation*, et le *légitimé*. Tel paraît être l'aboutissement auquel les sciences humaines et sociales nous conduisent. Aussi bien du point de vue de l'interprétation qui est le leur, que de celui de l'autonomie à laquelle elles prétendent, on peut dire que les sciences sociales sont en train de promouvoir une connaissance réflexive qui n'est pas nécessairement « science », et même aussi une rationalité qui, de ce fait, se révèle comme n'étant pas l'apanage unique de la science ou du langage scientifique : Hilary Putman, en effet, Professeur à Harvard et disciple de Quine, propose, quant à lui, une théorie de la signification qui implique, sinon directement un « champ opératoire », du moins des *situations* ; aussi défend-il la « méthode compréhensive » qui donne aux sciences sociales et à la « rationalité » un champ nouveau, hors d'une conception étroite de la science. Le rationnel dans cette perspective, est ce qui dépend d'un certain « standard de rationalité » [11]. Ruinant les dichotomies traditionnelles en philosophie (par exemple : objectif/subjectif, fait/valeur), l'auteur de *Reason, Truth and History* donne une nouvelle vision de la *rationalité*, assez large pour n'être ni déterminée par la culture ni conçue une fois pour toutes.

On peut distinguer la relation objective et la relation transcendantale : constitution de l'objet relevant d'un jugement déterminant, et l'intuition de cette constitution qui s'accomplit dans un jugement réfléchissant. La synthèse de ces deux relations constitue la connaissance. Or, la « raison », ce n'est autre que le pouvoir d'opérer la double relation objective et transcendantale. Nous nous déterminons donc au sens du terme « rationalité » plutôt qu'à celui de « raison ». En effet, si l'on dit que la « raison » est, certes, le pouvoir d'effectuer, en outre, la synthèse des deux relations, objective et transcendantale — c'est-à-dire, pour la première le rapport synthétique entre les représentations d'objet, et pour la seconde le rapport synthétique entre le *représenter* et sa représentation, — on ne saisit à travers ces médiations ni une entité ni une notion, car ce qui échappe manifestement, c'est «l'identitaire». Par le fait, il n'est guère possible, dès lors, d'identifier en outre «rationnellement» ce «pouvoir» ou cette «faculté» de la raison, sans nous trouver renvoyés à une psychologie ou à une «géographie» de la raison qui ne doit son statut implicite qu'à notre impuissance. La «raison» ainsi désignée, plutôt que définie, se trouve par nous appréhendée *dans* une perspective, ou même par cette perspective même d'une perception «en» perspective qui demeure l'exploit de Kant. Au contraire, l'évolution du *raisonner* et surtout de la réflexion sur le *raisonner*, nous met bien davantage et sans ambiguïté devant une abstraction qui, elle du moins, est un concept; nous voulons dire le concept de *rationalité*.

Une saisie structurelle de la rationalité permettra une analyse plus féconde dans son objet et une meilleure prise en charge des opérations théoriques et pratiques qui sont, sans conteste, l'apanage de la «rationalité» actuelle plutôt que de la «raison» qui s'avère, du moins, du point de vue d'un examen, quant à elle, bien être, de notre fait, «dans l'histoire» et façonnée par l'histoire. Car, puisque l'observation ou la considération philosophique prétend éloigner le hasard, simple «nécessité extérieure» selon Hegel[12], et qu'elle cherche dans l'histoire, sinon une finalité du monde, comme le veut Hegel, du moins sa rationalité propre comme nous pouvons le constater, il est clair aussi que «ce qui se passe», «ce qui arrive», l'«événement» de l'histoire (le *geschichtlich*) à sa manière «réalise» l'esprit, quelque idée qu'on en ait, dans les formes dans l'analyse desquelles se découvre toujours la «rationalité», c'est-à-dire un compromis de la «raison» avec l'histoire. La validité de cette rationalité se présente elle-même avec toutes les marques normatives ou les critères d'exigence qui la font ce qu'elle est. Les problèmes épistémologiques ne précèdent pas la science. Pourquoi *ces* relations et non d'autres? Cette question philosophique vient «après». Le hasard n'est pas la réponse obligée, non plus pour *ces* représentations plutôt que pour d'autres. Quant aux «enchaînements» logiques, ils ne peuvent se désolidariser ni de l'*experientia* (ou de l'*Erlebnis*) ni de l'*experimentum* (ou de l'*Erfahrung*). Que serait ce que nous disons relever de la «raison», sans l'«expérience»? Et, face au fameux critère des «données» de l'expérience, que *serait* cette raison si elle devait s'en passer? La science ne peut se déduire rationnellement selon un pur processus de raisonnement, comme Descartes a tenté de le faire jusqu'à un certain point, et comme certains logicistes contemporains auraient voulu le démontrer, s'ils n'ont pu l'effectuer : nous pensons à la tentative de Carnap dans ses *Logical Foundations of Probability* (2ᵉ éd., Chicago, 1962).

La «rationalité» est ce qui a permis à Descartes de prendre appui sur la garantie divine et, avant lui, c'est ce qui a permis à Aristote d'obtenir l'identification logique entre le monde de la nécessité intelligible et le monde de la nécessité sensible. C'est aussi ce qui a permis à Platon de discerner le *logos* et de l'ériger au-delà du *muthos*, mais c'est encore ce qui a ordonné le cosmos sur le fond de chaos : telle *est* l'œuvre du mythe, aussi une œuvre de rationalité. La raison strictement mathématique et logicienne ne rend pas compte de la rationalité dans toute son envergure. Là où l'irrationnel n'est que du virtuellement rationnel, on peut dire qu'une rationalité nouvelle s'impose à nous, ou plutôt que *la* rationalité est encore plus large que nous ne le concevions : notre révision et notre remodelage du «modèle» de la rationalité est la tâche qui ainsi nous attend au fur et à mesure que la science (dont l'unité n'est qu'une hypothèse fictive de recherche) «progresse», c'est-à-dire se «réalise» dans l'histoire des hommes. Théorie de l'évolution, théorie de la relativité, théorie atomique, axiomatique mathématique ont, chaque fois qu'elles se sont imposées dans l'histoire des sciences, déformé et reformé notre vision de la rationalité : ce qui montre bien que ce que la *raison* rejette encore appartient peut-être déjà à la rationalité virtuelle ou, plutôt, est, dans sa vocation, de l'ordre de la rationalité. Sinon, comment s'exprimerait la *plasticité* de la raison ? Même en fonction de l'*historiel*, cette plasticité explicitée ne rendrait alors plus un compte juste de ce que l'on continuerait encore à appeler «raison». Les limites de la plasticité pourraient alors coïncider avec les limites de la raison. Ce «pouvoir» se transformant sans cesse doit avoir sa raison propre, légitimant la permanence d'une notion efficace fût-elle changeante. La novation modifie sans cesse la raison mais valide le concept de rationalité. L'irrationnel, c'est ce qui n'entre pas en ligne de compte dans une interprétation scientifique reconnue, et qui n'est donc qu'un phénomène de limite, mais de limite infranchissable au moment où il est considéré. Quand le modèle d'intelligibilité est un modèle mécanique, alors «le principe de Carnot n'est pas, par lui-même, rationnel»[13]. Et Meyerson montre que ce principe ne sera reconnu comme rationnel que s'il peut être adapté au mécanisme. Or, le mécanisme n'est pas un archétype, il relève de l'histoire des sciences.

Critère formel de la raison et critère objectif de l'expérience se croisent et se concentrent dans les problèmes de méthode. Ceux-ci sont dominés par ce qu'on pense clarifier et distinguer avec les deux termes d'«expérience» et de «raison». Mais, en fait, l'«expérience» dépend fondamentalement de la «raison» qui la constitue et la définit très précisément. Et la «raison» elle-même ne va pas «de soi», elle dépend fondamentalement elle-même de la structure d'ensemble que nous nommerons «rationalité», cadre structurel logico-expérimental, convenu, et dont les tenants et les aboutissants réagissent l'un sur l'autre. Il se dégage toujours une rationalité quand les systèmes de signes sont suffisamment décrits et définis dans leur articulation la plus fine. Sinon, il serait impossible qu'une même relation appartienne à la fois à l'ordre de la «raison» et à l'ordre de l'«expérience». Or, c'est bien ce qui *doit* se produire pour qu'il y ait «connaissance» et même «connaissance scientifique». C'est d'ailleurs pourquoi les philosophes ont apporté leurs théories de la connaissance comme terrain de cette entente entre la «raison» et l'«expérience». Le monisme réduit l'un des deux termes de la dualité à l'autre; *soit*, dans la perspective d'un rationalisme intégral, *qu'on affirme* que tout ce qui s'avère «réel» est rationnel; et, dès lors, le critère formel est à la fois nécessaire et suffisant comme garantie de la validité de la connaissance; *soit*, dans la perspective d'un empirisme intégral, *qu'on affirme du point de vue réaliste* que la structure vraie de l'objet est réalisée dans le monde et que la connaissance est son reflet dans la conscience humaine, ou encore *qu'on affirme d'un point de vue idéaliste* que les représentations ne sont qu'ajoutées à l'objet de la représentation et que les relations entre les représentations ne sont que des comparaisons et des classifications de représentations. Au lieu du monisme, d'autres ont proposé le dualisme : deux termes séparés sont posés comme deux altérités absolues, ou deux substances hétérogènes, par exemple : l'absolument différent de la pensée *et* la pensée; notons que la distinction que fait Descartes entre la pensée et l'étendue ne recoupe pas la distinction à laquelle nous faisons allusion entre la raison et l'expérience; car pour Descartes la pensée est aussi volonté et l'étendue n'est pas objet d'expérience mais objet d'intuition, d'une intuition intellectuelle de même nature que le *cogito*. La séparation ontologique rend, de plus, impossible la justification d'une relation entre les termes. L'opération déductive de la raison a pour base l'intuition des natures simples : la seule garantie d'objectivité étant la véracité divine. Aussi n'y a-t-il pas d'*irrationnel* pour Descartes dans l'étendue. De toute façon, tout recours à l'expérience et à l'induction est inutile puisque l'intuition intellectuelle donne la réalité objective à partir de laquelle la seule opération possible soit de *déduire*, la mathématique se révélant être une physique et inversement ainsi que le montrent les *Principes*. Les choses ne sont connues que par la médiation de la substance étendue; d'elles,

« il ne reste, écrit Michel Serres [14], qu'un monde vide et lacunaire, et, par là, distinct et clair, de points, de plans, de sphères et de tourbillons. Il ne reste qu'un monde support de conditions théoriques intégralement assumées par le sujet pensant ». En fait, le dualisme rejoint le rationalisme intégral, même le monisme. Descartes se meut dans la sphère de l'*a priori* de la structure rationnelle du monde et donc d'un *a priori* de la science.

La position inverse se rend possible avec Meyerson qui cherche également la structure *a priori* de la raison mais en partant comme Auguste Comte de l'*a posteriori* des sciences dans leur développement historique, d'où le titre de son ouvrage capital: *Identité et réalité*, dans lequel il avance ce qu'il dit être le résultat de son enquête historique: d'une part, la définition de la rationalité comme identité ou tendance à identifier; d'autre part, la définition de l'expérience, ou de la réalité comme essentiellement *irrationnelle*. En somme, la connaissance devient une tentative presque impossible dans son achèvement, celle de réduire l'irréductible, de *rationaliser l'irrationnel*, et qui ne réussit qu'à la condition de convenir d'un compromis dont le sort est d'être sans cesse remis en question, sinon en échec, par la reconsidération de la réalité sans cesse reconstruite au cours de l'expérience scientifique. Ayant tenté de « parvenir *a posteriori* à connaître les principes aprioriques qui dirigent notre pensée dans son effort vers la réalité »[15]. Emile Meyerson réduit, quant à lui, ces « principes » rationnels y compris le principe de causalité, à « l'affirmation précise de l'identité dans le temps (et, par extension, dans l'espace) »[16]. On aura reconnu l'implication temporelle nécessaire à l'épistémologie.

De la science qui ne serait qu'une « science légale », et qui serait la science telle qu'Auguste Comte la conçoit, Meyerson passe au point de vue de la « science réelle » seule perceptible si l'on tient compte du principe unique d'où toutes les anomalies pourraient être déduites. On sait que Hume, comme Comte le fera, assimilait la causalité à la légalité, tout en ramenant le principe de causalité à un processus psychologique et non euristique, aussi distinguait-il deux sortes de légalités: les *légalités rationnelles* de l'algèbre et de l'arithmétique — qui « restent donc les seules sciences où nous puissions pousser une chaîne de raisonnement à un certain degré de complication et conserver pourtant une exactitude et une certitude parfaites »[17] — et les *légalités irrationnelles* des vérités de fait qui précisément dépendent des principes défendus par Meyerson: identité, situation dans le temps et l'espace, causalité. Ainsi la nature nous présente des légalités irrationnelles et ce qui pouvait être *a-normal* dans ces légalités Meyerson va le réintégrer à la «science réelle» grâce au principe d'identité auquel il a ramené causalité et situation spatio-temporelle. Pour Meyerson, «le principe de causalité n'est que le principe d'identité appliqué à l'existence des objets dans le temps»[18]. De nouveau, l'implication temporelle! Hume avait rapproché, pour les critiquer, les notions de causalité et d'identité; dans les deux cas, nous nous référons à une sensation disparue en laquelle nous avons foi.

Le jugement d'identité est une forme de jugement de causalité: «Toutes les fois que nous découvrons une ressemblance parfaite, nous examinons si elle est courante dans cette espèce d'objets; s'il est possible ou probable qu'une cause puisse opérer pour produire le changement et la ressemblance; et, d'après les conclusions que nous établissons sur ces causes et effets, nous portons notre jugement sur l'identité de l'objet»[19]. C'est pourquoi Hume examine l'origine de la *causalité*; et dans cette direction, de l'identité à la causalité, tous les liens apparemment logiques se dissolvent. Meyerson opère le mouvement inverse de la causalité à l'identité en affirmant *causa aequat effectum*, l'identité de l'effet et de la cause. Tandis que Hume insiste sur la causalité rationnelle qui est l'apanage des légalités rationnelles, Meyerson insiste, au contraire, sur l'identité rationnelle que les «légalités irrationnelles» acquièrent ou plutôt confirment dans la «science réelle». Pour Hume, ce qu'il y a au fond de la causalité, c'est un ensemble de lois d'association, lois comparables en valeur scientifique aux lois de la gravitation. Aussi, sur cette base, Hume devait-il conclure finalement avec la thèse ultime de sa théorie de l'*irrationalité* absolue des vérités de fait. L'énigme pour lui demeurant de savoir comment quelque chose de différent de l'impression et du souvenir pouvait s'introduire dans le raisonnement causal. Tandis que le causal est douteux pour Hume, au contraire l'absence de causal et d'identique est ce qui pour Meyerson pose un véritable problème épistémologique; à propos du mode d'action des atomes, la conception dynamique, étant incompatible avec l'exigence du principe d'identité, ne peut donner l'explication scientifique qui convient: «En effet, là, le mouvement doit naître de quelque chose qui lui est foncièrement hétérogène: ce qui émane du centre, traverse l'espace, voyage, n'est certainement pas un mouvement, l'hypothèse dynamique nous interdit expressément de le concevoir comme tel. Il y a donc transformation incompréhensible, manque d'identité, c'est-à-dire qu'il n'y a pas d'explication»[20].

Entre monisme et dualisme, on conçoit des positions qui tiennent compte autant de la distinction que de l'unité de la raison et de l'expérience. C'est le cas des théoriciens de la connaissance qui ont le souci de mettre en évidence la relation caractéristique qui relie raison et expérience, qu'elle soit conçue comme relation synthétique ou comme relation dialectique. Sans doute, dans cette relation appréhendée dans sa complexité, et qui s'avère à l'analyse autant une synthèse qu'une dialectique, il est clair que se tient ce que nous voulons distinguer de la «raison» et mieux cerner comme «rationalité», un état d'équilibre provisoire et incessamment prêt à se nuancer dans ses composantes et ses proportions, mais concevable, hors de la référence au point fixe, comme l'oscillation équilibrée et équilibrante d'un mouvement des éléments d'un ensemble, le monde, système mobile évoluant selon une rationalité non absolue mais relative, et qui est essentiellement une : véritable «règle de justice». Kant et Bachelard ont œuvré, le premier en faveur de la relation synthétique, le second en faveur de la relation dialectique.

Affirmer que les choses ne peuvent être fondées rationnellement, comme le fait Hume, c'est, pour lui, laisser place entre la raison et la non-raison, à la probabilité, et, comme il croit dans les mathématiques, à la probabilité mathématique. Aussi on ne peut classer Hume parmi les irrationalistes comme le fait, par exemple, Husserl, dans la *Krisis* et dans *Erste Philosophie*. Hume appelle irrationalité non naturelle l'irrationalité métaphysique (à l'intérieur des phénomènes) et naturelle l'irrationalité selon laquelle il est permis de conclure à quelque chose qui dépasse les phénomènes et qui, fondamentalement, relève de démarches immanentistes. Ainsi, d'abord si, dit Hume, je considère l'*expérience*, qui «m'instruit sur les diverses conjonctions des objets dans le passé»[21], puis l'*habitude* «qui me détermine à attendre le même dans l'avenir»[22], l'une et l'autre agissent ensemble sur l'*imagination* sur laquelle reposent la mémoire, l'entendement, les sens. «Evident», «certain» et «indéniable» ne sont pas des mots que Hume recommande d'employer[23]. Il y a une connaissance d'essence si «l'inférence dépend uniquement de l'union des idées»[24], mais si l'union des idées dépend elle-même de l'union d'une idée et d'une impression, alors nous nous trouvons devant de l'irrationnel : c'est-à-dire de l'inexplicable, car on ne peut passer des connaissances d'essence à des connaissances de fait, du moins de façon «légitime» et «rationnel». Aussi, l'irrationnel habite-t-il l'expérience dans la mesure où tous nos jugements dépendent de l'expérience passée à laquelle la croyance prête ses forces uniquement du *fait* de la coutume : «Car nous trouvons ici que l'entendement ou l'imagination peuvent tirer des inférences de l'expérience sans y réfléchir; plus encore, sans former de principe à son sujet, ni raisonner sur ce principe»[25].

Il faut noter que la croyance (*belief*) dont fait état Hume n'a rien de commun avec la croyance soit prise dans le sens où la prend Kierkegaard, soit dans celui où Kant l'oppose à *savoir*. En fait, pour Hume, c'est la tendance à *affirmer* quelque chose, tendance dont l'origine est une impression, soit de la mémoire soit des sens. On ne peut aller plus loin, quand on en cherche la cause, qu'à l'«impression» qui ne laisse aucun doute, ni même aucune place pour une plus ample recherche. Sans doute, d'une certaine façon, Husserl n'a-t-il pas tout à fait tort de découvrir chez Hume une contradiction, celle de vouloir fonder la rationalité irrationnellement: c'est ce que Husserl appelle la «banqueroute» de la philosophie, y compris celle de Hume[26]. En somme, ce que veut Hume, c'est rejeter toute rationalité du monde sensible et ensuite la fonder rationnellent par l'irrationalité. Et si le dernier recours demeure la probabilité, même celle-ci se ramènera à une sorte de sensation mise en formule. De l'aveu même de Husserl, Hume analyse et explore ce que Husserl nomme la *Lebenswelt*, le monde de la nature humaine (selon son *Traité*), et gravite dans la sphère antéprédicative qui sous-tend la prédication et finit même par l'emprisonner. L'interférence d'impressions fortes et d'idées faibles alimentées par la croyance peut déterminer une «équivalence»: celle d'une impression forte à une idée devenue forte qui entraîne la conviction que l'impression est «cause»; en raison de quoi, ce principe de la nature humaine nous sauve de la destruction de toute affirmation, aussi la confiance subsiste-t-elle; du moins est-elle possible existentiellement. Il ressort finalement que l'idée de cause, après tout, est légitime existentiellement, étant donné ses propres causes; mais l'idée illégitime est plutôt celle de *nécessité*. On peut voir aussi une manière d'intentionnalité dans la relation implicite entre l'idée et l'objet qu'elle représente dans la ressemblance.

Et l'application des mathématiques à la nature ne relève pas cependant d'une nécessité: la science physico-mathématique n'a qu'une valeur de fait et sa rationalité est liée cependant à la science empirique. Ainsi, double nécessité: l'une, mathématique et logique, donc rationnelle, et une nécessité de fait, matérielle et causale, irrationnelle. Mais les deux sortes de certitude qu'impliquent ces deux nécessités se trouvent mêlées. La thèse fictionnaliste de Hume réduit empiriquement les relations de fait à n'être que des associations d'idées. La question se pose: cette association d'idées est-elle fondée *a priori*? L'important demeure, pourtant, c'est que Hume ait accompli une distinction fondamentale dans l'histoire de la théorie de la connaissance. A l'imagination revient donc le domaine de la nature, mais la nature elle-même devient par le fait une création fictive. De plus, raison et imagination empiètent constamment l'une sur l'autre. Et le philosophe a pour tâche de les distinguer aussi souvent qu'il le peut. Toutefois, la conséquence de la séparation donnera, d'une part, un domaine abstrait ignorant tout du réel et, d'autre part, un domaine fictif dénué de vérité. Cependant l'imagination obéit aux lois de l'association des idées et, même par la fiction, parvient à dépasser ses propres bornes. S'il y a habitude et association, c'est peut-être qu'il y a quelque fondement à cela. Et les «coexistences contingentes» que Husserl voit dans la nature conçue par Hume n'en sont pas : le non-nécessaire rationnel n'aboutit pas ici à la contingence. On pourrait, à l'égard de Hume, lui renvoyer l'argument, et taxer d'irrationnelle sa propre psychologie épistémologique fondant la rationalité dans le domaine des sciences empiriques. Il se peut, tout au contraire, que ce soit en vertu d'une conception très étroite du rationnel que Hume conclut à l'irrationnel, à moins plutôt que ce ne soit tout simplement au *non-rationnel*. L'irrationalisme déboucherait sur l'incapacité humaine à construire la science, mais si la probabilité comporte une certaine valeur, comme le pense Hume, on ne peut conclure à l'irrationnel. Enfin, surtout, il faut voir ainsi que, si le problème de l'irrationnel se pose dans les connaissances de fait, c'est bien parce qu'il est question d'un effort d'étendre le rationnel à ces connaissances : le problème ne se poserait pas, autrement. Si bien que Hume bénéficie d'un avantage par rapport aux théoriciens de la connaissance du rationalisme intégral, au point de vue *ontologique* comme Descartes ou *logique* comme Meyerson, c'est de poser une problématique beaucoup plus fondamentale, celle des conséquences absurdes impliquées par le fondement de la connaissance sur l'*ego cogito*. Ce que pose ainsi Hume, c'est le problème des *objectivités*, auquel Kant va répondre par la recherche des *conditions de possibilité*. Le problème de Descartes est approfondi par Hume. Comment dans la pure subjectivité peut se réaliser quelque chose comme une compréhension qui soit *rationnelle*? Pour la première fois, la connaissance est véritablement devenue un problème philosophique. Par ses analyses concrètes, Hume a creusé la question : *que signifie signifier*? Comment *se* persuade-t-on? Le processus de conscience est-il le fondement d'une explication? La signification que nous manifestons comporte elle-même une manifestation : la manifestation de cette manifestation fonctionne-t-elle dans notre prétendue démonstration de signification? D'où, le désespoir philosophique de Hume.

S'acharnant sur le problème des vérités de fait, Hume laisse intact celui des vérités purement rationnelles : ce qui permet de supposer, au-delà du scepticisme de Hume, ou même fondamentalement et expliquant son enquête sceptique, qu'il y ait, au contraire de ce que l'on pourrait croire, un domaine de l'*a priori* et des concepts d'essences. En un sens, Hume confirme la thèse des rationalistes classiques (Platon, Descartes, Leibniz) que l'expérience ne peut nous donner la nécessité ni l'universalité, thèse que reprennent Kant et Husserl. Les «catégories» de la raison en outre donnent aux rationalistes classiques et à Kant l'assurance de l'universalité et de la nécessité informées de droit par la raison à l'expérience en général. Or, c'est là ce qui distingue la position de Hume qui approfondit un problème que les rationalistes auraient dû se poser, celui que Kant résoudra d'une certaine manière poussé par Hume: le problème de l'*unité synthétique*, et qui est aussi le problème que se pose, dans la perspective de la phénoménologie transcendantale, Husserl critiquant Hume et reconnaissant en lui celui qui a pressenti, sans bien le voir toutefois, ce grand problème, qu'il a d'ailleurs obnubilé sous le fictionnalisme, que Kant a su traiter comme étant euristique. De plus, il est clair, dès lors, que la critique de l'expérience poussée à son point le plus radical par Hume présuppose la raison; et c'est cette raison, qu'il ne remet pas en question quand elle reste dans le domaine de la pure nécessité rationnelle, qui met des bornes au nominalisme de Hume. Hume présuppose donc la *rationalité de la raison* à partir de laquelle il veut élargir la notion qu'il a lui-même du rationnel jusqu'au domaine irrationnel de la connaissance de fait: mais c'est pour aboutir, étant donné ce qu'impliquerait la nécessité rationnelle, à la seule éventualité (non irrationnelle), — à mi-chemin entre la raison et l'imagination, en lutte l'une contre l'autre — c'est-à-dire à l'éventualité de la *probabilité*, terme accessible d'autant plus que, pour Hume, la nature et l'homme sont dans un certain accord. Sur l'accord de l'homme avec son milieu, une concordance entre certaines relations de faits et certaines relations d'idées se rendraient valides: en tout cas, cette concordance ne serait pas «irrationnelle».

Jean Wahl, qui a scrupuleusement analysé les critiques de Husserl à l'endroit de Hume, a souligné les exagérations des exigences de Husserl face à l'empirisme de Hume: «D'après Husserl, il faudrait saisir par une sorte d'intuition immanente les lois de l'association. Mais au fond c'est bien ce que fait Hume. En quoi le processus de Hume ne satisfait-il pas Husserl? C'est ce que je ne vois pas; car ce n'est pas sur l'induction que se fonde Hume pour nous donner les lois de l'association; en tout cas ce n'est pas explicitement sur l'induction. Il y a là une difficulté parce qu'il ne suffit pas de dire: ces lois de l'association par contiguïté, ressemblance, sont saisies intuitivement pour que nous ayons le sentiment qu'elles soient fondées et qu'elles cessent d'être empiriques, et c'est pourtant je crois ce qui est contenu implicitement dans le passage de Husserl. Pour Husserl ce serait désirable que ce soit des vérités différentes des vérités de fait »[27].

Auguste Comte, du moins si l'on se place dans la même perspective d'un empirisme intégral, qu'il refuse d'ailleurs, insiste davantage sur l'accord de l'homme et de son milieu; et le schéma de ce rapport entre le milieu et l'organisme (la vie), entre la vie végétative et la vie de relation, entre l'apprentissage (ou assimilation) et l'action (ou accommodation), entre la théorie et la pratique, est un *schéma d'homologie* obéissant au principe d'homologie articulant les différents plans de ces différents domaines. La connaissance est une analogie qui ne s'effectue cependant pas sans normes; ces normes ont été acquises historiquement, d'une part, et constitutionnellement, d'autre part, selon la « nature humaine » et ses virtualités se développant dans l'histoire. La position de Comte réunit ainsi toutes les positions empiristes connues, en ce qu'elle prétend que la structure *vraie* de l'objet est réalisée dans l'expérience, même si nous n'atteignons pas cette expérience avec tout l'équipement intellectuel permis à notre nature, mais c'est une affaire historique; de toute façon, le monde est ce que nous appréhendons avec notre entendement; ou bien lorsqu'elle rappelle que les relations logiques ne sont pas *a prioriques* car, comme l'affirmait Aristote, la relation est dans l'être: position qui sera aussi celle de Hobbes. C'est encore une position empiriste que celle de Comte considérant les systèmes de langage comme essentiels aussi bien du point de vue social que du point de vue scientifique, science et société ayant partie liée. Aussi ce que Comte désigne éventuellement par la « raison », c'est ce qui permet d'observer, de comparer et de classer des « objets » appréhendés par des « signes » qui relèvent de la logique des signes; celle-ci est un jeu de langage, une création globale chaque fois qu'elle se réalise dans un corps ou dans un système d'éléments. Déjà, pour Comte, comme il le sera pour Bachelard, il est plus vrai de penser à un « corrationalisme ». Mais pour Bachelard, il s'agit de « l'union des travailleurs de la preuve », alors que pour Comte la « preuve » appartient chaque fois à la méthode en usage du point de vue de la « science positive », définie historiquement étant donné l'état de la société et « naturellement » étant donné le développement de la nature humaine: la prépondérance historique et sociale est mieux soulignée par Comte.

Le corrationalisme de Bachelard s'appuie non sur le *cogito* mais bien sur le *cogitamus*; en outre, l'objet « naturel » n'existe plus dès qu'il entre dans un laboratoire. Comme pour Comte l'univers scientifique est artificiel pour Bachelard sans être pourtant arbitraire. Bachelard montre que le doute est remplacé par la problématique propre et réelle, non métaphysique, car le *cogitamus* n'est pas à comprendre d'un point de vue métaphysique. C'est une pensée commune dont la problématique relève de l'hésitation face aux hypothèses formulées et concurrentes. La polémique est alors nécessaire, elle joue le rôle de la dialectique telle que Platon l'avait présentée comme un dialogue où chacun expose sa thèse contradictoire : la «raison» sortira des oppositions qu'elle prendra en compte à un autre niveau. Le privilège de la pensée scientifique étant de «faire comprendre», le *cogitamus* est, en somme, un «*nous comprenons de la même façon*». Pour Comte comme pour Bachelard, la «culture» joue son rôle davantage dans la formation de la «raison» que dans cette «raison» elle-même : «dans la conscience d'une culture, il y a une remémoration qui s'appuie sur des valeurs dominantes. La conscience des valeurs rationnelles entraîne une discussion constante avec les valeurs empiriques, de sorte que toute conscience de culture se développe en un dialogue intime entre l'empiriste et le rationaliste qui *rivalisent* en chaque esprit cultivé»[28]. Aussi la «pensée rationnelle» qui caractérise la science n'est-elle jamais totale comme le souhaitait Hume radicalement, elle est toujours en constante réorganisation. On peut dire, dans ces perspectives, que le «sujet rationaliste» n'est jamais complètement acquis ni accompli. Si le «réel» fait des objections à la raison constituée, il n'est nullement vu comme «irrationnel», bien au contraire, puisque c'est la volonté de l'aperception rationalisée du réel qui mène le jeu. S'il y a un dualisme, cependant, dans l'ordre du réel, c'est celui du *secret* et du *manifeste*. On voit que le rationnel est essentiellement en mouvement vers l'autre que lui-même; et que son identité repose sur cette altérité constamment visée. Il n'y a pas plus de réalité absolue qu'il n'y a de raison absolue. Du fait, en outre, de «rationalismes régionaux», on ne voit pas comment pourrait subsister quelque chose qui appartînt à un *irrationnel* qui, s'il s'imposait cependant à nous dans notre démarche, serait toujours appelé, à plus ou moins brève échéance, à se rationaliser dès qu'il serait intégré dans une compréhension commune, dans le «nous comprenons ensemble». Cette nouvelle évidence épistémologique implique, d'ailleurs, aussi de poser la notion nouvelle de l'*interlocution* qui, symbolique ou rationnelle, comporte une rationalité propre, c'est-à-dire une architectonique à la fois équilibrée et équilibrante. Il demeure, même sous l'assurance bachelardienne, que perce l'inquiétude que Hume a apportée dans les froides constructions de la raison : la nécessité de fait et la nécessité logique se croisent et même se rencontrent peut-être, mais sans jamais s'identifier. Sur quel plan le pourraient-elles ? *Irrationnel* est le résidu qui est dès lors traité comme une scorie ou, au contraire, comme un élément sacré et insurmontable, appartenant soit à l'immanence, soit à la transcendance de ce que Kant appelait « raison pure », et qui constitue le lieu théorique de l'origine épistémologique, le terrain de tous les symbolismes.

3. Création

Dans la présente «Ouverture à la généalogie de la raison moderne», il est clair que ce qui s'impose, c'est bien la mise en place épistémologique, constitutive d'une appréhension globale du monde et de l'homme. Celle-ci remonte au problème de la «méthode de la méthode», évoqué par Spinoza dans le *Traité de la réforme de l'entendement*, paradoxe qui indique, au moins autant que la parenté s'instituant entre l'observable et l'observant, la projection-création que constitue la plus scientifique observation.

Au-delà des conflits qui opposent une approche nouvelle à une plus ancienne, le problème fondamental est ici le problème du fondement de la méthode. D'une part, la réflexion métamathématique met en évidence l'incapacité des formalismes logiques et mathématiques à trouver en eux-mêmes leur justification. Telle est la perspective ouverte par Gödel : dans tout système logique, on peut définir des propositions indécidables — à la fois ni démontrables ni réfutables — dont l'une est celle qui affirme la non-contradiction du système lui-même. Car, pour démontrer qu'un système formel n'est pas contradictoire, il faut faire appel à des moyens de démonstration plus forts que ceux du système. Et Robert Blanché fixe les conséquences d'une telle perspective, dans la mesure où vérité et démonstration se trouvent séparées : il n'y a donc pas de vérité en mathématiques, mais seulement la cohérence. Ne rejoint-on pas ce qu'affirmait Pascal en 1658 dans *l'Esprit de la géométrie*? Puisque la véritable méthode consisterait à définir tous les termes et à prouver les démonstrations. Ce qui est impossible. D'autre part, le rôle de l'observation et la fonction de communication — ou ce que d'aucuns appellent déjà: l'interlocution — ont leur incidence sur l'"objet" de connaissance. Et la théorie de la relativité fait souligner l'importance de la condition 'communiquée' de la connaissance, condition négligée par la physique classique.

Mais, fervent réaliste, Einstein continuait à espérer comme valide un déterminisme universel, aussi unifiait-il sous ses lois divers domaines de la physique, formulant des relations demeurant identiques quelle que fût la situation de l'observateur. Avec la mécanique quantique, cet espoir disparaît. Les relations d'indétermination de Heisenberg affirment que toute mesure implique une approximation — ce que reconnaissait, d'ailleurs, la mécanique classique —, mais encore et surtout qu'on ne peut voir diminuer simultanément les erreurs de mesure faites sur la vitesse et celles faites sur la position d'une particule. D'où, la forme probabiliste nécessaire aux lois de la physique. Les conséquences épistémologiques sont importantes: *connaître modifie le réel*; cette formule même est erronée, car qu'entend-on par 'réel'? Puisque le 'réel' que nous connaissons n'est finalement que le résultat de notre intervention. A tel point qu'il faut comprendre le réel défini par «le tout indivisible formé par le système et les instruments d'observation» (L. Rosenfeld). De plus, la 'méthode' n'atteint elle-même qu'un aspect de ce qui est étudié: d'où, le principe de complémentarité de Bohr. Vitesse et position ne se mesurent pas avec la même méthode. Mais, surtout, il est impossible de rassembler en une image unique l'"objet" atomique ainsi atteint. Au Congrès de Varsovie en 1938, Bohr commente l'usage que font la relativité et la mécanique quantique d'un *symbolisme* auquel ne correspond aucune représentation intuitive:

«En effet, l'étonnante simplicité des généralisations de théories physiques classiques, qui sont obtenues respectivement par l'usage de la géométrie multidimensionnelle et de l'algèbre non-commutative, repose essentiellement dans les deux cas sur l'introduction du symbole conventionnel $\sqrt{-1}$. De fait, le caractère abstrait de ces formalismes est, si on l'examine de plus près, aussi typique de la théorie de la relativité que de la mécanique quantique et c'est, sous ce rapport, simple affaire de tradition si l'on considère la première théorie comme complément de la physique classique et non comme première étape décisive dans la révision profonde, imposée par les progrès récents en physique, des moyens conceptuels qui nous servent à comparer nos observations»[29].

Pour Bohr, il s'agit donc moins de prétendues limites de notre connaissance scientifique, que de la nécessité d'un renouvellement des moyens conceptuels que celle-ci peut se donner. Car, interroger la nature c'est intervenir avec des instruments de mesure; et, en dernier ressort, on ne 'connaît' que l'objet mesuré. Non pas un objet en soi: on voit que le criticisme de Kant est largement rejoint, ainsi que s'éclaire la nécessité d'étudier le processus symbolique et thématique de la connaissance, qui est donc un processus de symbolisation et/ou de schématisation. Même d'autres tentatives comme celles de G. Birkoff et J. von Neumann, qui ont cherché à établir un nouveau langage commun aux théories classiques et quantiques, laissent en conflit les déterminations de la vitesse et celles de la position d'une particule.

Selon les études de d'Espagnat et de Costa de Beauregard, dans l'ouvrage collectif *Einstein 1879-1955*, le paradoxe dit d'Einstein, Podolsky et Rosen prouve bien une véritable «télégraphie instantanée de l'information». En effet, partant des fameuses inégalités de Bell qui permettent de localiser les objets à l'échelle d notre perception habituelle, au contraire à l'échelle microscopique on constate que ces inégalités sont violées, quelle que soit la distance entre les objets qui, aussi éloignés soient-ils, ne sont cependant pas 'séparés'. Donc, il y a non séparabilité. Telles sont les dernières positions sur la question. Bernard d'Espagnat affirme dans un autre ouvrage que le principe de non séparabilité est confirmé: «Par *non-séparable*, il faut entendre que si l'on veut concevoir à cette réalité des parties localisables dans l'espace, alors si telles de ces parties ont interagi selon certains modes définis en un temps où elles étaient proches, elles continuent d'interagir quel que soit leur mutuel éloignement, et cela par le moyen d'influences séparées». L'imagerie spatiale est toujours trompeuse, seule la mathématique qui sous-tend les descriptions des particules leur confère une valeur. Ainsi, les règles mises en jeu pour faire correspondre les entités mathématiques au monde physique observé ne sont cependant que des 'principes', et elles tiennent compte de l'intervention de l'observateur ainsi que du principe d'indiscernabilité[30]. La mesure, nécessaire dans les sciences, ne reflète pourtant pas l'état d'une chose en soi, elle n'est autre que la connaissance d'une 'réalité' qui subit en même temps l'influence d'autres réalités.

Enfin, avec les découvertes de Prigogine, la matière apparaît douée de spontanéité. Et le second principe de Carnot, qu'on a abusivement généralisé, est inapplicable quand il s'agit de «systèmes ouverts». Il existe, en effet, des seuils où les fluctuations inévitables d'un état autour d'un équilibre cessent d'être minimes : alors, les mouvements ne se compensent plus selon la loi des grands nombres. « Bifurcation », tel est le point à partir duquel un nouvel état de la matière devient possible. Un concept nouveau intervient et qui n'est autre que le vieux concept aristotélicien de « virtualité », puisque, dans un milieu donné, existent des possibilités non démontrables, du moins ignorées. Comme Aristote et Comte, Prigogine pense qu'il y a prédominance du tout sur la partie. Dans les interprétations contemporaines de l'organisation biologique, le dualisme mutation-sélection cache, en fait, notre ignorance à propos du rapport entre le texte génétique et l'organisation vivante : le bricolage de l'évolution est analysé et commenté par François Jacob (*Le Jeu des possibles*, 1981). L'influence du tout sur les parties est éclairée par l'existence de structures, mises en évidence. Des interactions non linéaires, c'est-à-dire non causales, doivent être pensées, aussi bien dans le domaine physique qu'en biologie et en sociologie. Des modes d'évolution particuliers sont possibles, comme les effets du type « boule de neige », ou « propagation épidémique », ou « différenciation par amplification de petites différences ». Le paramètre de 'bifurcation' peut être reconnu dans la taille ou dans la densité du système.

La notion aristotélicienne du 'virtuel', reconnaissable également dans la notion de « champ ouvert »[31], peut être comprise également à partir de l'expérience du langage. Scheurer en donne le premier exemple emprunté à la linguistique, à partir des notions explicitées par Chomsky, celles de la performance et de la compétence. Chomsky définit la compétence comme un des multiples facteurs agissant de concert pour déterminer la performance. Or, cette différence compétence/performance peut être ramenée globalement à la différence langue/parole, introduite par F. de Saussure. Ainsi, la notion de champ permet-elle de réintroduire le possible au sein de la physique. Le champ ouvert est effectivement de moins en moins déterminé au fur et à mesure que l'on s'éloigne de l'actuel qui le porte.

Outre de nouveaux concepts, la microphysique met en évidence l'incapacité des concepts utilisés pour penser le monde sensible. Selon que l'observation se situe dans le domaine du Petit, du Moyen ou du Grand, les concepts doivent s'approprier et se rectifier : savoir davantage, c'est savoir autrement. Expliquer, ce n'est plus réduire à la connaissance commune. Et Bachelard, à ce sujet, a souligné la défaite du « chosisme », celle du « choquisme » également, que nous donne l'expérience commune. De plus, les méthodes et leurs 'objets' se sont multipliés avec l'éclatement de la physique en une multiplicité de disciplines.

La rationalité aujourd'hui est difficile à définir. Les champs d'application multiplient les espèces du rationnel. Les sciences de la nature ne permettent pas d'établir une théorie de la rationalité qui leur soit commune. C.G. Hempel a démontré combien nous étions encore éloignés de fonder une théorie de la rationalité même dans les sciences les plus exactes[32]. Comme l'exprime Scheurer, «la connaissance du réel, en tant qu'actuel, ne peut s'accomplir qu'en passant par l'étude de ses autres états possibles, en tant que virtuels»[33]. Même la dissymétrie entre le passé et le futur — soulignée par Popper[34] — disparaît: grâce au théorème de Brillouin, la composante informationnelle de la science physique devient indispensable aux sciences de l'homme; entre autres, si le matérialisme historique convient aux cadres conceptuels de la thermodynamique, comme elle, il doit accepter de se transformer. La transmission d'une information exige toujours une dépense d'énergie. Et même, l'information coûte cher. L'argument s'accroît si l'on tient compte des durées diverses de l'histoire, événementielle ou longue. Ce qu'Aristote appelait «forme» ne finit-il pas par apparaître comme le résultat d'un schème mathématique fermé que la 'loi naturelle' représente pour la 'matière', enfin pensable comme «une» et «même»?

Dès lors, on mesure l'importance de l'étude de l'imagination scientifique, telle qu'elle a été menée par Gerald Holton, qui reconnaît une histoire longue, en ce qui concerne les découvertes scientifiques. Sous les événements de surface, se distingue un processus profond; sous les «révolutions», une certaine homogénéité, la persistance d'un certain nombre limité de débouchés structurés. Les *thêmata* se vérifient à propos de la constitution matérielle du monde. Ces *thêmata* se caractérisent par leur ancienneté, leur rôle méconnu, et même inconscient dans la mentalité scientifique, enfin leur extrême rareté. On peut compter, en effet, une cinquantaine de couples ou de triades de cette sorte pour suffire, dans l'histoire des sciences, à négocier la grande variété des découvertes de la science moderne.

Aidé d'une documentation historiographique très poussée, G. Holton s'est donc mis en quête des modèles de l'imagination scientifique. Les décisions thématiques interviennent dans les documents scientifiques, le plus souvent privés, définis par le point d'intersection de différentes trajectoires: la trajectoire du temps de l'état de la connaissance scientifique publique, avec la trajectoire du temps de l'activité scientifique privée de la personnalité scientifique examinée, avec enfin la trajectoire des mouvements idéologiques ou des considérations sociales d'une époque. On peut remarquer que Holton, comme Auguste Comte et comme Michel Foucault, conjoint socialité et scientificité:

il n'y a pas de pensée dans l'en soi universel, mais dans la singularité d'un homme, d'un temps, et surtout dans le rapport aux conditions sociales. Et, malgré cette précision des coordonnées historicosociales d'une pensée scientifique, celle-ci se réfère à des constantes que sont les *thêmata*. Chacune des sciences dispose d'un spectre de *thêmata*, qui la met à l'abri de se retrouver enfermée dans quelque piège totalitaire.

Si Einstein refusait d'admettre les *thêmata* de compensation intervenant dans l'œuvre de l'école de Copenhague en mécanique quantique (*thêmata* liés à la philosophie de Kierkegaard), il s'entendait, par ailleurs, avec Bohr sur bon nombre de points. Il n'y a pas deux chercheurs qui présentent exactement le même ensemble de *thêmata*, ni surtout l'ensemble de tous les *thêmata*. Dans ces conditions, une innovation scientifique est toujours possible, sans jamais être absolument révolutionnaire. Si Bohr puise ses *thêmata* dans un rapprochement des philosophies de Kierkegaard et de James, la plupart des *thêmata* utilisés par les savants remontent à des intuitions ontologiques ou métaphysiques très anciennes, qui n'apparaissent plus du tout quand le savant a réussi à justifier ses travaux aux yeux de ses condisciples. Le cheminement même de l'invention est du ressort du domaine privé; en tout cas, il demeure, la plupart du temps, inconnu, et reste absent des grands traités classiques. Ainsi, Gerald Holton dégage-t-il un nouvel aspect des choses dans le domaine de l'épistémologie, les véritables méthodes de la méthode, les fondements métaphysiques et ontologiques divers de la méthode scientifique[35].

Enfin, dans le domaine de la logique de la science, et pour tenir compte des bouleversements de la mécanique quantique, il faudrait réviser la logique et surtout ne plus distinguer, avec Hume, seulement deux formes de vérités: les vérités empiriques et les vérités formelles — ce qu'aujourd'hui on appelle vérités contingentes et vérités logiques. Pour Quine[36], une distinction aussi nette ne peut plus être soutenue. La logique quantique en est une preuve. Une règle demeure, néanmoins, celle qui consiste à adapter nos concepts à la réalité observée, ou, plus précisément: à celle que l'"objet" observé commande. R. Hugues[37] explique comment la logique quantique obéit à deux contraintes auxquelles se soumettent toutes les propositions de cette logique:

1) les propositions doivent être de celles qui attribuent des propriétés quantiques à certains systèmes;
2) quand deux propositions de ce type sont connectées au moyen d'équivalents des connecteurs «et» et «ou», la proposition ainsi formée doit encore porter sur le système physique; et les relations logiques ne sont plus celles de la logique classique.

Mais R. Hughes remarque que le développement de la logique quantique, qui apparaît quand on examine la structure mathématique du formalisme de la mécanique quantique, présuppose néanmoins la logique classique.

Ainsi ce qui n'était au départ du travail scientifique qu'une assimilation (ou appropriation) des produits de la sensibilité, à travers le crible des jugements de valeur systématisés par des critères communément admis selon une 'rationalité' reconnue, se révèle peu à peu à nous dans l'origine de son travail de symbolisation ou de schématisation. Le présupposé négatif et fondamental est l'intuition formelle temporellement *vide* $(= 0)$[38], dérivée néanmoins (*intuitus derivatus*)[39] et pourtant originaire en tant que condition formelle de possibilité de l'inobjet (-1), scission à travers laquelle le 'sujet' constitue son savoir. Cette création lance, à l'encontre d'un Réel aveugle, un 'réel' constitué progressivement sous l'impulsion de l'imagination et de l'entendement, c'est-à-dire de leurs règles et de leurs principes, informés-informant relativement à la sensibilité. La raison pure, aussi aveugle que le Réel, privée de toute perception, se trouve néanmoins érigée en Tribunal Suprême dont le lieu propre est l'ordre des fins, qui est en même temps l'ordre de la nature[40]. Elle impose ainsi le consentement universel, en constamment légitimant et régularisant le travail originaire de symbolisation, pratique différentielle en dérive perpétuelle.

NOTES
[1] Cf. notre ouvrage, *L'homme et ses labyrinthes*, coll. 10/18, 1972.
[2] Cf. Ferdinand Alquié, *La Conscience affective*, P.U.F., Paris, 1975.
[3] S. Freud, *L'Avenir d'une illusion*, P.U.F., Paris, 1976.
[4] Voir *Dialectique transcendantale*, livre deuxième, chapitre trois.
[5] Cf. *La Morale*, «Que sais-je?», P.U.F., Paris, 1982.
[6] Cf. *Reflexionen, 3398*, in *Kant's Gesammelte Schriften*, Berlin u. Leipzig, 1924, Walter de Gruyter, vol. XVI, p. 814.
[7] Cf. *Rethinking Symbolism*, Hermann, Paris, 1974.
[8] *L'Interférence*, Ed. de Minuit, Paris, 1972, p. 94. Cf. Prigogine et Stengers, *La Nouvelle Alliance*, Gallimard, Paris, 1979.
[9] *La Logique de la découverte*, p. 440.
[10] *Ibid.*

[11] *Reason, Truth, and History*, Cambridge University Press, 1981.
[12] G.H.F. Hegel, *Die Vernunft in der Geschichte*, F. Meiner Verlag, Hamburg, 1955, p. 29.
[13] Cf. Emile Meyerson, *Identité et Réalité*, Vrin, Paris, 5ᵉ éd., 1951, p. 356-357.
[14] *L'Interférence*, p. 86.
[15] E. Meyerson, *op. cit.*, p. VIII.
[16] *Loc. cit.*, p. IX.
[17] *Traité de la nature humaine*, I, p. 143.
[18] *Identité et Réalité*, p. 38.
[19] *Traité*, p. 146-147.
[20] *Identité et Réalité*, p. 340.
[21] *Traité*, p. 357.
[22] *Ibid.*, p. 23.
[23] *Op. cit.*, p. 367.
[24] *Op. cit.*, p. 167.
[25] *Op. cit.*, p. 181.
[26] *Die Krisis*, § 23.
[27] Cf. Jean Wahl, *Husserl*, p. 192.
[28] G. Bachelard, *Le rationalisme appliqué*, 4ᵉ éd., P.U.F., 1970, p. 33.
[29] N. Bohr, *Physique atomique en connaissance humaine*, p. 105.
[30] Jeanne Parain-Vial, *Philosophie des sciences de la nature*, Klincksieck, Paris, 1983, p. 94.
[31] P. Scheurer, *Révolutions de la science et permanence du réel*, P.U.F., Paris, 1979.
[32] *Rationality to-day*, The University Press of Ottawa, 1979.
[33] O. Scheurer, *op. cit.*, p. 251.
[34] K. Popper, *l'Univers irrésolu*, Hermann, Paris, 1984.
[35] Nous avons présenté les travaux de Holton dans *Universalia 1983*, dans le *Dictionnaire des Philosophes»* P.U.F., 1984, et dans *Encyclopedia of Library and Information Science*, University of Pittsburgh, vol. 41, «Thematic Analysis», Marcel Dekker, Inc, New York, 1986.
[36] W.V.O. Quine, *Word and Object*, Massachusetts Institute of Technology, 1960;
[37] R. Hughes, «La Logique quantique», *Pour la Science*, Décembre 1981, p. 36.
[38] *Critique de la raison pure, Anticipations de la perception* : «il peut y avoir aussi une synthèse de la production de la quantité d'une sensation depuis son commencement, l'intuition pure = 0, jusqu'à une grandeur quelconque» (I, p. 183). La sensation n'étant pas une représentation objective, elle n'offre qu'une quantité intensive pouvant croître de 0 à un certain degré.
[39] Par *intuitus derivatus*, Kant désigne une intuition non originaire, c'est-à-dire, pour lui, non intellectuelle, seulement dérivée de la sensibilité. Mais nous la disons néanmoins «originaire» de ce qui va suivre, la connaissance, dont elle est une condition incontournable.
[40] *Critique de la raison pure*, *réfutation de l'argument de Mendelssohn* : «la raison... dans l'ordre des fins, qui est en même temps celui de la nature» (II, p. 332).

Bibliographie

AIKEN, H.D., «The Fate of Philosophy in the twentieth Century», *Philosophy in the twentieth Century*, Random House, New York, 1962.
ALQUIE, F., *La Conscience affective*, Presses Universitaires de France, Paris, 1975.
APEL, K.O., *Transformation der Philosophie*, 2 Bände, Frankfurt-am-Main, 1976.
ARISTOTE, *Organon I-VI*, traduction nouvelle et notes par J. Tricot, Librairie philosophique Vrin, Paris, 1950-1962.
— *Aristotle' Prior and Posterior Analytics*, W.D. Ross, Clarendon Press, Oxford, 1949.
— *Categoriae et Liber de Interpretatione*, éd. L. Minio-Paulello, Oxford, 1949, 3e éd., 1981.
— *Politique*, livres I à VIII, texte établi et traduit par J. Aubonnet, Les Belles Lettres, Paris, 1968.
— *Physique*, livres I à IV, texte établi et traduit par H. Carteron, Les Belles Lettres, Paris, 1952.
— *Topiques*, livres I à IV, traduction de J. Brunschwig, Les Belles Lettres, 1967.
AUBENQUE, P., *La Prudence chez Aristote*, Presses Universitaires de France, Paris, 1962.
— *Le Problème de l'être chez Aristote*, Presses Universitaires de France, Paris, 1962, 1963².
ST AUGUSTIN, *St Augustini opera*, 8 lib., Muguet, Paris, 1695.
AYER, A.J., «Negation», *Journal of Philosophy*, 49, 1952, p. 797.
BACHELARD, G., *Le Rationalisme appliqué*, Presses Universitaires de France, Paris, 1949, 1970⁴.
— *L'Activité rationaliste de la physique contemporaine*, P.U.F., Paris, 1951.
BELAVAL, Y., *Leibniz critique de Descartes*, Gallimard, Paris, 1960.
BENVENISTE, E., «L'expression du serment de la Grèce ancienne», in *Revue de l'Histoire des Religions*, 134, 1948, pp. 81 et suiv.
— *Le Vocabulaire des Institutions indo-européennes*, tome 2, Les Editions de Minuit, Paris, 1969.
BERGER, G., «L'originalité de la phénoménologie», *Les Etudes Philosophiques*, 3, 1954, pp. 249-259.

BERGSON, H., *Œuvres. Essai sur les données immédiates de la conscience, Matière et mémoire, Le Rire, L'Evolution créatrice. L'Energie spirituelle, Les Deux sources de la morale et de la religion, La Pensée et le mouvant*. Textes annotés par André Robinet. Introduction par Henri Gouhier. Presses Universitaires de France, Paris, 1959, 1970³.

BERKELEY, G., *The Common Place Book, Cahiers de notes*, traduction par A. Leroy, Aubier Montaigne, Paris, 1970.

— *Trois Dialogues entre Hylas et Philonous*, traduction par A. Leroy, Aubier Montaigne, Paris, 1970.

BERRETT, W. and AIKEN, H.D., *Philosophy in the twentieth Century*, Random House, New York, 1962.

DIEMEL, W., Introduction à l'article de Husserl, «La Philosophie comme prise de conscience de l'humanité», *Deucalion*, III, La Baconnière, Neuchâtel, 1950 (Collection 'Etre et Penser', n° 30).

BIRAULT, H., «Existence et vérité d'après Heidegger», *Revue de Métaphysique et de Morale, Phénoménologie, Existence*, Armand Colin, Paris, 1953.

BIRKOFF, G.D., *Dynamical Systems*, Cambridge, U.S.A., 1928.

BLANCHÉ, R., *L'Axiomatique*, Presses Universitaires de France, Paris, 1959.

BOHR, N., *Physique atomique et connaissance humaine*, traduction de Edmond Bauer et de Roland Omnes, Gauthier-Villars, Paris, 1961.

BOSIO, F., «La Genesi della logica formale dall'esperienza in 'Erfahrung und Urteil' di E. Husserl», *Il Pensiero*, 3, 1961, pp. 241.

BOUDOT, M., *Logique inductive et probabilité*, lib. Armand Colin, Paris, 1972.

CARNAP, R., *Logical Foundations of Probability*, 2nd. édition, Chicago University Press, 1962.

CHOMSKY, N., *La Linguistique cartésienne*, traduction de E. Delannoe et D. Sperber, Editions du Seuil, 1969.

COHEN, H., *Kants Begründung der Ethik*, 2te Auflage, Cassirer, Berlin, 1910.

— *Kants Theorie der Erfahrung*, 2te Auflage, Dümmler, Berlin, 1885.

COMTE, A., *Sommaire appréciation moderne de l'ensemble du passé moderne*, Aubier. Paris, 1971.

— *Cours de philosophie positive*, 5ᶜ éd. identique à la première, Au siège de la Société Positiviste, Paris, 1892-1894.

— *Système de politique positive*, 4 tomes, 1851-1854. Edition conforme à la première, au siège de la Société Positiviste, Paris, 1912.

COSTA de BEAUREGARD, O., *Le Second principe de la science du temps*, Ed. du Seuil, Paris, 1963.

— «Le paradoxe d'Einstein...», *Einstein 1879-1955*, Ed. du C.N.R.S., Paris, 1980.

DERRIDA, J., *De la grammatologie*, Les Editions de Minuit, Paris, 1967.

DESCARTES, R., *Œuvres Philosophiques*, Edition de F. Alquié, 3 volumes, Classiques Garnier, Paris, 1963-1967.

DETIENNE, M., *Les Maîtres de vérité dans la Grèce ancienne*, Maspero, Paris, 1973.

DILTHEY, W., *Gesammelte Schriften*, 2ᶜ édition en 20 volumes à partir de 1957, B.G. Teubner Verlagsgesellschaft, Stuttgart; Walter de Gruyter, Berlin.

DIOGENI LAERTI, *Vitae philosophorum*, éd. G. Cobert, Firmin-Didot, Paris, 1878.

EINSTEIN, A., PODOLSKY, B., and ROSEN, N. «La description de la réalité physique par la mécanique quantique peut-elle être considérée comme complète?» (titre traduit), *Physical Review*, 47, 1935, pp. 777 et suiv.

EMPEDOCLE, *Fragmente*, Hermann Diels, *Die Fragmente der Vorsokratiker*, nach von Walther Kranz herausgegebenen achten Auflage mit Einführungen und Bibliographien von Gert Plamböck, Rowohlt, Hamburg, 1957.

— *Fragments originaux, Trois Contemporains. Héraclite, Parménide, Empédocle*, Yves Battistini, Gallimard, Paris, 1955.

ESPAGNAT, B. d', *A la recherche du réel*, Gauthier-Villars, Paris, 1979.
— «Statut logique du paradoxe», *Einstein 1879-1955*, éd. du C.N.R.S., Paris, 1980.
EY, H., *La Conscience*, Presses Universitaires de France, Paris, nouvelle édition, 1968.
FEYERABEND, P., *Contre la méthode, Esquisse d'une théorie anarchiste de la connaissance*, traduit par Baudouin Jurdant et Agnès Schlumberger, Ed. du Seuil, Paris, 1979.
FICHTE, J.G., *Sämmtliche Werke*, Band I-VIII; *Nachgelassene Werke*, éd. H. Fichte, Bonn, 1934.
FOUCAULT, M., *L'Archéologie du savoir*, Gallimard, Paris, 1969.
FREGE, G., *Les Fondements de l'arithmétique*, traduction de Claude Imbert, Ed. du Seuil, Paris, 1969.
— *Ecrits logiques et philosophiques*, traduction de Claude Imbert, Ed. du Seuil, Paris, 1971.
FREUD, S., *Gesammelte Werke*, S. Fischer Verlag, Frankfurt-am-Main, 1946.
GERNET, L., *Anthropologie de la Grèce antique*, Maspero, Paris, 1968.
GIGON, O., *Der Ursprung der griechischen Philosophie von Hesiod bis Parmenides*, Benno Schwabe & Co Verlag, Basel, 1945.
GILSON, E., *L'Etre et l'essence*, Vrin, Paris, 2^c édition, 1962.
GOCHET, P., *Outline of a Nominalist Theory of Propositions*, Reidel Publishing Company, Dordrecht, Boston, London, 1980.
GÖDEL, K., «Über formal unentscheidbare Sätze der Principia Mathematica und verwandter Systeme», *Monatshefte für Mathematik und Physik*, 1931.
GOLDSCHMIDT, V., *Le Système stoïcien et l'idée de temps*, Vrin, Paris, 1977.
GRANEL, G., *L'Equivoque ontologique de la pensée kantienne*, Gallimard, Paris, 1970.
GRANGER, G., *La Théorie arstotélicienne de la science*, Aubier, Paris, 1976.
GUEROULT, M., «Métaphysique et physique de la force chez Descartes et chez Malebranche», *Revue de Métaphysique et de Morale*, 1, 1954.
HAMELIN, O., *Essai sur les éléments principaux de la représentation*, Presses Universitaires de France, Paris, 1925, 4^c éd. 1951.
HAVET, J., *Le Problème du temps chez Kant*, Gallimard, Paris, 1946.
HEGEL, G.W.F., *Wissenschaft der Logik*, zwei Bände, herausgegeben von Georg Lasson, Verlag von Felix Meiner, Leipzig, 1951.
— *Science la Logique*, 2 vol. traduits par S. Jankélévitch, Aubier, Paris, 1947-1949.
— *Phänomenologie des Geistes*, herausgegeben von Johannes Hoffmeister, Verlag von Felix Meiner, Hamburg, 1962.
— *La Phénoménologie de l'Esprit*, traduction de J. Hyppolite, 2 vol., Aubier, Paris, 1941.
— *Die Vernunft in der Geschichte*, herausgegeben von Johannes Hoffmeister, Verlag von Felix Meiner, Hamburg, 1955.
HEIDEGGER, M., *Sein und Zeit*, siebente unveränderte Auflag, Max Niemeyer Verlag, Tübingen, 1953.
— *Über den Humanismus*, Vittorio Klostermann, Frankfurt a. Main, 1949.
— *Kant et le problème de la métaphysique*, traduction de A. de Waelhens et W. Biemel, Gallimard, Paris, 1953.
— *Le Principe de raison*, traduit par A. Préau, préface de Jean Beaufret, Gallimard, Paris, 1962.
— *Unterwegs zur Sprache*, Pfullingen, 1959.
HEINEMANN, M., *The Meaning of Negation*, The Aristotelician Society, 1943-1944, VIII, p. 127.
HEISENBERG, W., *La Nature dans la physique contemporaine*, traduction de Ugné Karvelis et A.E. Leroy, Gallimard, Paris, 1962.
HEMPEL, C.G., *Rationality to-day*, The University of Ottawa Press, 1979.
— *Aspects of Scientific Explanation*, The Free Press, New York, 1965.

HERACLITE, éd. Diels-Kranz, Rowohlt, Hamburg, 1957.
— éd. Y. Battistini, *Trois Contemporains*, Gallimard, Paris, 1955.
HOBBES, T., *The English Works* (11 vol.). *Opera philosophica* (5 vol.); reproduction par Scientia Verlag Aalen, 1966.
HÖLSCHER, U., *Anfängliches Fragen, Studien zur frühen griechischen Philosophie*, Vandenhoeck & Ruprecht, Göttingen, 1968.
HOLTON, G., *Thematic Origins of Scientific Thought: Kepler to Einstein*, Cambridge, Massachusetts, Harvard University Press, 1973.
— *The Scientific Imagination: Case Studies*, Cambridge University Press, 1978.
— *L'imagination scientifique*, traduit par J.-F. Roberts, Gallimard, Paris, 1981.
— *L'invention scientifique*, traduit par P. Scheurer, Presses Universitaires de France, Paris, 1982.
HUGHES, R., «La Logique quantique», *Pour la Science*, Décembre 1981.
HUME, D., *The Philosophical Works*, ed. T.H. Green, 4 vol. Londres, 1882; reproduction, Scientia Verlag Aalen, Darmstadt, 1964.
— *Traité de la nature humaine*, trad. A. Leroy, Aubier, Paris, 1946.
HUSSERL, E., *Husserliana*, édition sous la direction de H.L. Van Breda, à partir de 1950, vol. I-XXIII (1980), La Haye.
— *Husserliana*, Band VII: *Erste Philosophie 1923-1924, Erster Teil: Kritische Ideengeschichte*, Ed. Rudolf Böhm, 1956.
— *Husserliana*, Band VIII: *Erste Philosophie 1923-1924, Zweiter Teil: Theorie der phänomenologische Reduktion*, Ed. Rudolf Böhm, 1959.
— *Husserliana*, Band VI: *Die Krisis der Europäischen Wissenschaften und die Transzendentale Phänomenologie*, Ed. W. Biemel, 1954.
— *Recherches logiques*, traduction de Hubert Elie, 3 tomes, Presses Universitaires de France, 1953, 1969.
— *Logique formelle et logique transcendantale*, traduction de Suzanne Bachelard, Presses Universitaires de France, 1957, 2ᵉ éd. 1965.
— «La critique de l'humanité européenne et la philosophie», traduction de Paul Ricœur, *Revue de Métaphysique et de Morale*, 3, 1950, pp. 229 et suiv.
— *Idées directrices pour une phénoménologie*, traduction de Paul Ricœur, Gallimard, Paris, 1950.
— *Expérience et Jugement*, traduit par D. Souche, Presses Universitaires de France, Paris, 1970.
— *Méditations cartésiennes, Introduction à la Phénoménologie*, traduit par Gabrielle Peifer et Emmanuel Lévinas, Vrin, Paris, 1953.
— «La Philosophie comme prise de conscience de l'humanité», traduction de Paul Ricœur, *Deucalion III*, La Baconnière, 1950, Neuchâtel.
JACOB, François, *La logique du vivant*, Gallimard, Paris, 1970.
— *Le Jeu des possibles*, Fayard, Paris, 1981.
JACQUES, F., *Dialogiques II, L'espace logique de l'interlocution*, Presses Universitaires de France, Paris, 1983.
JASPERS, K., *Von der Wahrheit*, Piper Verlag, Munich, 1948.
KANT, E., *Kant's Gesammelte Schriften*, herausgegeben von der Deutschen Akademie der Wissenscheften zu Berlin, 28 vol., depuis 1928.
— *Kritik der reinen Vernunft*, herausgegeben von K. Vorländer, Verlag von Otto Hendel, Halle, 1899.
— *Essai pour introduire en philosophie le concept de grandeur négative*, traduction par R. Kempf, Vrin, 1949.
— *Critique de la raison pure*, traduction de J. Barni, 2 vol., Gibert, Paris, 1943.
— *La Dissertation de 1770*, traduction de P. Mouy, Vrin, Paris, 1951².
— *Lettre à Marcus Herz*, traduction de R. Verneaux, Aubier, 1968.

— *La Philosophie de l'histoire*, traduction de S. Piobetta, Aubier, 1947.
— *Kritik der praktischen Vernunft*, Text der Ausgabe 1978, unter Berücksichtigung der 2. Ausgabe 1792 und der vierte Ausgabe 1797, herausgegeben von Karl Kehrbach, Verlag von Philipp Reclam, Leipzig, 1878.
— *Critique de la raison pratique*, traduction de J. Gibelin, Vrin, Paris, 1945.
— *Anthropologie du point de vue pragmatique*, traduction par Michel Foucault, Vrin, Paris, 1964.

KIERKEGAARD, S., *Le Concept de l'angoisse*, traduit par K. Ferlov et Jean J. Gateau, Gallimard, Paris, 1935.
— *Traité du désespoir*, traduit par K. Ferlov et Jean J. Gateau, Gallimard, Paris, 1949.
— *Ou bien... ou bien...*, traduit par F. et O. Prior et M.H. Guignot, Gallimard, Paris, 1943.

KREMER-MARIETTI, A., « Le Fondement de l'autorité », Actes du XIe Congrès International de Philosophie, volume XI, Bruxelles, 20-26 août 1953, p. 159.
— *Hegel*, Bordas, Paris, 1957.
— *Nietzsche*, Lettres Modernes, Paris, 1957.
— *Jaspers et la scission de l'être*, Seghers, Paris, 1967, 1974^2.
— « L'Apparition de l'être comme disparition », *Revue de Métaphysique et de Morale*, 1, 1969.
— « De la légitimité d'une pensée sur l'existence », *Revue de Métaphysique et de Morale*, 2, 1969.
— *Nietzsche: Le livre du philosophe*, traduction, introduction et notes, bilingue, Aubier Flammarion, Paris, 1969, 2e édition, 1978.
— « Altérité et ipséité de l'Existence en tant que structure », *Revue de Métaphysique et de Morale*, 1, 1970.
— *Dilthey et l'anthropologie historique*, Seghers, Paris, 1971.
— *L'homme et ses labyrinthes*, U.G.E., coll. 10/18, Paris, 1972.
— *Rousseau: Discours sur l'origine et les fondements de l'inégalité parmi les hommes*, suivi de *La Reine Fantasque*, notes critiques et introduction : « Jean-Jacques Rousseau ou l'irréductible inégalité », Aubier Montaigne, Paris, 1973.
— *Rousseau: Essai sur l'origine des langues*, notes critiques et introduction: « Jean-Jacques Rousseau ou la double origine et son rapport au système Langue-Musique-Politique », Aubier Montaigne, Paris, 1974, 1981^2.
— *Lacan ou la rhétorique de l'inconscient*, Aubier, Paris, 1978.
— *Le projet anthropologique d'Auguste Comte*, S.E.D.E.S., Paris, 1980.
— « La symbolicité ou la loi comme négation », *Revue de l'Enseignement Philosophique*, 6, 1980.
— « La dernière œuvre de Husserl: la Krisis », *Revue de l'Enseignement Philosophique*, 6, 1982.
— *La Symbolicité ou le problème de la symbolisation*, Presses Universitaires de France, Paris, 1982.
— *Entre le signe et l'histoire*, Klincksieck, Paris, 1982.
— *La Morale*, Presses Universitaires de France, Paris, 1982.
— « Théorie du signe: Comte entre Saussure et Peirce », *Krisis*, 1, Houston, 1983.
— « Les Fondements philosophiques du droit pénal », in *Le Droit en procès*, Presses Universitaires de France, Paris, 1983.
— *Le Concept de science positive*, Klincksieck, Paris, 1983.
— « Nietzsche et la vengeance comme restitution de la puissance », in *La Vengeance dans la pensée occidentale*, Cujas, Paris, 1984.
— « La Négativité fondamentale ou les ressorts de l'être en scission chez Jaspers », *Revue Internationale de Philosophie*, 147, Bruxelles, 1983, 4.
— « La Négation: fondement logique et ontologique », *Revue de l'Enseignement Philosophique*, 6, 1984.

— «Le Concept de transition dans la philosophie et dans l'art», in *Passage du temps, ordre de la transition*, Presses Universitaires de France, Paris, 1985.
— «Le 'terrain de l'art', une clé de lecture du texte nietzschéen», in *Nouvelles Lectures de Nietzsche*, Cahiers l'Age d'Homme, n° 1, Lausanne, 1985.
— Michel Foucault. *Archéologie et généalogie*, Le Livre de Poche, 1985.
— «Lacan avec Kant: vers une généalogie de la raison», *Krisis*, 3-4, Houston, 1985.
— «Thematic analysis», in *Encyclopedia of Library and Information Science*, vol. 41, Marcel Dekker, inc., New York, 1986.
KRIPKE, S., *La Logique des noms propres*, traduit par P. Jacob et F. Recanati, Les Editions de Minuit, Paris, 1980.
KULPE, O., *Vorlesungen über Logik*, Würzburg, 1923.
KUHN, T., S., *La Structure des révolutions scientifiques*, traduit par L. Meyer, Flammarion, Paris, 1983.
LABARRIERE, P.-J., *Structures et Mouvement dialectiques dans la Phénoménologie de l'Esprit de Hegel*, Aubier, Paris, 1968.
LACHELIER, J., *Du Fondement de l'induction*, Alcan, Paris, 1872. Réédité suivi de *Psychologie et métaphysique*, Alcan, Paris, 1896.
LADRIERE, J., «Science et discours rationnel», *Encyclopaedia Universalis*, 1977.
LANDGREBE, L., «Lettre sur un article de Jean Wahl concernant *Erfahrung und Urteil* de Husserl», in *Phénoménologie Existence*, A. Colin, Paris, 1953, pp. 205-206.
LANGER, S.K., *Mind: An Essay on Human Feeling*, the Johns Hopkins Press, Baltimore, volume 1, 1967, volume 2, 1972, volume 3, 1982.
LAPORTE, R., *Le Problème de l'abstraction*, Presses Universitaires de France, Paris, 1940.
LAUENER, H., *Hume und Kant*, Francke Verlag, Bern, 1969.
LEIBNIZ, G.W., *Samtliche Schriften und Briefe*, herausgegeben von der preussischen Akademie der Wissenschaften zu Berlin, à partir de 1923.
— *Die philosophischen Schriften*, herausgegeben von C.I. Gerhardt, 7. Bände, Berlin, 1875-1890.
— *Œuvres*, trad. et éd. de Lucie Prenant, Aubier, Paris, 1972.
LOCKE, J., *Works*, 10 volumes, reprint of the 'new corrected edition', London, 1823, T. Tegg, W. Sharpe, Aalen, 1963.
LUKASIEWICZ, L., «Zur Gechichte der Aussagenlogik», *Erkenntnis*, 5, 1935, pp. 111-131.
MABBOTT, J.D., *Symposium Negation*, Aristotelician Society Supplementary Volume 9, 1929, reprinting 1964, Johnson Corporation, U.S.A.
MALEBRANCHE, N., *Œuvres complètes*, 20 vol., dir. d'André Robinet, éd. C.N.R.S. - Vrin, Paris, 1958-1967, réed. 1967-1978.
MARION, J., *Dieu sans l'être*, Fayard, Paris, 1982.
MARROU, H.I., *De la Connaissance historique*, Le Seuil, Paris, 1954.
MERLEAU-PONTY, M., *Signes*, Gallimard, Paris, 1960.
MEYERSON, *Identité et réalité*, Vrin, Paris, 1907, 5e éd. 1951.
MONASTERIO, X.O., «Paradoxes et mythes de la phénoménologie», *Revue de Métaphysique et de Morale*, 3, 1969.
MOROT-SIR, E., *La Pensée négative. Recheche logique sur sa structure et ses démarches*, Aubier, Paris, 1947.
NEUMANN, J. von, *Collected Works*, 6 vol., Oxford, 1961-1963.
NIETZSCHE, F.W., *Werke*, Naumann-Kröner, Leipzig, 1894-1913, 19 B.
— éd. Colli Montinari, depuis 1967, Berlin.
— *Œuvres philosophiques complètes*, direction de M.P. de Gandillac, Gallimard, depuis 1967.
— *Le Livre du philosophe*, traduction par A.K. Marietti, Aubier, Paris, 1969, 1978².

PARAIN-VIAL, J., *Philosophie des sciences de la nature. Tendances nouvelles*, Klincksieck, Paris, 1983.
PARMENIDE, éd. Diels-Kranz, Rowohlt, Hamburg, 1957.
— éd. Y. Battistini, *Trois Contemporains*, Gallimard, Paris, 1955.
PASCAL, B., *Œuvres complètes*, éditées par Brunschvicg, Boutroux, Gazier, 14 volumes, Hachette, 1904-1914.
PLATON, *Œuvres complètes*, Les Belles Lettres, Paris, collection Guillaume Budé.
POIRIER, R., *Remarques sur la probabilité des inductions*, Vrin, Paris, 1931.
POPPER, K., *La Logique de la découverte*, traduction de N. Thyssen-Rutten et J. Devaux, Payot, Paris, 1973.
— *L'Univers irrésolu. Plaidoyer pour l'indéterminisme*, traduction de Renée Bouveresse, Hermann, Paris, 1984.
PRICE, H.H., *Symposium Negation*, Aristotelician Society Supplementary Volume 9, 1929, reprinting 1964, Johnson Corporation, U.S.A.
PRIGOGINE et STENGERS, *La Nouvelle Alliance*, Gallimard, Paris, 1979.
PUTNAM, H., *Reason, truth and History*, Cambridge University Press, 1981: reprinted 1982.
— *Raison, vérité et histoire*, traduit par A. Gerschenfeld, Les Editions de Minuit, Paris, 1984.
QUINE, W.V.O., *Word and Object*, Massachusetts Institute of Technology, 1960.
RADEMAKER, H., *Hegels 'Wissenschaft der Logik', Eine darstellende und erläuternde Einführung*, Franz Steiner Verlag, Wiesbaden, 1979.
RAGGIUNTI, R., *Husserl dalla Logica alla Fenomenologia*, Firenze, Felice Le Monnier, 1967.
RICŒUR, P., *Temps et récit*, 3 volumes, Ed. du Seuil, Paris, 1983, 1984 et 1985.
RODIER, *Etudes de Philosophie grecque*, Vrin, Paris, 3ᵉ éd. 1969.
ROSENFELD, L., *Louis de Broglie*, A. Michel, Paris, 1953.
ROUSSEAU, J.-J., *Œuvres complètes*, 13 vol. Hachette, Paris, 1885.
— *Discours sur l'origine et les fondements de l'inégalité parmi les hommes*, suivi de *la Reine Fantasque*, notes critiques et introduction par Angèle Kremer-Marietti, Aubier, 1973.
— *Essai sur l'origine des langues*, notes critiques et introduction par Angèle Kremer-Marietti, Aubier, Paris, 1974, 1981².
RUSSELL, B., *Signification et vérité*, traduit par Ph. Devaux, Flammarion, Paris, 1969.
RYLE, G., *Symposium Negation*, Aristotelician Society Supplementary Volume 9, 1929, reprinting 1964, Johnson Corporation, U.S.A.
SCHEURER, P., *Révolutions de la science et permancence du réel*, Presses Universitaires de France, Paris, 1979.
SCHUHL, P.M., «Note sur le discontinu dans la philosophie grecque», in *Etudes platoniciennes*, Presses Universitaires de France, Paris, 1960.
SEARLE, J.R., *Du cerveau au savoir*, Hermann, Paris, 1985.
SERRES, M., *L'Interférence*, les Editions de Minuit, Paris, 1972.
SPEISER, A., *Elemente der Philosophie und der Mathematik*, Verlag Birkhäuser, Basel, 1952.
SPERBER, D., *Rethinking Symbolism*, translated by A.L. Morton, Hermann, Paris, 1975.
SPINOZA, B., *Œuvres*, traduites par C. Appuhn, éd. Garnier-Flammarion, Paris.
STROUT, B., *The Signifiance of Philosophical Scepticism*, Clarendon Press, Oxford, 1984.
— *Hume*, Routledge and Kegan, London, 1977.
THOM, R., *Paraboles et catastrophes*, Flammarion, Paris, 1983.
TOULMIN, S., *L'Explication scientifique*, A. Colin, Paris, 1973.

VERDENAL, R., «La sémiotique de Husserl: la logique des signes», *Les Etudes Philosophiques*, 4, 1973, pp 552 et suiv.

VIREUX-REYMOND, *La Logique et l'épistémologie des Stoïciens. Leurs rapports avec la logique d'Aristote, la logistique et la pensée contemporaines*, Librairie de l'Université, Rouge et Cie, Lausanne, 2ᵉ éd. française, Chambéry.

VUILLEMIN, J., *L'Héritage kantien et la révolution copernicienne*, Presses Universitaires de France, Paris, 1954.

— «La théorie kantienne des modalités», Akten des 5. Int. Kant Kongresses Mainz 4-8 April 1981, Teil II, pp. 149-167, Bouvier, Bonn, 1981.

— *Nécessité ou contingence. L'aporie de Diodore et les systèmes philosophiques*, Minuit, Paris, 1984.

WAHL, J., *Husserl*, 2 tomes, C.D.U., Paris, 1958.

— *La Pensée de l'Existence*, Flammarion, Paris, 1951.

WATANABE, *Knowing and Guessing. A Quantitative Study of Inference and Information*, New York, London, Sydney, Toronto, 1969.

WHEELER, J.A., «Beyond the end of time», in *Krisis*, 1, Houston, 1983.

WITTGENSTEIN, L., *De la Certitude*, traduit par J. Fauve, Gallimard, Paris, 1965 et 1976.

— *Grammaire philosophique*, traduit par M.-A., Lescourret, Gallimard, Paris, 1980.

WRIGHT, G.H. von, *Philosophical Logic,* vol. II, Blackwell, Oxford, 1983.

ZASLAWSKY, D., *Analyse de l'être*, Les Editions de Minuit, Paris, 1982.

Index des noms

Aiken, 6.
Alquié, 227.
Anaxagore, 71.
Antisthène, 131.
Apel, 6.
Aristote, 68, 75, 111-118, 119, 129, 130, 131, 133, 136, 141, 143, 145, 146, 148, 149, 150, 151, 153, 158, 159, 165, 182, 192, 193, 197, 207, 210, 224, 225.
Aubenque, 141.
St Augustin, 152, 153, 158, 159, 160, 167.

Bachelard, 207, 214, 218, 219, 224, 228.
Barni, 50, 119, 194.
Belaval, 157, 193, 228.
Bell, 223.
Berger, 49.
Bergson, 79, 97-101, 152.
Berkeley, 35, 37, 42, 162-165, 166, 167, 168, 170, 171, 172, 174, 193.
Berrett, 6.
Biemel, 49.
Birault, 77.
Birkoff, 223.
Blanché, 221.
Bohr, 222, 223, 226, 228.
Bosio, 49.

Boudot, 10.
Brentano, 31.
Brillouin, 225.
Brunschvicg, 40.

Carnap, 210.
Carnot, 210, 223.
Cassirer, 26.
Chomsky, 224.
Chrysippe, 149.
Clarke, 170.
Cohen, 178, 179, 181, 182.
Comte, 8, 12, 20, 22, 23, ·31, 32, 34, 35, 49, 132, 136, 174, 200, 205, 208, 212, 218, 219, 224, 225.
Condillac, 125.
Costa de Beauregard, 223.

Dante, 122.
De Morgan, 113.
Derrida, 49.
Descartes, 7, 35, 37, 38, 39, 40, 41, 42, 47, 76, 124, 130, 155-157, 159, 161, 162, 163, 164, 170, 193, 207, 208, 209, 210, 211, 212, 215, 216, 217.
Détienne, 192.
Diès, 64, 134, 192.

Dilthey, 29, 31, 46, 84, 90, 136.
Diogène Laërce, 150, 193.

Einstein, 222, 223.
Empédocle, 71, 72, 73, 143.
Epictète, 150.
Epiménide, 142.
Espagnat (d'), 223.
Ey, 105.

Fichte, 133, 179, 181, 182.
Foucault, 184, 225.
Frege, 19, 20, 49.
Freud, 64, 68, 82, 129, 132, 133, 135, 197, 199, 200, 201, 227.

Galilée, 35, 36, 39, 157.
Gauthier, 128.
Gernet, 139, 140, 192.
Gigon, 69, 71, 134.
Gil, 136.
Gilson, 149, 193.
Gochet, 136.
Gödel, 221.
Goldschmidt, 149, 193.
Granel, 50, 174, 175, 176.
Guéroult, 193.
Gurwitsch, 43.

Hamelin, 130, 131, 132, 134, 136.
Havet, 177, 181, 194.
Hegel, 18, 25, 69, 75, 76, 77, 78, 91, 101-106, 119-129, 130, 131, 132, 133, 134, 136, 179, 180, 181, 193, 194, 199, 209, 228.
Heidegger, 24, 34, 65, 66, 67, 68, 72, 73, 74, 75, 76, 77, 78, 79, 80, 82, 86, 101, 134, 135, 179, 181, 182, 183, 184, 185, 190, 194, 199.
Heisenberg, 222.
Helmholtz, 19, 20, 22.
Hempel, 225, 228.
Héraclite, 131.
Herz, 175.
Hésiode, 140, 144.
Hobbes, 218.
Hölderlin, 67.
Hölscher, 135.
Holton, 225, 226, 228.
Homère, 140, 141.
Hughes, 226, 227, 228.

Hume, 6, 10, 11, 35, 37, 42, 43, 44, 165-168, 169, 170, 171, 172, 174, 177, 182, 193, 212, 213, 214, 215, 216, 217, 219, 226, 228.
Husserl, 5, 6, 17-50, 100, 124, 176, 197, 198, 202, 214, 215, 216, 218, 228.

Jacob, 224.
Jägerschmidt, 17.
Jankélévitch, 119, 135.
James, 226.
Jaspers, 101, 136.
Jung, 67.

Kant, 6, 8, 9, 10, 18, 26, 29, 30, 32, 33, 35, 36, 37, 39, 41, 43, 44, 47, 49, 50, 59, 66, 70, 84, 90, 98, 118, 119, 121, 122, 125, 126, 129, 130, 131, 132, 133, 134, 135, 158, 168, 169-192, 193, 194, 198, 199, 200, 201, 202, 203, 204, 205, 214, 215, 216, 217, 223, 227, 228.
Kierkegaard, 62, 76, 78, 82, 83, 91-96, 135, 136, 215, 226.
Kremer-Marietti, 6, 13, 49, 119, 134, 135, 136, 180, 191, 201, 205, 227, 228.
Kripke, 134.
Kronecker, 20.
Külpe, 9.

Labarrière, 128, 136.
Lacan, 8, 82, 200, 202.
Lachelier, 9.
Ladrière, 11.
Lambert, 175.
Landgrebe, 23, 25, 27, 49.
Langer, 136.
Laporte, 132.
Leibniz, 128, 157, 158, 170, 171, 188, 191, 217.
Locke, 35, 42, 44, 162, 163, 164, 165, 188.
Lukasiewicz, 113.

Mabbott, 118, 136.
Malebranche, 157, 158, 159, 160, 162, 170, 193.
Marc-Aurèle, 150.
Marcel, 78.
Marrou, 89.
Marx, 82.
Mendelssohn, 228.
Merleau-Ponty, 49.
Meyerson, 132, 210, 212, 213, 216, 228.

Monasterio, 50.
Moore, 5.
Morot-Sir, 129, 130, 132, 133.
Mozart, 91, 96.

Natorp, 179.
Neumann (von), 223.
Newton, 163, 168.
Nietzsche, 11, 32, 39, 40, 42, 50, 62, 65, 66, 67, 68, 69, 70, 71, 72, 73, 76, 78, 82, 83, 85, 99, 100, 101, 102, 127, 134, 135, 136, 150, 184, 197.

Parain-Vial, 228.
Parménide, 40, 68, 69, 70, 71, 73, 74, 142, 143, 197.
Pascal, 75, 221.
Peirce, 7.
Pindare, 143.
Platon, 44, 65, 78, 84, 120, 121, 126, 128, 141, 143, 144, 145, 146, 147, 148, 149, 150, 151, 153, 164, 165, 170, 182, 192, 203, 204, 205, 210, 217, 219.
Plotin, 151, 152.
Poirier, 9.
Polin, 113.
Popper, 9, 10, 11, 12, 13, 111, 208, 225, 227, 228.
Price, 118, 136.
Prigogine, 223, 224, 227.
Podolsky et Rosen, 223.
Putnam, 10, 208, 228.
Pythagore, 144, 151, 152.

Quine, 208, 226, 228.

Raggiunti, 18, 49, 50.
Reichenbach, 9.
Ribot, 20.
Ricœur, 50, 135.
Rodier, 193.

Rosenfeld, 222.
Rousseau, 106, 108, 109, 110.
Russell, 5.
Ryle, 118, 136.

Sartre, 82, 83, 105.
Saussure (de), 224.
Scheurer, 224, 225, 228.
Schuhl, 192.
Serres, 207, 212, 227, 228.
Simonide, 141, 142.
Socrate, 108, 113, 144.
Sophistes, 66, 131, 142.
Sperber, 203, 227.
Spinoza, 123, 127, 159, 160, 161, 162, 170, 193, 207, 221.
Stengers, 227.
Stoïciens, 113, 114, 115, 149, 150, 151, 165.
Syrianus, 149.

Thalès, 39, 85.
St Thomas d'Aquin, 159, 160.
Toulmin, 12.

Vaihinger, 200.
Valéry, 82.
Vélasquez, 184.
Verdenal, 22, 49.
Virieux-Reymond, 113, 136.
Volder (de), 157.
Vuillemin, 178, 179, 180, 182, 194.

Wahl, 18, 46, 49, 50, 76, 135, 193, 217, 228.
Watanabe, 12.
Wheeler, 197.
Wittgenstein, 5, 22, 53, 134.

Zaslawsky, 135.

Table des matières

Avant-propos 5

I. PREAMBULE SUR LA METHODE 7

Première partie
II. L'ORIGINE EPISTEMOLOGIQUE DANS LA DERNIERE ŒUVRE DE HUSSERL: LA *KRISIS* 15
   1. Signification de l'œuvre dans la pensée de Husserl . . . 17
   2. L'œuvre en elle-même: la *Krisis* 29
   3. Une co-subjectivité transcendantale 47
   Notes 49

Deuxième partie
III. LA FICTION DE L'ETRE 51
   1. Le fondement de l'autorité et sa duplicité 53
   2. Les jeux de l'Etre 61
   3. Légitimité d'une première pensée de l'existence . . . 81
   4. Le Même et l'Autre 97
   5. La négation, fondement logique et ontologique . . . 111
   Notes 134

Troisième partie
IV. CONDITION ORIGINAIRE: L'IMAGINAIRE DU TEMPS 137
   1. Temps mythique, temps sensible et temps intelligible . 139
   2. Le traitement du temps dans la métaphysique traditionnelle 155
   3. Kant et le problème du fondement épistémologique . . 169
   Notes 192

V. OUVERTURE A UNE GENEALOGIE DE LA RAISON MODERNE 195
   1. Perspectives 197
   2. Rationalité 207
   3. Création 221
   Notes 227

Bibliographie 229

Index des noms 237

Table des matières 241

PHILOSOPHIE ET LANGAGE
collection publiée sous la direction de MICHEL MEYER

Ouvrages déjà parus dans la même collection:

ANSCOMBRE / DUCROT: L'argumentation dans la langue

MAINGUENEAU: Genèses du discours

CASEBEER: Hermann Hesse

DOMINICY: La naissance de la grammaire moderne

BORILLO: Informatique pour les Sciences de l'homme

ISER: L'acte de lecture

HEYNDELS: La pensée fragmentée

SHERIDAN: Discours, sexualité et pouvoir (Michel Foucault)

MEYER: De la problématique

PARRET: Les passions

VERNANT: Introduction à la philosophie de la logique

COMMETTI: Musil

MARTIN: Langage et croyance

KREMER / MARIETTI: Les racines philosophiques de la science moderne

A paraître:

GELVEN: Etre et temps de Heidegger

LAUDAN: Critique de la raison scientifique

ROSEN: Philosophie et crise des valeurs contemporaines

HAARSCHER: La raison du plus fort

LATRAVERSE: Introduction à la Pragmatique (Perspectives critiques)

LARUELLE: Théorie de la décision philosophique

AVROUX: Histoire des idées linguistiques